现代旅行社岗位培训丛书

外联部
操作实务

（第3版）

主　编　杨晨晖
副主编　韦明体　蒋文中

北京·旅游教育出版社

出版说明

随着旅游经济的飞速发展、中国加入WTO，中国的旅行社业正面临着前所未有的发展机遇。与此同时，由于国际国内的竞争日趋激烈、旅行社从业人员整体素质较低以及高素质经营管理人才缺乏等原因，现代旅行社业又面临着严峻的挑战。因此，开展专业化培训，提高旅行社从业人员素质，增强旅行社的综合竞争力，已是新世纪加快旅游业发展的当务之急。

近些年来，市场上关于旅行社总论的、理论性的图书很多，但分部门的、操作性强的图书较少。为了提高旅行社从业人员素质，旅游教育出版社联合部分省市旅游局人数处以及国内几家知名旅行社，根据形势的发展变化，集旅行社行业多年来实践经验和研究成果之所成，共同编写了这套"现代旅行社岗位培训丛书"。

"现代旅行社岗位培训丛书"是一套融知识性、实用性为一体，语言通俗易懂、深入浅出的培训图书。丛书共分6本，包括《外联部操作实务》《导游部操作实务》《计调部操作实务》《门市操作实务》《财务部操作实务》《人力资源部操作实务》。总的说来，本丛书主要具有以下鲜明特色：

第一，内容权威。鉴于现代旅行社的行业特点，丛书由旅游院校老师与旅行社有相关运作经验的部门经理合作完成，他们或拥有扎实的知识功底，或拥有丰富的一线实践经验，保证了知识的准确性。

第二，体例新颖。丛书打破了传统的写作模式，紧贴旅行社专业培训市场的需求，每册基本按培训重点、专题论述、实操问答、经典案例、实践练习等模块组织编写，使每一模块知识化整为零，方便了旅行社的行业培训。

第三，知识实用。丛书专题知识丰富，特设了实操问答、经典案例、实践练习这些模块，并穿插有大量实用图表，为旅行社从业人员提供了模拟训练、领域实战的场景。

第四，理念独特。丛书内容、框架注意与国际接轨，体现了旅行社行业的最新理念。

本丛书既是旅行社从业人员的自学教材，又适用于各地旅游行政机构的行业培训。另外，本丛书还可作为旅游院校的专业教材。

旅游教育出版社

2014年8月

目 录

第一章 概论 /1
[培训重点] /1
[专题论述] /1
一、外联部概述 /1
(一)外联部的概念 /1
(二)外联部的机构和设置 /2
(三)外联部的工作特点 /2
二、外联部经理的岗位职责和素质要求 /4
(一)外联部经理的岗位职责 /4
(二)外联部经理的素质要求 /4
三、外联销售人员的岗位职责 /5
(一)外联销售人员的岗位职责 /5
(二)外联销售人员的素质要求 /7
四、外联销售的要求 /8
(一)对外联人员的销售要求 /8
(二)外联销售成交后的注意事项 /8
[实操问答] /9
[问答1]实际工作中,外联销售人员应掌握哪些技能? /9
[问答2]做好外联业务应抓好哪些环节? /9
[问答3]外联销售人员向旅游者提供信息、处理旅游者投诉时,旅行社营销人员应具备哪些方面的素质? /9
[问答4]对外联销售人员在销售时有何要求? /10
[问答5]外联销售人员应该树立什么样的营销意识? /10
[问答6]怎样才能成为一名优秀的外联销售人员? /10
[问答7]外联销售人员应如何树立"服务即推销,推销即服务"的思想? /10
[问答8]旅游促销人员在推销过程中碰到顾客要求将本旅行社

　　　　　[问答 9]小李是上海某旅行社的一名外联员,最近刚接手一项新的
　　　　　　　　　旅游项目。请问,小李应如何推荐该旅游项目? ／11
　　　　　[问答 10]旅行社外联销售人员应如何提高自己的推销效率? ／11
　　　　　[问答 11]说说常用旅游十大网站 ／11
　　　[实践练习] ／12

第二章　外联部的市场分析与营销组合 ／14
　　　[培训重点] ／14
　　　[专题论述] ／14
　　　　一、旅行社市场调研与预测 ／14
　　　　　（一）旅行社市场调研 ／14
　　　　　（二）旅行社市场预测 ／17
　　　　二、目标市场策略 ／21
　　　　　（一）旅行社市场细分的依据 ／21
　　　　　（二）旅行社营销组合策略 ／25
　　　　三、产品策略 ／28
　　　　　（一）旅行社产品生命周期各阶段的营销策略 ／28
　　　　　（二）旅行社产品开发 ／32
　　　[实操问答] ／34
　　　　　[问答 1]为什么小旅行社更要进行市场细分? ／34
　　　　　[问答 2]如何准确地细分消费者市场?举例说明。 ／34
　　　　　[问答 3]为了能够有效细分市场,营销人员应该具备哪些方面的知
　　　　　　　　　识?试为一家旅行社提供一份细分市场的建议。 ／34
　　　　　[问答 4]说出一些你常见的商务细分市场。 ／35
　　　　　[问答 5]旅行社必须预防的三种主要定位错误是什么? ／35
　　　　　[问答 6]如何进行市场定位的沟通与传达? ／35
　　　　　[问答 7]你是如何看待我国散客旅游的兴起的? ／35
　　　　　[问答 8]你同意"竞争将市场推向于定位时代"这一说法吗?试
　　　　　　　　　举例说明。 ／36
　　　　　[问答 9]谈谈日本旅行社产品创新对我国的借鉴。 ／36
　　　　　[问答 10]旅行社该如何应对旅游环境发生变化带来的不利影响? ／37
　　　[经典案例] ／37
　　　　　[案例 1]追寻伟人的故里:中国红色旅游营销知名城市——广安 ／37

[案例2]旅游营销,宁夏在行动 /38
[案例3]细分市场如此多娇
——"深圳情旅 阳朔之约"案例分析 /39
[实践练习] /40

第三章 外联销售的计价和报价 /44
[培训重点] /44
[专题论述] /44
一、旅行社产品的价格 /44
　（一）旅行社产品价格概述 /44
　（二）价格策略 /49
二、外联部的计价和报价 /52
　（一）旅行社产品的计价内容 /52
　（二）旅行社产品的计价方法 /54
　（三）外联部的报价 /57
三、利润核算 /58
　（一）旅行社营业收入的构成 /58
　（二）旅行社营业成本的核算方法 /59
　（三）旅行社利润概念与构成 /60
　（四）旅行社利润管理的要求 /61
　（五）旅行社利润分配的内容及程序 /62
[实操问答] /62
[问答1]对于家庭旅游者来说,何谓最合理的价格? /62
[问答2]实际工作中,如何应用心理计价策略? /63
[问答3]旅行社产品如何计价? /63
[问答4]旅行社制定销售价格的依据是什么? /63
[问答5]实际工作中,旅游价格的季节性、灵活性是如何体现的? /63
[问答6]旅行社如何走出低价竞争的陷阱?举例说明。 /63
[问答7]实际工作中,当我们制定产品价格时,应该要注意
　　　　哪几个问题? /64
[问答8]列举《旅游法》实施后,观光旅游线路行程的变化。 /64
[经典案例] /65
[案例1]价格标准战略定乾坤
——庐山游定价策略简析 /65

［案例2］旅行社接待质量计费说明　／66
　　［案例3］"负团费",谁会倒贴钱？　／67
　　［案例4］旅行社外联函电案例分析　／68
　　［案例5］价格营销的诀窍
　　　　　　——泰国直航团简析　／69
　　［案例6］非价格导向的价值旅游
　　　　　　——千名长者温馨结伴港澳游　／70
　［实践练习］／72

第四章　线路设计和行程制定　／74
　［培训重点］／74
　［专题论述］／74
　　一、旅游线路和旅游行程　／74
　　　（一）旅游线路和行程　／74
　　　（二）旅游行程和行程的编制　／76
　　二、旅游线路创新实务　／80
　　　（一）旅游线路创新的意义　／80
　　　（二）旅游线路创新的技巧　／81
　　　（三）以"市场找产品"是旅游线路创新的根本　／82
　　　（四）标准旅游线路及报价　／83
　　三、旅游线路的设计　／85
　　　（一）旅游线路设计的原则和要求　／85
　　　（二）旅游线路样式　／88
　［实操问答］／88
　　［问答1］旅游线路与旅游产品有何关系？　／88
　　［问答2］如何认识当前流行的黄金线路？我们从中可以
　　　　　　得到什么启示？　／89
　　［问答3］如何以合理巧妙的旅游线路来增加游客的逗留天数？　／89
　　［问答4］如何提高旅游线路设计的文化品位？　／90
　　［问答5］如何针对暑期师生出游,设计旅游线路？　／90
　［经典案例］／90
　　［案例1］同一线路的不同设计　／90
　　［案例2］两个接待行程孰优孰劣　／91
　　［案例3］"重回瑞丽大行动"　／93

[实践练习] / 94

第五章　外联促销策略和计划　/ 95
  [培训重点] / 95
  [专题论述] / 95
    一、外联促销策略及应用　/ 95
      (一)旅行社外联促销组合　/ 95
      (二)旅行社外联促销策略　/ 98
      (三)外联促销组合策略的具体应用　/ 104
    二、外联促销计划的制订与预算　/ 107
      (一)外联促销计划的制订原则　/ 107
      (二)制订促销计划的程序和方法　/ 108
  [实操问答] / 109
    [问答1]在促销组合策略中,什么情况下适用于哪种
           不同的促销手段?　/ 109
    [问答2]人员推销的过程中,应突出哪些方面?　/ 109
    [问答3]怎样组织推销人员才能最有效率?　/ 109
    [问答4]怎样才能有效地做好外联促销工作?　/ 110
    [问答5]什么情况下采用何种广告促销策略?　/ 110
    [问答6]外联促销工具中哪些最为简便有效?　/ 110
    [问答7]外联人员应从哪些方面来开展公关促销活动?　/ 110
  [经典案例] / 111
    [案例1]旅游出新招　进城赶大集　/ 111
    [案例2]优质服务　名牌效应　/ 111
    [案例3]不怕失败的推销　/ 112
    [案例4]营业推广　/ 112
    [案例5]山水旅行社春节自驾游促销计划　/ 112
  [实践练习] / 113

第六章　旅游招徕和外联诀窍　/ 114
  [培训重点] / 114
  [专题论述] / 114
    一、外联招徕36计　/ 114
      (一)业务洽谈　不打无准备之战　/ 115

(二)捕捉时机　发现客户　/115
(三)广而告之　形式多样　/116
(四)成功之路勤为先　本地客源是基础　/117
(五)广结善缘　扩大朋友领域　/117
(六)联手合作　增强实力　/117
(七)淡季出门直销　有的放矢　/118
(八)聚会交友　亲切自如　/118
(九)旧瓶装新酒　走俏全凭理念新　/118
(十)借名扬名　借时造势　/119
(十一)借船下海　搭车远行　/119
(十二)人所未想我想　人所未行我行　/120
(十三)善始善终　销后服务　/120
(十四)利小而为　客源滚滚　/120
(十五)利益信誉是根源　商家顾客两头牵　/121
(十六)借助别人的喉舌宣传自己　/121
(十七)同行集会　邀请洽谈多参与　/121
(十八)鸿雁传情　寓意深远　/122
(十九)"勿失小节　方成大器"　/122
(二十)敏锐者生　麻木者死　/122
(二十一)智慧　机遇　技术　合作　/123
(二十二)合作与团队精神是胜利源泉　/123
(二十三)上门服务　现场销售　/124
(二十四)人际圈子有多大　生意圈子就有多大　/124
(二十五)促销　用好环比公式　/124
(二十六)欲得之　必先予之　/125
(二十七)引蛇出洞　点石成金　/125
(二十八)变则通　通则达　/125
(二十九)互惠互利　客户长久　/126
(三十)满足需求　坦诚以待　/126
(三十一)不以衣貌取人　顾客皆上帝　/127
(三十二)多手准备　投其所好　/127
(三十三)成人心理　招徕沟通的关键　/127
(三十四)不愁货比货　更愿心贴心　/128
(三十五)网上招徕　客户无限　/128

(三十六)早策划　早耕耘　早收获　/129
　二、业务洽谈与合同签订诀窍　/129
　　　(一)准备充分　/129
　　　(二)谈判方式　/130
　　　(三)洽谈行为技巧　/130
　　　(四)洽谈语言技巧　/131
[实操问答]　/131
　[问答1]旅游网上冲浪者一般有哪几类需求特征？　/131
　[问答2]推销人员登门拜访时,最重要的心理准备是什么？　/132
　[问答3]在组织中间商考察时,应注意哪些方面？　/132
　[问答4]外联人员应从哪些主要方面发现客户？　/132
　[问答5]旅游招徕为何要创新？创新最主要的是什么？　/132
　[问答6]创新型营销包括哪些方面创新？　/132
　[问答7]怎样才能与客户保持良好而长久的合作关系？　/132
[经典案例]　/132
　[案例1]一次成功的大篷车促销行动　/132
　[案例2]人走茶"热"　/133
　[案例3]颜色之旅　/133
　[案例4]做最有价值的广告　/134
[实践练习]　/135

第七章　客户计划操作与销售渠道　/136

[培训重点]　/136
[专题论述]　/136
　一、客户计划　/136
　　　(一)客户计划的含义及分类　/136
　　　(二)外联客户计划工作的步骤　/137
　　　(三)外联客户计划及管理原则　/138
　　　(四)客户计划的内容和实际操作　/139
　　　(五)客户的维持巩固和发展策略　/144
　二、旅行社销售渠道　/146
　　　(一)旅行社销售渠道　/146
　　　(二)海外销售渠道与旅游中间商　/146
　　　(三)旅游中间商　/147

（四）旅游中间商的选择　/148
　　（五）旅行社的销售渠道策略　/150
　　（六）旅行社网络营销　/152
　三、旅行社产品的销售过程　/152
[实操问答]　/152
　[问答1]为什么会产生旅游投诉？　/152
　[问答2]在计划操作中,用车有哪些规范要求？　/152
　[问答3]在计划作业中,必不可少的"五订"是什么？　/152
　[问答4]从哪些方面说服客人采取购买行动？　/153
　[问答5]对要求过分的客户该怎么办？　/153
　[问答6]旅行社作为旅游中间商,要求营销人员应具有什么
　　　　　样的市场营销意识？　/153
　[问答7]旅行社营销人员在和旅游中间商打交道时要具备
　　　　　哪些方面的素质？　/153
　[问答8]如何有效地发现旅游中间商？　/154
　[问答9]旅游行业今后的发展方向如何？　/154
[经典案例]　/155
　[案例1]作业细心,注意条理　/155
　[案例2]责任到人,制度作业　/155
　[案例3]快且准是旅行社作业水平的体现和赢得客户的关键　/156
　[案例4]没有门市部的旅行社　/156
　[案例5]发展新的旅游地　/157
[实践练习]　/158

第八章　国际旅游市场与外联营销　/159
[培训重点]　/159
[专题论述]　/159
　一、国际旅游市场与外联营销概述　/159
　　（一）国际旅游市场营销概念　/159
　　（二）国际旅游市场营销环境　/159
　　（三）国际旅游市场营销方式　/163
　二、国际旅游市场营销组合策略　/164
　　（一）中外旅游市场营销比较　/164
　　（二）国际旅游市场营销组合策略　/166

三、中国加入世界贸易组织后的营销对策 / 170
　　（一）中国加入世界贸易组织后，旅行社面临的新问题 / 170
　　（二）中国加入世界贸易组织后，旅行社面临的具体竞争 / 172
　　（三）中国加入世界贸易组织后的营销对策 / 172
[实操问答] / 174
　[问答1]中国加入世界贸易组织后，大、中、小旅行社应如何应对？ / 174
　[问答2]制定国际旅游市场销售渠道策略时要考虑哪几个问题？ / 174
　[问答3]你是如何看待中国旅游业的发展潜力的？ / 175
　[问答4]如何确定旅游品牌名称？ / 175
　[问答5]某旅行社在国外市场推介一项旅游项目时，顾客反应热烈，提出了不少问题，对此，该旅行社推销人员应如何应答？ / 175
[经典案例] / 175
　[案例1]旅行社新营销时代的到来 / 175
　[案例2]广之旅探索出境游新路 / 176
　[案例3]放眼世界　注重质量　优化产品 / 177
　[案例4]我国旅行社现状：企业实力不足，缺乏国际竞争能力 / 179
[实践练习] / 180

第九章　外联部的管理 / 184

[培训重点] / 184
[专题论述] / 184
　一、计划操作和管理 / 184
　　（一）计划操作的重要性 / 184
　　（二）工作计划的制订与执行 / 185
　　（三）督促与反馈 / 194
　二、产品质量管理 / 195
　　（一）信誉至上 / 195
　　（二）产品服务 / 196
　　（三）售后服务 / 198
　三、客户的管理 / 199
　　（一）建立客户档案 / 200
　　（二）客户关系巩固 / 201
　　（三）客户的评估 / 202
　四、部门内部的管理 / 202

（一）业务员考评要注意的问题 /202
　　（二）业务员考评的措施 /204
　　（三）管理制度和条件 /206
　　（四）创造良好的工作环境 /207
　五、外联部与其他部门的关系与协调 /208
　　（一）与总经理办公室及计调、接待、财务部的关系 /208
　　（二）与各地接待社、组团社的关系 /209
　　（三）与其他合作行业和部门的关系 /211
[实操问答] /211
　[问答1]请结合实际谈谈巩固客户关系有哪些方法？ /211
　[问答2]试结合你的体会谈谈外联部如何创造良好的工作环境？ /212
　[问答3]外联部对全程陪同导游员（简称全陪）的管理应注意哪
　　　　　几个方面？ /212
　[问答4]外联部如何选择接待社？ /212
　[问答5]旅游者一般会对旅游服务的哪些方面进行投诉？
　　　　　如何处理？ /213
　[问答6]如何处理好外联部与各地接待社的关系？ /213
　[问答7]外联部与各地饭店联系时，应注意哪些事项？ /214
　[问答8]外联部与景区、景点联系时,应注意哪些事项？ /214
[经典案例] /214
　[案例1]客户档案管理 /214
　[案例2]××旅行社产品质量管理 /216
　[案例3]创造良好的外联部工作环境 /216
　[案例4]××旅行社巧妙利用客户档案开拓市场 /218
　[案例5]××旅行社利用互联网进行业务拓展 /218
　[案例6]散客接待计划 /219
　[案例7]××旅行社的日常工作签字表 /220
[实践练习] /221

第十章　旅游电子商务 /223
[培训重点] /223
[专题论述] /223
　一、电子商务和旅游电子商务概述 /223
　　（一）电子商务——具有竞争优势的商务模式 /223

（二）电子商务与旅游电子商务　／224
　二、常见的旅游电子商务经营模式　／226
　　（一）主要的经营模式及典型网站　／227
　　（二）主要经营模式的赢利特征　／229
　三、旅行社与旅游电子商务　／230
　　（一）旅行社常用的旅游电子商务系统　／231
　四、旅行社网络营销　／236
　　（一）旅游电子商务市场　／236
　　（二）旅游电子商务网络营销　／238
　五、旅游电子商务的法律规范与安全性　／243
　六、大数据时代的旅游电子商务
　　——在线旅游、虚拟旅游、智慧旅游　／243
　　（一）在线旅游　／244
　　（二）虚拟旅游　／244
　　（三）智慧旅游　／245

［实操问答］／248
　［问答1］在线可以得到的什么旅游服务是离线不能得到的？　／248
　［问答2］在线旅游服务有哪些局限性？　／248
　［问答3］一个具有成熟网站的"鼠标＋水泥"（线上网店＋线下实体店）型传统在线旅游商，应该有什么样的营销策略？　／248
　［问答4］携程首家旅游体验店在京开业，覆盖200家旅行社的目的和意义是什么？　／249

［经典案例］／249
　［案例1］昆明市旅发委"微电影"营销取得良好效果　／249
　［案例2］旅行社是否应该有一个统一的旅游电子商务部门？　／250

［实践练习］／251

主要参考书目和资料来源　／252
后记　／254

第一章 概论

[培训重点]

本部分主要讲述外联部的机构设置和工作特点,外联部经理及外联销售人员的岗位职责和素质要求,外联销售人员的主要工作及要求。

通过本部分的学习,您将了解到外联部的机构是如何设置的,外联部经理及外联销售人员的岗位职责有哪些,其素质要求如何。掌握外联人员的销售要求及外联销售成交后的注意事项,以便您在实际工作中不断学习,提高业务水平和工作技能。

[专题论述]

一、外联部概述

(一)外联部的概念

2009年2月国务院颁布的《旅行社条例》规定:"旅行社是指从事招徕、组织、接待旅游者等活动,为旅游者提供相关旅游服务,开展国内旅游业务、入境旅游业务或者出境旅游业务的企业法人。"

外联部是我国经营国内、入境、出境旅游业务的旅行社中设置的一个最重要的经营部门,也称外联部营销部或销售部。外联部主要担负旅行社的客户关系维持、潜在旅游需求信息挖掘、旅游产品信息推介、生产和销售任务。

因此,外联部的主要职能是通过客户关系和调研了解和掌握市场的需求动向,在利用信息的基础上,为旅行社开发、设计旅游线路,促销旅游产品,提供可靠的依据。通过外联人员的客户拜访,将产品销售给旅游中间商或旅游消费者,由此招徕客源。

由于我们国家的旅行社是水平分工体系，因此不论旅行社的大小，通常都会设置有外联部，而现实中大多数小旅行社在业务量有限的情况下会将外联部、市场部、销售部三部的职能合而为一。

(二) 外联部的机构和设置

旅行社应根据实际情况设置外联部机构，一般要求具有科学性、实用性，并且有利于开拓和发展市场。外联部的机构设置应该能够充分发挥它的基本职能作用，即以它的基本职能为依据来设置机构。一般可分为市场、销售、计划三大块，每一块中又都包含有各自的具体内容。外联部的基本机构，如图1-1所示。

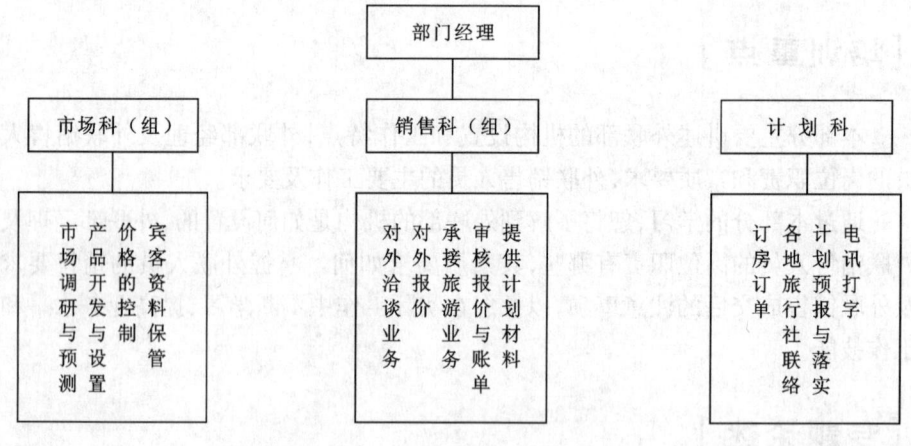

图1-1 外联部的基本机构

图中表示的是外联部的基本机构，这并不是说对每个旅行社都适用，但这个结构基本上将所有的市场销售部业务都列在其中了。各旅行社可根据本身的规模、发展方向、客源对象以及当地的社会、经济及旅游市场状况来进行最合理的组合。

(三) 外联部的工作特点

所谓外联就是根据旅游接待业务的需要，与外国客户进行联络与计价的一种业务的实际操作行为。随着旅游产业的发展，以及外联业务运用的范围扩大，国内旅游业务中也广泛使用此种说法。外联业务通常称为市场营销业务，是旅行社最重要的旅游业务，具有综合性、复杂性、超前性、时效性和经济效益性五个特点。

1. 综合性

外联业务的综合性，主要体现在工作内容和涉及的工作对象上。首先，外联人员在完成外联业务的过程中，涉及许多方面的工作内容，包括市场部分、销售部分和计划部分，每一部分的工作都有其各自的特点。

(1)市场部分。市场部分有市场调研和预测、设计产品、对外报价、广告宣传工作。

(2)销售部分。销售部分有业务洽谈、销售产品、草拟协议书和意向书、对外报价等工作。

(3)计划部分。计划部分有订票订房业务、各地旅行社联络工作等业务。

2. 复杂性

由于国内外旅游市场竞争的日益加剧，使得外联业务日趋复杂，主要体现在：

(1)旅游业的多变性容易造成旅行社外联人员的判断失误，增加了业务操作难度。

(2)旅游供应商产品的价格波动。这是一个经常性的问题，交通、餐饮、住宿等旅游者旅游必备的产品受时间和空间的影响比较大，特别是由于我国旅游业起步较晚，交通运输业较落后，经常会发生不可预见的事件，使旅行社的工作不能按预定计划进行，从而波及旅行社外联人员对产品价格和质量的把握。

(3)旅游消费者行为方式，也容易使外联人员的工作受到干扰。

3. 超前性

外联部门是旅行社的先行官，它的几项主要业务都必须有一定的提前期。

(1)为销售更多的旅游产品，招徕更多的客源，必须事先了解市场的需求，搜集信息，对市场进行调查、预测，根据市场情况作出相应的对策。

(2)要根据市场的需求，了解各条线路、景点、餐饮、住宿、交通和风土人情，预先设计出适销对路的旅游产品，并加以宣传和推销。

(3)为保证产品质量，必须事先做好旅游团队的计划预报和落实工作。

以上工作都需要外联人员必须注意市场的发展趋势，对旅行社的所有产品的内容和相关知识了如指掌，以便在工作中处于主动地位。

4. 时效性

由于外联工作面对的主要是竞争激烈、瞬息万变的旅游市场，因此时效性很强。应加强横向关系的交流，及时掌握最新的信息。从旅游业的特点来看，不抓时机就会失去很多客源。外联人员在工作中要特别注意适应一些行业的特征，注重工作时效。特别是对海外、外地客户的咨询、报价，必须在24小时内给予回答，这是国际惯例。

5. 经济效益性

外联部门主要是组织提供客源,是旅行社最重要和最直接的盈利部门,外联业务的每一环节都会影响旅行社的收益。因此,为提高旅行社的经济效益,外联业务应抓好下列环节:

(1)价格的制定必须合理,既要有效益又要有竞争力,两者缺一不可。

(2)报价必须仔细,稍有疏忽,就会造成较大的经济损失。

(3)签订合同必须认真,各项条款都要仔细斟酌,避免主客双方的权益受到损害。

(4)加强信用管理,协助财务做好收款工作,必须一团一清,杜绝欠款现象。

二、外联部经理的岗位职责和素质要求

(一)外联部经理的岗位职责

外联部经理的岗位职责主要有以下几项:

(1)在总经理的领导下,全面负责外联部的工作。

(2)组织拟订、报批并实施本企业市场开拓、产品开发、宣传促销和产品销售计划。

(3)组织制订企业客户维持和销售计划,组织人员对国内外客户进行考察、选择与管理;负责组织业务洽谈、签订业务合同,开展业务合作。

(4)确定本部门的经营管理方式,编制岗位职责。

(5)负责组织业务洽谈。

(6)负责经营成本的控制。

(7)及时反馈信息。

(二)外联部经理的素质要求

1. 政治思想和职业道德

(1)拥护党和国家的方针政策,有一定的政策水平。

(2)有强烈的事业心。

(3)遵纪守法,廉洁奉公。

(4)重合同,守信用,维护企业信誉。

(5)顾全大局,团结协作,热心服务,讲求效率。

2. 知识水平

(1)业务知识:掌握市场学原理和旅行社市场销售管理的业务知识;掌握主要客源市场和我国主要旅游产品的基本知识;了解国际金融、公共关系、心理学、价格、外汇管理、保险、财会、礼仪礼节等知识;掌握国内外同行的发展动态和计算机管理及使用知识。

(2)政策法规知识:掌握有关旅游政策与法规,熟悉经济合同法、海关法、反不正当竞争法、消费者权益保护法等法规。

3.工作能力

外联部经理应具有较强的工作能力,主要在以下几个方面:

(1)分析判断能力:能根据上级部门的要求,结合市场销售部业务实际情况,提出与业务有关的市场销售部决策并付诸实施。

(2)开拓创新能力:具有强烈的市场意识,能根据国内旅游市场的需求变化,作出迅速反应,开发旅游资源,创新旅游产品,发展多种形式的旅游商品经营。

(3)组织协调和社会活动能力:能在总经理的授权下,组织安排好本部门内的业务工作和完成交办的重大任务,能协调部门内和部门外各方面的工作关系。

(4)业务实施能力:能对国内外旅游市场进行综合研究及作出科学的经济活动分析,并能制订切实可行的业务实施计划。

(5)语言文字表达和外语能力:能编审旅游商品广告书册,并具有较强的业务应用文体和业务报告的写作能力,有较强的口头表达能力。熟练掌握一门外语或方言,最好会英语,能流利地进行外联业务洽谈。熟悉中外文化差异、艺术经典和历史演变与知识。

(6)沟通能力:熟练掌握商务谈判的沟通能力,以及旅行社部门间的沟通能力。

4.良好的气质与修养

外联部经理在开展内部管理工作和推销旅游产品时,也在推销着自己,推销着旅行社的形象。他通过适度的举止,端庄的仪表,从容的态度,表现出良好的素质与修养,以赢得下属的尊重和消费者的信任,从而达到推销旅游产品的目的。

5.学历、经历、职称、培训与身体素质

(1)学历:具有大专毕业或同等学力水平。

(2)经历:从事旅游接待和销售工作五年以上。

(3)职称:中级以上专业技术职称。

(4)培训:经过本岗位资格培训,取得《岗位资格培训证书》。

(5)身体素质:身体健康,精力充沛。

三、外联销售人员的岗位职责

(一)外联销售人员的岗位职责

外联销售人员,是指对外联系客户、招徕旅游者以及推销旅游产品的工作人员。主要职责有以下几个方面：

1. 提供信息

外联人员要做好旅游市场调查工作，研究国内外旅游市场的发展动态，及时向旅行社经营决策者提供通过调查和预测得出的结论，如产品质量、客户情况、发展趋势等市场信息，以便决策者作出正确的经营决策。

2. 设计产品

外联人员根据目标市场的特点，认真研究旅游消费者的旅游动机和消费心理，和旅行社相关部门共同设计有吸引力的旅游产品。同时还要加强与各地接待社的合作，经常与其保持联系，搜集当地最新的旅游市场信息，使本社的旅游产品不断更新、完善。

3. 销售产品

外联人员最重要的职责就是与旅游客户进行业务洽谈，签订旅游合同，同时还要负责承办国内外旅游团体或旅游中间商的委托代办业务，并且积极参加旅游展销、促销活动，做好对外旅游宣传工作，树立良好形象，招徕更多的客源。具体内容有：

（1）详细了解旅行社的营销计划。对旅行社的实际情况了如指掌，以便于接待访谈。

（2）对旅行社的各种宣传资料准备充分，能够草拟销售文件，向客户推销旅游产品。

（3）清楚客户的确认，对团队的预订及旅行社的销售预订信用政策均有详细了解。

（4）能对产品现状及潜在客户的信息准确把握，随时可进行专项调研。

（5）完成访问报告、销售进展情况报告，且就有关问题作出解释和分析。

（6）使用现代销售电子系统及档案系统。

（7）对外联部在旅行社损益表中的收入与支出项目所起的直接作用作出分析和解释。

实践证明，虽然外联人员之间性格、分析沟通能力、仪表风度、教育程度等存在着很大差异，但他们可以取得同样的成绩。说明他们的成功是多种因素综合作用的结果。

4. 充分利用互联网

积极推进网络在线旅游，建立旅游网站，利用MSN、QQ群、飞信、微信、手机终端服务等现代化手段，扩大客源，提高对外销售的竞争力，确立自己的市场地位。

(二)外联销售人员的素质要求

现代的外联销售人员是开拓产品销售市场的先锋,他们的素质和积极性关系到旅游企业促销工作的成效,关系到旅游企业的形象和旅游者需求的满足,一个合格的外联销售人员须具备各方面的素质。

1. 政治思想和职业道德

(1)态度、仪表、修养良好;遵守法规,具有良好的道德品质

由于外联销售人员的一言一行都代表着企业形象,因此外联销售人员应具有忠实于企业,忠实于每一位旅游者的品质。

(2) 有进取心、不怕困难,具有强烈的敬业精神

外联销售人员要有献身于推销事业的精神,有不畏艰难、全心全意为旅游者服务的敬业精神。

2. 知识水平

外联销售人员必须有旺盛的求知欲,牢固掌握外联销售知识。他们必须掌握的知识包括:

(1)较高的外语水平

与海外客户打交道必须精通外语,并能熟练运用和掌握,这是对外联络工作的基本要求。

(2 具有一定程度的国际政治关系知识

深入了解客源国或客源地的政治体制,如政治经济现状、双边关系、外交活动、内外政策以及当前的社会动态。

(3)熟悉国内外的地理、历史知识和风俗习惯等

熟悉客源国或客源地的地理条件、气候条件、旅游资源、历史沿革等基本情况,了解并掌握那里的风土人情、宗教信仰、生活习惯以及他们的礼仪与禁忌。

(4)掌握国际、国内金融知识和办理出、入境各种手续等法律规定

基本掌握国际通行货币的兑换汇率以及旅行支票的使用等;熟悉国际口岸、移民局、边检、海关通道以及机场等场所的相关手续和法律规定。

3. 工作能力

外联销售人员应具备较强的创造能力、社会能力、应变能力、语言表达能力。只有这样,外联销售人员在推销工作中才能及时地解决各种复杂的问题,面对困难游刃有余。外联销售人员应该机敏干练、善于对外联系,有良好的沟通能力和交际能力;善于收集和分析情报。

4. 良好的气质与修养

外联销售人员在推销旅游产品时,也在推销着自己,推销着旅行社的形象。他通过适度的举止,端庄的仪表,从容的态度,表现出良好的素质与修养,以取得

消费者的信任,从而达到推销旅游产品的目的。

5. 学历、经历、职称、培训与身体素质

(1)学历:一般应具有大专毕业或同等学力水平。
(2)经历:从事旅游接待和销售工作两年以上。
(3)职称:初级以上专业技术职称。
(4)培训:经过本岗位资格培训,取得《岗位资格培训证书》。
(5)身体素质:身体健康,精力充沛。

四、外联销售的要求

(一)对外联人员的销售要求

(1)遵守旅游职业道德的岗位规范。
(2)佩戴服务标志,服饰整洁。
(3)熟悉所推销的旅游产品和业务操作程序。
(4)向旅游者提供有效的旅游产品资料,并为其选择旅游产品提供咨询。
(5)对旅游者提出的参团要求进行评价与审查,以确保所接纳的旅游者要求均在组团社服务提供能力范围之内。
(6)向旅游者/客户说明所报价格的限制条件,如报价的有效时段或人数限制等。
(7)计价收费手续完备,账款清楚。

(二)外联销售成交后的注意事项

外联销售人员在销售成交后,应注意以下事项:

(1)告知旅游者填写出境旅游有关申请表格的须知和出境旅游兑换外汇有关须知。
(2)认真审验旅游者提交的资料物品,对不适用或不符合要求的及时向旅游者退换。
(3)妥善保管旅游者在报名时提交的各种资料物品,交接时手续清楚。
(4)与旅游者签订出境旅游服务合同。
(5)收取旅游费用后开具发票。
(6)提醒旅游者有关注意事项,并向旅游者推荐旅游意外保险。
(7)将经评审的旅游者要求和所作的承诺及时准确地传递到有关工序。

[实操问答]

[问答1] 实际工作中,外联销售人员应掌握哪些技能?

答:外联业务具有综合性、复杂性、超前性、时效性和经济效益性五个特点。作为一名外联销售人员具有较强的商务沟通、销售业务工作能力,懂得面对不同的旅游中间商和旅游消费者,采用的形式和销售方法也不尽相同,主要有:

(1)了解并掌握各条线路、景点、餐饮、住宿、交通和风土人情。

(2)具有通过函件、电话、电报、传真以及面对面谈判的能力和较强的业务应用文体的写作能力和口头表达能力。

(3)具备综合应用各种定价方法的能力并将报价交专职财务核价。

(4)在和旅游中间商签订协议或合同时,要详细了解对方的经营实力、商业信誉和信用等级等,同时认真估计本公司实力,绝不信口开河,对签约应按法律程序办理。

[问答2] 做好外联业务应抓好哪些环节?

答:(1)销售准备阶段。

(2)销售开场阶段。

(3)确定顾客需求阶段。

(4)介绍产品阶段。

(5)客户异议处理阶段。

(6)销售谈判阶段。

[问答3] 外联销售人员向旅游者提供信息、处理旅游者投诉时,旅行社营销人员应具备哪些方面的素质?

答:首先,旅行社外联销售人员在向旅游者提供信息时,一方面不能将产品和服务的实际水平夸大,另一方面要创造适合自己产品特色、增强消费者满意程度的"品牌效应"。这种积极的"品牌效应"的获得,既满足了当前的旅游消费者,又能获得长期的名牌效应,并刺激和培养新的消费群体。反之,如果消费者购买了与其期望值不相符、甚至完全相反的产品,就会形成不满意感受,造成恶劣影响,旅游消费者可能投诉有关部门要求赔偿。

其次,当旅游服务中出现失误,而导致旅游者不满意时,要求旅行社外联销售人员应注重顾客投诉及补偿服务,因为这是旅行社通过服务重新赢得旅游者的良好机会,可以使旅行社与旅游者进行良好的沟通,并为旅游者提供新的满足。具体来说,当旅行社外联销售人员收到旅游者的投诉后,应先做好记录,然后交给被投诉的业务部负责人,由部门负责人调查投诉是否属实。如属实,要给投诉者回信,表示歉意,并提出改进办法。如果经核实投诉不属实,也要给投诉者回信,耐心解释,同时旅行社外联销售人员也引以为鉴。

[问答4] **对外联销售人员在销售时有何要求?**

答:(1)遵守旅游职业道德的岗位规范。
(2)佩戴服务标志,服饰整洁。
(3)熟悉所推销的旅游产品和业务操作程序。
(4)向旅游者提供有效的旅游产品资料,并为其选择旅游产品提供咨询。
(5)对旅游者提出的参团要求进行评价与审查,以确保所接纳的旅游者要求均在组团社服务提供能力范围之内。
(6)向旅游者/客户说明所报价格的限制条件,如报价的有效时段或人数限制等。
(7)计价收费手续完备,账款清楚。

[问答5] **外联销售人员应该树立什么样的营销意识?**

答:(1)应该坚持一切从顾客需要出发的原则,将旅行社利润、消费者需要和社会利益三者统一起来。
(2)在实际工作中全面贯彻市场营销观念,真正树立"顾客就是上帝""顾客永远是对的"的思想。

[问答6] **怎样才能成为一名优秀的外联销售人员?**

答:(1)树立现代市场营销观念。
(2)增强信息意识,注意市场调研。
(3)掌握正确的市场预测方法,为市场决策打好基础。
(4)应用市场细分理论,确定目标市场。
(5)正确应用市场营销策略,包括产品策略、价格策略、销售渠道策略、促销策略等。

[问答7] **外联销售人员应如何树立"服务即推销,推销即服务"的思想?**

答:外联销售人员要巩固和扩大销售,离不开旅行社一线员工的支持,因此要将旅行社导游人员的为客服务纳入到旅行社整套销售环节之中。旅行社导游人员不仅要为客人提供程序化和机械性的服务,还必须积极、主动并创造性地销售旅行社产品和服务。要做到这一点,除对一线员工进行相应的知识和技巧培训之外,还必须为其销售创造条件,并从制度上赋予其一定的权限,如规定一线服务人员处理服务过程中遇到问题的权力。

另一方面,还必须认识到推销旅行社产品的过程也是为客服务的过程。这一服务包括回答客人购买前的各种询问(如有关预订、价格方面的咨询,帮助对方消除购买的障碍和疑虑,为其购买提供方便和增强信心),客人购买过程中帮助其选择(如增加新的旅游景点),客人购买和消费后的追踪服务(如征求意见等)。因此,我们所讲的服务过程也包括销售服务,这一阶段同样容易导致客人不满或使客人留下深刻的印象。

[问答8] 旅游促销人员在推销过程中碰到顾客要求将本旅行社与当地某一知名旅行社进行比较时,应如何处理?

答:旅游促销人员的言行会直接影响到旅行社的社会形象和企业效益,一名合格的推销员应具备强烈的敬业精神,丰富的业务知识,良好的气质与修养和较强的能力。就本题来说,较强的应变能力尤为重要。

首先,推销员应客观、公正地评价某著名旅行社,以博得顾客的信任。

其次,在条件许可的情况下,推销员依靠自己良好的修养、丰富的知识、灵活的应变能力把本企业的优势,不动声色地展示给顾客,并最终让顾客选择本企业。

[问答9] 小李是上海某旅行社的一名外联员,最近刚接手一项新的旅游项目。请问,小李应如何推荐该旅游项目?

答:旅行社促销的方法很多,一般包括:人员推销、广告促销、公关促销、营业推广等方式。本题中小李作为一名外联员,对刚接手的新的旅游项目,更适合选用旅游公关促销。旅游公关促销的方法包括新闻发布会、展览会、庆典活动、社会赞助、公关谈判等。由于该旅行社地处大城市,信息传播快,展会多,因此本题中的项目推荐可采用新闻发布会、展览会等方法。总之,旅行社在促销过程中可供选择的方法很多,外联人员可根据实际情况综合运用各种促销方法,以获取最大的效益。

[问答10] 旅行社外联销售人员应如何提高自己的推销效率?

答:西方学者认为有效率的推销员有两项最基本的品质:其一是感受力,即具备从消费者角度去感受的能力。其二是自我驱动力,即对达成销售协议具有强烈的欲望。这就要求旅行社外联销售人员应当目光敏锐和富有创见,能够透过市场状况的表象和变化迹象寻觅到可以开发和利用的机会,同时销售人员在思想上应当具有强烈的竞争意识,具有主动进取而不是被动应付的性格。

[问答11] 说说常用旅游十大网站

①去哪儿网 http://www.qunar.com

中国第一个旅游搜索引擎,根据 ComScore 发布的亚太地区旅游媒体分析报告显示,截至 2009 年 1 月,去哪儿网被列为中国第一大旅游媒体,在亚太地区排第三。

②同程网 http://www.17u.cn

中国唯一拥有 B2B 旅游企业间平台和 B2C 大众旅游平台的旅游电子商务网站。

③携程网 http://www.ctrip.com

中国领先的在线票务服务公司、酒店预订服务中心、在线旅行服务公司,拥有世界上最大的旅游服务联络中心,拥有 1.2 万个坐席,呼叫中心员工超过 7000 人。

④芒果网 http://www.mangocity.com

全国旅游电子商务企业前三名。

⑤驴妈妈旅游网 http://www.lvmama.com

中国领先的新型 B2C 旅游电子商务网站,中国最大的自助游产品预订及资讯服务平台。

⑥艺龙旅行网 http://hotel.elong.com

中国领先的在线旅行服务提供商之一,中国可以直接预订酒店家数最多的在线旅行服务提供商,艺龙是国内首家能够提供 24 小时服务的在线旅行服务公司。

⑦途牛旅游网 http://www.tuniu.com

中国首家开启在线旅游服务的旅游网站,专注于旅游线路产品。

⑧欣欣旅游网 http://www.cncn.com

中国最大的旅游产品预订平台,拥有最全的生活旅游出行实用查询工具平台、中国最大的旅行社信息联盟体、最大的旅游产品库。

⑨遨游网 http://www.aoyou.com

中青旅旗下专业度假网站,是具备开放性、全国性的旅游度假产品预订及旅行服务网站。

⑩佰识途 http://best-tour.cn

是一家集酒店预订、机票代理、会议服务、旅游咨询于一身的综合旅游服务网站。

[实践练习]

1. 叙述你所在的旅行社外联部的机构设置情况,有何特点?
2. 你认为外联部经理及外联销售人员的岗位职责和素质要求如何?
3. 你是如何认识外联部的工作特点的?如何在实际工作中不断学习,提高业务水平和工作技能?

4.我国旅行社管理法规先后三次对旅行社进行了定义,分别是1985年《旅行社管理暂行条例》、1996年《旅行社管理条例》(2001年修订)和2009年《旅行社条例》。

试思考:

三部法规定义的区别在哪里?从定义中梳理我国对旅行社企业认识的变化?

第二章 外联部的市场分析与营销组合

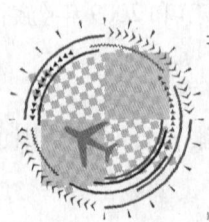

[**培训重点**]

本部分主要讲述外联部的市场调研与市场预测的类型和方法,明确市场细分、市场定位和营销组合的内容。

通过本部分的学习,您将了解到如何进行市场调研和市场预测,掌握市场调研和市场预测的方法,了解市场细分的主要依据,如何进行市场定位策略及熟悉营销组合的内容。在此基础上,初步具有应用所学知识来解决实际工作中所面临的各种问题的能力。

通过本部分的学习,您将认识到在旅游市场激烈的竞争中,一个旅游企业一般难以设计和提供各种不同的旅游产品,以全面满足旅游者的所有旅游需求。这就要求旅游企业必须根据自己的优势,广泛深入地进行旅游营销调研,在对整体旅游市场进行细分的基础上,选择本企业的旅游目标市场,然后再根据旅游目标市场的需求,确定与之相适应的产品及其市场开拓策略和市场营销组合。

通过本部分实操问答和案例分析的启迪,帮助您能够在自己的工作中勇于开拓和创新,作出更加出色的成绩。

[**专题论述**]

一、旅行社市场调研与预测

(一)旅行社市场调研

1. 旅行社市场调研的概念与类型

(1)旅行社市场调研的概念

旅行社市场调研是指旅行社运用科学的方法和手段,有计划、有目的、有系统地及时收集、记录、整理、分析和总结与旅游市场变化有关的各种旅游消费需求,旅游营销活动的信息、资料,以了解现实旅游市场和潜在旅游市场,为旅行社经营决策提供客观依据的活动。

(2)旅行社市场调研的类型

根据旅行社市场营销过程中的不同指向,可将旅行社市场营销调研分为以下几种类型:

①探测性调研。探测性调研指旅行社营销人员对所调查的问题不太清楚时所采用的调研形式。这种调研是一种小范围、低层次上的调研活动。调研的目的是发现问题所在,初步确定问题范围。例如:某旅行社在旅游旺季却出现客源下降,但又不知原因何在,就可以采用探测性调研。

由于探测性调研着重是收集有限的相关资料进行初步分析,所采用的方法,通常是简便易行的。调研过程中可根据进展发现问题,随时调整,故能有效地识别问题的疑点。常被用作一些大范围的市场调研活动开展前期的试探性工作。

②描述性调研。描述性调研是对要探讨的问题已比较清楚时采用的一种方法。它是对客观事物或现象进行的如实描述,主要是通过掌握其过去和现在的资料来进行研究。如前例,假设已查清旅行社客源的减少是由于中间商被自己的竞争对手"挖墙脚",就可对此问题进行描述。在现实中,绝大多数的市场营销调研均属于此类型。这种调研形式要求制订周密的调研计划,比探测性调研更为具体、复杂。

③因果性调研。因果性调研是为发现旅行社营销活动或营销环境中出现问题的原因,找寻现象间的因果关系。因果性调研一般是基于描述性调研的结果,针对某一现象的产生,进一步搜集资料,并运用逻辑推理和统计分析方法找出其因果关系。实际调研中,旅行社一般把企业经营的目标销售额、市场占有率、利润等设为因变量,而把企业可控制的因素如产品、价格、分销、促销以及企业外部不可控制的因素定为自变量。通过定性和定量研究,帮助旅行社决策者评价和选择活动方针。

④成就监测调研。成就监测调研是旅行社对市场营销计划成就结果资料反馈的调研,主要是调整旅行社营销计划的执行情况,特别是对销售结果的调研。

2.旅行社市场调研的内容

(1)市场需求信息

市场需求信息主要包括旅游客源地的宏观环境信息、旅游者综合信息及经营反馈信息。

①宏观环境信息。包括各个客源国(地区)的政治、社会环境是否稳定,经

济发展水平有多高,当前及今后一段时间内经济是否繁荣,币值和汇率是否稳定,出游的规模和发展趋势,旅游的流向和旅游方式等,从而估计该客源地旅游需求及旅游者流向与流量。

②旅游者的综合需求信息。包括旅游者规模及构成、旅游者动机及旅游消费行为等信息。通过对旅游者综合需求信息的调整,有助于旅行社更好地把握旅游需求的特点及变化趋势。

③经营反馈信息。就是通过对旅游中间商及旅游者的调查,征询其对旅游需求的满足程度,以便根据反馈的信息,及时调整经营方向,改进产品和组织营销。

(2) 市场供应信息

市场供应信息主要包括旅游中间商信息与旅游服务供应商信息。

①旅游中间商信息。旅游中间商,特别是旅游客源地的中间商,是旅行社招徕客源中介及旅行社的重要合作伙伴,必须掌握其基本情况和动向。例如,旅游中间商的数目、规模、地区分布、经营方式和业务特点等情况。对其中和本旅行社有业务关系的中间商应逐个建立客户档案,对双方往来业务作记录,注意了解对方的经营能力、商业信誉以及和自己竞争对手的交易情况等。

②旅游服务供应商信息。目的地旅行社出售的产品绝大部分是由各种类型的旅游服务供应商提供的,因此供应情况的变化对旅行社经营影响很大。旅游服务供应商包括地接旅行社类供应商、酒店住宿类供应商、购物商店类供应商、旅游吸引物类供应商和餐饮服务类供应商等。上述信息是旅行社设计产品的重要依据。旅行社要随时掌握信息变化,及时调整营销策略。

(3) 同行竞争信息

在市场经济条件下,同行企业为争取更大市场份额进行激烈的竞争。为了在竞争中取胜或不至于落败,每一个旅行社都应对竞争企业的相关信息进行分析,包括竞争企业分析和竞争产品分析。

①竞争企业分析。包括现实和潜在的竞争对手数量、市场占有率、经营状况、价格及推销政策、分销渠道及其他竞争策略、规模及竞争实力、所处地理位置与活动范围等。

②竞争产品分析。包括竞争者产品的质量、数量、品种、价格、特色及有何不足之处等。

3. 旅行社市场调研的方法

(1) 直接调查

直接调查又称实地调查,是指在周密的调查设计和组织下,由调查人员直接向被调查者搜集原始资料的一种调查方法。实地调查主要有询问法、观察法和实验法。根据调查项目类型、调查的目的要求,允许的时间、调查资金及其他物质条件,可灵活选择某种或几种方式交叉、组合运用。

(2)间接调查

间接调查又称文案调查,是指通过收集旅行社内部和外部各种现有的信息数据和资料,从中选取与市场营销调研课题有关的内容,进行分析研究的一种调查方法。这种方法常被作为旅行社市场调研的首选方法,几乎所有的市场调查者都可从收集现有资料开始,包括旅行社内部资料收集和外部资料收集。总之,旅行社进行市场调研的目的是进行市场预测,并据以作出营销决策。

(二)旅行社市场预测

1.旅行社市场预测的概念

旅行社市场预测是在市场营销调研的基础上,运用科学方法,针对旅行社的实际需要,对旅游市场未来一段时期内的发展趋势作出的分析与判断。旅行社市场预测为企业选择营销机会和目标市场提供了决策依据。

2.旅行社市场预测的内容

旅行社市场预测的内容十分广泛,可以说,凡是影响旅行社市场营销的诸种因素都应属于预测之列。归纳起来,旅行社市场预测的内容有以下几类:

(1)旅游环境发展趋势预测。旅游业是一个高度依托性的行业,受环境因素的影响较大。作为旅游业支柱产业之一的旅行社业,无疑也受到环境因素的极大影响。金融危机的暴发,意味着人们基于经济未来将更加悲观的预期,整个区域内货币币值出现幅度较大的贬值,这对旅游的影响是不言而喻的。如1997年爆发的东南亚金融危机,导致亚太地区旅游业发展步伐明显放慢,而2008年9月美国金融危机及欧洲债务危机全面爆发,致使世界旅游经济受到空前打击。2013年我国旅游经济总体上平稳运行,消费需求旺盛,投资持续增长,产业运行相对景气,发展方式加速转变。《旅游法》和《国民旅游休闲纲要》的出台,对行业发展产生深远影响。受"八项规定""六项禁令"等政策的影响,公务旅游消费急剧下降,商务旅游消费明显放缓,国民休闲旅游消费增长势头强劲。

以上环境因素给中国旅行社企业带来了经营中的众多风险和机遇。因此,在进行旅行社市场预测时,必须对旅游环境作出分析判断,对其发展趋势进行预测。旅游环境发展趋势预测包括以下方面:

①国际、国内的政治、经济形式以及政府有关政策、方针的变化。

②自然环境和生活条件的变化。

③科学技术的进步和发展。

④旅游基础设施的改善。

⑤旅游市场竞争的趋势和动向。

(2)旅行社市场需求预测。旅行社的市场需求预测包括以下几个方面:

①旅行社市场潜量预测。旅行社市场潜量预测是对某项旅游产品在旅行社的营销努力趋于无穷大时可获得的市场最大销售量或旅游者的总购买量的预测。旅行社市场潜量预测的公式是:

$$Q = n \times g \times p$$

公式中:Q——总市场潜量;
　　　　n——特定产品的购买者人数;
　　　　g——购买者的平均购买数量;
　　　　p——产品的平均单价。

②旅行社市场销售预测。市场销售预测主要是对市场占有率的预测。旅行社的市场占有率是指本旅行社的市场需求量或产品销售量在市场总需求量中的份额或比例。其计算公式是:

$$S_i = Q_i / Q$$

S_i——为旅行社 i 的市场的市场占有率;
Q_i——为旅行社 i 的市场需求量;
Q——为市场总需求量。

③旅行社市场需求饱和预测。市场需求是指所预期的消费者数量,根据以往的销售和趋势预测他们将会在一个特定地点、在一段特定时间内购买旅行社的产品。旅行社的市场需求饱和预测是指从现在起多少年后某项旅游产品在某一特定市场中达到的饱和需求量。旅行社市场需求的饱和点是旅行社产品生命周期的转折点,包括旅行社原产品社会需求量的饱和与有支付能力的需求的短期饱和。这种饱和不是固定不变的,随着旅行社产品的改进和社会购买力的提高,旅行社产品的市场需求就会从饱和点向新的发展阶段转变。

④旅行社市场需求发展变化趋势的预测。旅行社市场需求发展变化趋势的预测包括许多方面,如旅游者的偏好、个性化的需求及消费行为、购买方式的变化、技术进步对旅游需求的影响等。

(3)旅行社市场供给预测。旅行社市场供给预测主要是对旅游资源、旅游设施及旅游服务变化趋势的预测,包括供给能力和发展能力预测。旅行社对此应当进行客观分析和判断,以便根据企业能力,合理地进行经营安排,做好新产品开发、老产品改造和产品销售。

(4)价格预测。旅行社对价格的预测主要包括以下几方面:

①旅行社行业价格变化趋势及其对供求关系产生的影响。

②主要竞争对手调整价格的可能性和方式方法对市场总需求量及本旅行社的影响。

③本旅行社产品价格的变动对市场需求、经济效益和主要竞争对手的影响。

（5）旅行社经济效益预测。旅行社经济效益预测是对旅行社的有用成果与劳动耗费之比的预测。对旅行社经济效益的预测能为旅行社投资决策和营销决策的作出提供依据，有助于旅行社经营管理的改善。

3. 旅行社市场预测的方法

旅行社市场预测一般要经过五个步骤，即确定预测目标；进行市场调研；选择预测方法；实施预测；提出预测报告。市场预测的方法很多，一般可以分为定性预测方法和定量预测方法两大类。旅行社市场营销人员应根据预测的目标和资料分析的情况，来选择市场预测的方法。

（1）定性预测方法

定性预测方法是指通过语言描述的方式，对旅行社市场进行的预测。包括专家意见法、旅游者意图调查法、推销人员意见法和综合意见法等。

①专家意见法。专家意见法又称德尔菲法。它于20世纪40年代由美国法德公司首先创立，是市场营销预测中应用广泛的一种定性方法。专家意见法采用问卷或表格的形式，征询多位专家的匿名预测意见，将得到的初步结果综合整理后，全部反馈给各位专家，经过几轮的意见反馈，最终得出比较符合旅游市场发展规律的一致性意见。这个方法有真实性、多次反馈性和收敛性等特点，预测结果真实并具有权威性。但由于从成功召集一个专家小组、组织几轮调查，到最终达成一致性意见，需要花几个月甚至是几年的时间，而且一些小组成员可能会中途退出，因此，这种预测方法的一致性难以得到保证，如果离开的人太多，那么一致性意见的有效性就值得怀疑了。德尔菲法调查的成败主要取决于专家的资格、研究人员设计和调查表设计的技巧。这种方法适用于旅行社预测营销环境变化大的情况，以及新产品或新市场的开发等项目。

②旅游者意图调查法。旅游者意图调查法是旅行社市场营销人员向潜在旅游者抽样调查其旅游意图，通过对旅游者意图调查结果的分析，来预测未来的旅游需求的预测方法。例如：

您准备下次再选择本旅行社吗？

不会(0)(　)　　　有些可能(0.35)(　)　　　可能(0.5)(　)

很有可能(0.8)(　)　　　一定会(1.0)(　)

括号内的分值，是调研人员用于预测的数值，另一个括号的空白则留给旅游者做选择。

这种预测方法的开支较大，花费时间和精力较多，如果被调查者不愿回答问题，则会直接影响到预测的效果。因此，旅游者意图调查法一般用于预先有计划的、经费较多的旅游项目的需求预测。

③推销人员意见法。推销人员意见法是指通过综合最接近市场的推销人员的预测,来对市场未来发展趋势进行推断的预测方法。这种预测方法比较适用于对旅游市场需求的预测和对竞争对手的预测。由于市场推销人员直接参与市场上各种营销活动,因而对旅游消费者、竞争对手的情况及其变化动向比较了解,特别对自己负责的营销范围的情况更为熟悉。因此,使用推销人员意见法预测的销售额会比较接近实际情况,具有较高价值。同时,这种预测方法还有简便易行、节省时间和经费的优点。但由于市场销售人员能力有限、对市场发展总趋势的认识缺乏不足等原因,因此,采用此法进行预测具有准确度不够高的缺点。

④综合意见法。在实际市场预测中,旅行社常常汇集经理人员、营销人员、中间商、职能部门人员和有关专家的意见,共同对未来市场作出判断预测。这种方法是上述三种方法的综合运用,可集管理者、实践者和专家智慧于一身,弥补前三种方法的不足,若运用得当,既可判明旅行社经营方向,也可预测具体营销状况。

(2)定量预测方法

定量预测方法是指通过运用市场发展的历史数据和数学模型推导出预测值的方式,对旅行社市场进行的预测。

由于影响旅游业的市场变量太多,特别是易受政治、军事、经济、金融、国际关系以及天灾人祸等不可控因素影响,用数字公式来预测旅行社市场变化的难度很大且精确度很小。因此,一般多采用定性方法或定性预测与定量分析综合运用的方式,来进行旅行社的市场预测。定量预测方法通常分为时间序列预测法和因果关系预测法两大类。

①时间序列预测法。时间序列预测法是指将预测对象过去的历史资料和数据按时间顺序加以排列,构成一组数字序列,运用统计方法研究其发展变化客观过程的规律性,并据此规律预测其未来的变化趋势的预测方法。时间序列预测法又可分为算术平均预测法、加权平均预测法、移动平均预测法、指数平滑法、季节变动分析法等。

②因果关系预测法。因果关系预测法是指通过一些对预测目标有直接或间接影响的因素的分析,找出其变化的因果关系,并根据这种变化规律来确定预测值的市场预测方法。因果关系预测法又可分为一元线性回归法、多元线性回归法两类。

旅行社外联部人员除了进行市场调查、分析和预测外,更应该对本企业的内部条件进行分析,以确定自己的优势、劣势、长处和短处和内部未发挥的潜力,研究开发新市场的机会。避开不利因素的可行性,在此基础上制定经营规划。

二、目标市场策略

(一)旅行社市场细分的依据

市场是由消费者组成的,消费者是旅行社的核心,任何一家旅行社都难以满足所有消费者的需求。这是因为消费者之间存在差异,他们具有不同的需要和欲望、所能接受的价格和居住地区,等等。

市场细分又称市场分割,是指旅行社根据旅游消费者需求的特点、购买行为和购买习惯等方面的差异,将整体旅游市场划分为若干个需求与愿望大体相同的旅游消费者群的过程。每个旅游消费者群就是一个细分市场。出于计划的目的,根据旅游者的地理分布、人口特点、旅游目的、购买行为等标准,对旅行社市场进行细分。

1. 按地理环境细分

即按照旅游者所处的地理位置、自然环境来细分市场,具体变量包括国家、地区、城市、乡村、城市规模、人口密度、不同的气候带、不同的地形地貌。

这种方法,首先要了解各旅游客源地人口密度、总量和构成变化等情况,如人口总数、增减率、老年青年的比例等;接着,要调查不同地区的购买力,如某一地区或国家的人口增加,购买能力提高,就意味着该地区或该国的市场在扩大;如只是人口增加,但购买力降低,该地区或该国的市场不能算是扩大;最后,要考虑邻近地区与远方地区市场的区别,把邻近地区市场作为销售重点,可起到事半功倍的效果。

根据这一细分标准,世界旅游组织(WTO)按地区将全球旅游市场细分为六大市场,即欧洲市场、美洲市场、东亚及太平洋市场、南亚市场、中东和非洲市场;根据旅游输出国与旅游接待国的距离远近,旅游市场可划分为远程旅游市场、中程旅游市场和近程旅游市场。我国按国家将旅游市场细分为六大市场,即韩国市场、日本市场、东南亚市场、澳洲市场、南美市场、欧洲市场。

需要注意的是,处于同一地理环境的旅游者仍然会存在很大的需求差异,因此,旅行社要选择目标市场,还需同时根据其他因素进一步细分市场。

2. 按人口统计细分

旅游市场可根据旅游者的年龄、性别、家庭人口、家庭生命周期、收入水平、文化教育水平、职务、宗教、民族、种族、生活习惯等人口因素进行细分。

(1)年龄。按年龄划分,可分为老年人(60岁以上)、中年人(35~60岁)、青年人(18~35岁)、儿童(0~18岁)等市场。每一年龄段的人都有其独特的需要。老年人旅游市场,经济收入高,他们对住宿条件和膳食要求高;中年人是国际旅游市场的主体,人数最多;青年人,消费水平低,多选择经济旅游、背包旅游、探险旅游。

(2)性别。按性别划分,可分男性和女性旅游市场。商务(公务)旅游者多以男性为主,但女性商务旅游者有增长的趋势。

(3)家庭规模及生命周期。家庭是社会的细胞,也是旅游消费的基本单位。目前,世界上家庭结构出现了以下几种变化:晚婚的人数增加;出生率下降,儿童人数减少;家庭人口数明显下降,小家庭日益明显地取代了大家庭,无子女家庭增加;离婚率很高;双职工家庭增加;单身家庭增加(单身家庭指未婚者,离婚后独居者、分居者和鳏寡居者的家庭);同居者增多。

一般来说,没有子女的家庭参加旅游活动的可能性更大,旅游支出也较高;双职工家庭比单职工家庭更可能去旅游;新婚夫妇常会去蜜月旅游——在新兴消费方式的影响下,婚庆蜜月旅游已成为一个十分理想的选择;有子女的家庭,子女往往对家庭旅游目的地的选择、旅游时间、活动内容等产生很大的影响;旅行社可根据不同的家庭对旅游的不同需求来细分市场。

(4)经济收入。家庭经济收入越高,旅游的可能性就越大。根据研究,0.3~0.5的恩格尔系数就是旅游的冲动区。

(5)社会阶层和文化程度。人们的社会阶层、职业和文化程度不同,在需求上也各有特点。一般说来,大学毕业生喜欢环境变化,他们比较好动,更愿意到不大熟悉的地方去旅游。在我国外资企业中,大多数管理人员接受过高等教育,他们比较喜欢旅游,而且有较多的公务旅游机会,况且公务旅游可以在公司财务报销,他们所希望的旅游消费一般要高于普通消费者,同时对价格也不敏感。

3. 按旅游目的细分

按旅游目的可分为观光旅游、度假旅游、商务旅游等。

(1)观光旅游。旅游的目的是为了寻求和了解异国风光、文化、风俗、习惯。大多数观光者喜欢新鲜事物,主要以增长见识为目的。

观光旅游以前是在尽可能短的时间内,看尽可能多的东西,是一种拉练式的旅游。现在国内一些比较成熟的消费者已不再喜欢这种旅游了,而是要求旅游线路(产品)具有文化性和自然性。

(2)度假旅游。据世界旅游部门的统计,度假旅游占了国际旅游市场的25%左右,是外出旅游的一种主要形式。以这个为目的的消费者,经济水平不等,可以是豪华享受型的旅客,也可以是大众化的,也有相当数量是属于经济型的年轻人。

现在的度假旅游已转向休憩型的度假旅游。休憩型的度假旅游,就是到一个地方,无所事事地待上几天,达到全身心地放松,而不是每天规定时间去玩什么。

(3) 商务旅游。据有关方面资料表明,商务旅游每年以 10%～20% 的速度递增,已成为较主要的旅游形式。商务旅游在亚太地区发展最快。会议、商务旅游之所以发展迅速,主要是因为商务、会议旅游者通常是由协会、公司支付费用;航空公司向会议、商务旅游者提供特别优惠价,其中包括家属的优惠价。

商务旅游一般对其目的地的选择特别注重。对会场的设施(如多媒体设备、通信、同声翻译、展览场所的通风、光度、气味等)、住房条件(需要宽敞、明亮、多单间、套间)和抵离交通条件(与国际交通网络的连接)都是会议、商务旅游的考虑重点。此外,会议费用和会前、会后旅游安排及会议地点的知名度,也是考虑的重要因素。

现今,国内众多的大、中型企业每年的商务活动如会议、接待等一般都已交由旅行社来进行操作。

4. 根据旅游者的心理细分

(1) 生活格调。生活格调是指人们对工作、消费、娱乐的特定的习惯和倾向性方式,如传统型和新潮型、节俭型和奢靡型、严肃型和活泼型等,不同的生活格调会产生不同的需求偏好。

(2) 心理需求。根据旅游者的心理需求,可将旅行社市场细分为以下几种:

①上层阶层。这些人是旅游者最富有的阶层,他们希望通过旅游改变生活环境,提高生活质量,但不是改变生活方式。他们希望得到他人的承认,喜欢和具有同样社会和经济地位的人一起旅游。旅游方式以家庭式为主。

②追求舒适者。他们不仅追求舒适的设施,而且追求心理舒适、社会舒适和环境舒适。他们希望与其他追求舒适者交往,喜欢和有相同社交兴趣和个人兴趣的人一起旅游。他们喜欢参加团体观光、娱乐活动。他们不会到政治、社会不稳定的地方去旅游,更不会主动去探险。

③探险者。这类消费者喜欢到陌生的地方去接触异族,在新奇的环境中获得激动人心的感受。政治和社会不稳定的地区对他们中的某些人具有极大的吸引力。探险者喜爱大自然,喜欢野营,甚至会到沙漠、密林、山区去游玩。他们希望在较长一段时间内,避开日常生活环境和卫生条件。探险者有与陌生人、农民、渔民、商店服务员等交往的强烈愿望。他们设法克服语言障碍,了解当地的风俗习惯。

5. 根据旅游者的消费行为细分

旅游者消费行为变量很多,包括旅游者进入市场的程度,消费的数量规模及旅游者的偏好等。

(1) 根据旅游者进入市场的程度,可将市场分为经常旅游者、首次旅游者和潜在旅游者。

(2)根据旅游者的满意程度,对市场进行细分。旅游者的满意是指旅游者对某种牌号的产品的喜爱程度。根据旅游者的满意程度,可将旅游者市场细分为:

①满意的顾客:是指现已成为或很快将要成为某一旅行社客人的人。许多感到满意的顾客会对该旅行社赞不绝口并会吸引其他顾客光顾该旅行社。

②不满意的顾客:不满意的顾客是些来过但不满意某一旅行社的人。

③没有兴趣的顾客:没有兴趣的顾客是些听说过某一旅行社但觉得不值得一试的人。

④不了解情况的顾客:不了解情况的顾客是些根本不知道某一旅行社存在的人。

在上述情形中,每一类顾客所占的比例十分重要。拥有较高的"不满意的顾客"比例的旅行社会陷入困境之中。拥有较高的"没有兴趣的顾客"比例的旅行社缺乏竞争力,这是因为此类旅行社没有提供足够的好处。"不了解情况的顾客"比例过高的旅行社意味着缺乏有效的沟通,因此需要加大沟通的力度。

6. 国内新兴的旅行社市场

(1)政府采购市场。旅行社承办政府人员的出差、出国、政府会议和活动安排。这些在发达国家已经司空见惯了。这是个新的市场,只要旅行社的规模大、实力强、品牌好、信誉高,就有可能抓住这个市场机会,占领这个新兴市场。

(2)国内修学旅游市场。我国的旅行社做海外修学旅游积累了丰富的经验和教训,现已慢慢延伸到国内市场。我们的家长为孩子花多少钱都可以,自己再怎么省吃俭用都心甘情愿。

(3)农业旅游,内容包括农业观光、自采新鲜蔬菜水果、绿色食品展销、垂钓、乡间度假等。

城市居民向往回归自然,从年龄结构来讲,目前城市居民中三四十岁的人,多数有在农村生活的经验,在城市居住较长时间之后,往往会对当初农村的经历产生美好的回忆,萌生回农村观光旅游的动机。城市中的青少年自小在城市环境中长大,对农村知之甚少,许多人连最基本的常识都缺乏了解,因此,对农村既有陌生感,又有神秘感。

(4)自驾车旅游市场。一些城市的旅游者成立了旅游者联盟,其中的汽车俱乐部,以车会友,用车来感受新生活的领域。这种结合休闲旅游与增进交流双重目的的旅游方式,让旅游者和商家求之不得。

(5)绿色旅游、生态旅游。绿色旅游不等于生态旅游,绿色旅游是对旅游的全过程倡导和实行保护生态环境、求得生态平衡的一种旅游方式;生态旅游是由对生态有着特别兴趣、具有很强生态意识的人群,到原生态状况良好的旅游区(点)所进行的一种特殊的旅游活动。生态旅游最重要的是保持旅游目的地原有的生态系统和社会文化的完整,并教育游客如何欣赏及尊重自然,以商业经济利益为次要之考虑。

(二)旅行社营销组合策略

旅行社营销组合是指旅行社根据已选定的旅游目标市场的需求,采用系统方法把可控制的多种旅游营销策略进行最佳组合,使它们互相协调、配合、综合性地发挥作用,以满足旅游目标市场的需求,实现企业的营销目标。换句话说,旅行社在调查了它的内外部营销环境、选定了目标市场后,综合运用商品策略、价格策略、分销渠道策略、促销策略(市场营销4P),以实现营销目标的方式。但是由于所有市场营销活动都涉及人以及目标市场选择,所以策略的实施必须以人为主体。

此外,由于人们倾向于购买形象而非具体物品,并且市场营销主要关注人们的想法,所以必须要有定位策略。因此,市场营销组合应包括6个策略。由于这些因素的第一个字母均以P开头,所以也被称之为"市场营销6P"。

1. 人本策略(People)

人本策略要求营销人员选择作为目标的人群。人本策略大体上可以分为:

(1)无差异性营销策略。无差异性营销策略也称大众营销方法,这一营销策略意味着产品面向所有的人。采取无差异性营销策略的优点是可降低营销活动开支,降低旅游营销成本。但是,对于大多数旅行社来说,这种策略是不适用的,旅游者的需求存在着差异,他们不可能长期接受同一产品。许多营销人员认识到,如果本企业的产品吸引所有的旅游者,那么,在每一个旅游者的心目中,本企业的产品就不会是他的第一选择。当许多同类企业都采用这种策略时,在大的细分市场里,竞争就会极为激烈,而较小的细分市场的需求却无法得到满足。该策略适用于那些垄断性强、吸引力大的旅游产品,如故宫、长城、秦始皇兵马俑、黄山等世界自然文化遗产。

(2)差异性营销策略。差异性营销策略也称选定市场策略,该策略把整体旅游市场划分为若干细分市场,并针对不同细分市场的需求特征,分别设计不同的旅游产品和应用不同的市场营销组合方案,以满足不同细分市场上旅游消费者的需求。该策略为"每一个人、每只钱包和每种个性"提供各种产品。

采取差异性营销策略的优点是:市场反应灵敏,便于扩大市场占有率,提高旅行社的声誉,深化旅行社在旅游者心目中的形象,培养旅游者对旅行社的"忠诚",增加重复购买数量或次数,增强旅行社在目标市场的竞争力。因此,采用差异性营销策略的企业数在不断增加。

差异性营销策略也有其缺点,主要是经营成本较高,对于旅行社来说,差异性营销必然要提供更多种类的旅游产品,每种旅游产品的批量相对较少,这会增加产品的研制、开发费用,提高产品的单位成本;旅行社对不同的目标市场制定实施营销规划,会增加市场调研、预测、选择渠道和促销等方面的管理费用。正因为如此,差异性营销要求旅行社具有更加雄厚的财力资源和更高的经营管理水平。

(3)集中性营销策略。集中性营销策略也称选定特殊市场营销策略,该策略在市场细分的基础上,选择其中一个或几个细分市场作为自己的目标市场,集中满足一个或几个细分市场中旅游消费者需求所采取的营销策略。如我国某夕阳红旅行社专门经营老年旅游产品等。采用这种策略通常是为了在一个较少的细分市场上取得较高的市场占有率,而不是追求在整体市场上占有较少的份额。这种策略适用于资源有限但有特色优势的中小旅行社。中小旅行社无力在整体市场或多个细分市场上与大企业抗衡,而在大旅行社未予注意或不愿顾及的某个细分市场上全力以赴,则往往能够取得经营上的成功。

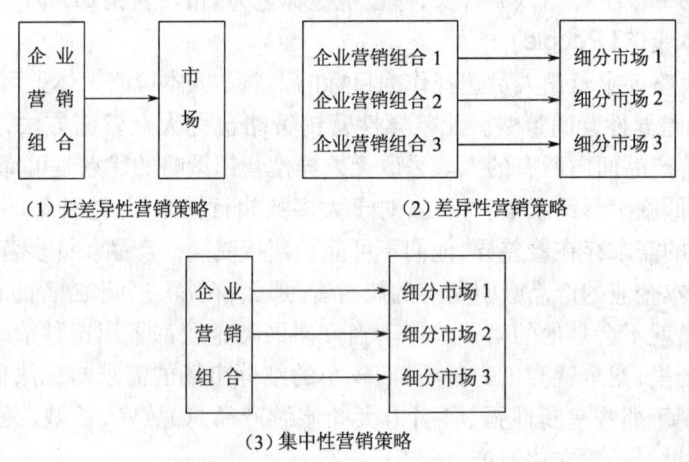

图2-1 人本市场营销策略

2.旅行社产品策略(Product)

旅行社产品策略直接涉及旅游者需求与欲望的满足。它是旅行社市场营销组合中的一种重要策略,是旅行社制定相关营销策略的基础。其内容主要包括旅行社产品寿命周期策略、旅行社产品组合策略、旅行社新产品开发策略等。

3. 旅行社产品价格策略(Price)

旅游产品以什么价格投放目标市场,这是旅行社可以控制的一个重要因素。一种旅游产品价格是否适当,往往影响该产品在旅游目标市场中的竞争地位和占有率,对旅行社的销售收入和利润关系很大。因此,旅行社应根据目标市场和竞争者的状况,充分考虑人力、财力、物力等资源状况,对旅游产品定价作出决策。旅行社产品价格策略主要包括旅行社产品定价目标、旅行社产品定价方法、旅行社产品定价技巧等。

4. 旅行社产品销售渠道策略(Place)

旅行社产品销售渠道策略即地点策略,是指怎样以最低的成本,通过最合适的途径,将自己的产品及时送到旅游者手中的策略问题。对旅行社来说,旅游产品销售渠道选择是否正确直接关系到其经营的成败。因此,旅行社必须十分重视对旅游产品销售渠道的研究。旅行社产品销售渠道策略包括旅行社中间商选择、产品销售渠道选择、产品销售管理等策略。

5. 市场定位策略(Position)

市场定位策略是一种竞争策略,是指旅行社为使其产品或服务在目标市场顾客的心目中树立鲜明、独特及深受欢迎的市场形象而进行的各种决策和开展的各项活动。根据市场竞争态势和企业自身的实力,一般有下列几种市场定位策略以供选择:

(1)产品差异。旅行社可以使自己的产品与其他产品相区别,也可以提供与竞争对手相类似的产品,但大多数旅行社都设法从产品的物质属性、服务人员或企业形象等方面使自己的产品有别于竞争对手的产品。

①物质属性差异。主要指交通条件、住宿设施、餐饮标准等方面的差异。交通条件,主要指交通工具及其豪华程度,是飞机、火车、汽车还是轮船,是双飞还是单飞,是硬座还是卧铺等。住宿设施主要指饭店的星级。团餐标准主要指旅游者每日的伙食标准及是否有旅游目的地的风味餐等情况。

②服务差异。主要包括组团社接受预订网络(门面)的覆盖面、出团服务、地接社地陪的服务质量及售后服务等方面的差异。

③人员差异。一些旅行社通过雇用和培训比竞争者更好的人员来获得竞争优势。人员差异要求旅行社必须精心挑选与旅游者(潜在旅游者)直接接触的人员,并且参加培训,这些人员必须要有能力、有技能、有知识;他们必须谦虚、友好、懂礼貌,能为旅游者(潜在旅游者)提供始终如一的、准确的服务;还要努力理解旅游者,清楚地与他们交流,能对旅游者的问题和要求作出迅速的反应。

④形象差异。即使竞争对手的产品很相似,旅游者也会根据旅行社或其品牌的形象观察出差异来,所以,旅行社应致力于形象的塑造。

（2）避强定位。这是一种避开强有力的竞争对手的市场定位。这种定位策略，应在更新消费者观念上做文章，创造新的消费观念，才能使旅行社迅速在市场上站稳脚跟，并能在旅游者中迅速树立起一种形象。如美国七喜汽水公司为打开产品销路，把饮料分为可乐型和非可乐型两种，可口可乐是可乐型饮料的代表，而七喜汽水是非可乐型饮料的代表，并展开了大规模的广告宣传活动，使七喜成为非可乐型饮料市场中首屈一指的名牌饮料。这种定位方式市场风险小，成功率较高。

（3）迎头定位。迎头定位，亦称对抗定位，是一种与在市场上占据支配地位的，与最强的竞争对手"对着干"的定位方式，如百事可乐与可口可乐、麦当劳与肯德基。

实行迎头定位，必须知己知彼，尤其应清醒估计自己的实力，不一定试图压垮对方，只要能够平分秋色就是巨大的成功。

（4）补缺定位。这是市场补缺者的一种定位策略，即定位于市场的"空隙"地带。采用这一策略的关键之处在于选准"补缺基点"。如有的旅行社面向老年人市场，推出"夕阳红"专线，占领年龄空隙；有的旅行社专门为女性市场推出旅游产品，占领性别空隙，等等。

6. 旅行社促销策略(Promotion)

旅行社促销的目的在于扩大旅游产品的销售，它是提高旅行社经济效益的重要途径。旅行社促销活动包括广告宣传、营业推广、公关促销和人员推销等。促销策略主要包括旅行社广告策略、旅行社营业推广策略、旅行社公关促销策略和人员推销策略等。

旅行社市场的上述六种营销策略，紧密联系，但又相互独立。旅行社应根据目标市场的需求和外部环境因素，最有效地利用本身的各种资源，使旅行社的各种营销策略在动态、复杂的运行过程中互相协调、积极配合，从而产生最大的综合效用。

三、产品策略

（一）旅行社产品生命周期各阶段的营销策略

旅游产品在市场上的销售情况和获利能力总是在变化着，这种变化同人的生命历程一样，也经历着诞生、成长、成熟和衰亡的过程。所谓旅行社产品生命周期，是指旅行社产品从进入市场开始到最终被淘汰、退出市场的全过程。它大致可分为导入期、成长期、成熟期和衰退期4个阶段，一般用旅行社的销售额和利润额的变化来衡量。如图2-2所示。

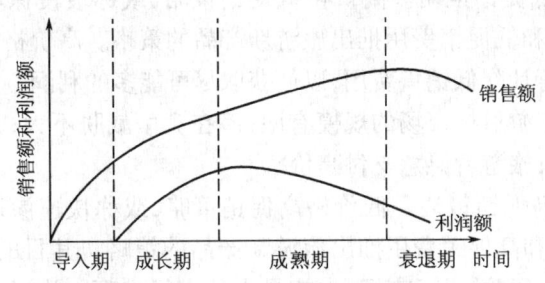

图2-2 旅行社产品生命周期曲线图

1. 旅行社产品导入期的营销策略

在旅行社产品导入期,旅行社总的策略是迅速扩大产品的销售量,以求尽快进入和占领目标市场。要尽量缩短导入期的时间,使产品尽快进入成长期。缩短旅游产品导入期,要充分考虑产品质量、价格、促销、销售渠道等营销因素的影响,选择适合的营销组合。如果只考虑价格和促销两个因素,旅行社就可以在如下4种营销组合策略中加以选择,如图2-3所示。

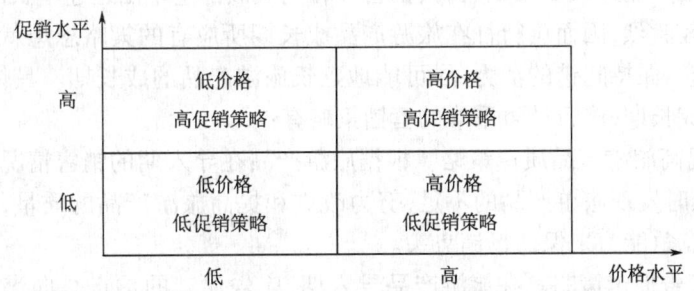

图2-3 导入期可供选择的营销策略

(1)高价格高促销策略。高价格高促销策略,或称快速掠取策略。这是指旅行社以高价格和高促销费用推出旅游产品的策略。高价格是为了在每一单位销售额中获取最大的利润,可使旅行社迅速收回成本,并给潜在旅游者以"高质"的感觉。高促销是为了引起旅游目标市场的注意,促使潜在旅游者尽快了解旅游产品,从而迅速扩大销售量,尽快占领旅游目标市场。旅行社实施这种策略必须具备的条件之一是:旅游目标市场上的大部分潜在旅游者不了解该产品。潜在旅游者一旦了解了该产品,就会急于购买,并愿意为此支付高价;其二,旅行社面临潜在竞争者的威胁,急需在旅游目标市场上先声夺人。

(2) 高价格低促销策略。高价格低促销策略,或称缓慢掠取策略。这是指旅行社以高价格和低促销费用推出旅游新产品的策略。高价格和低促销水平的结合,可以使旅行社降低销售费用,以便获取尽可能多的利润。旅行社实施这种策略的条件是:旅游目标市场的规模有限;潜在竞争威胁不大;大多数潜在旅游者已了解该产品;旅游者愿意支付高价。

(3) 低价格高促销策略。低价格高促销策略,或称快速渗透策略。这是指旅行社以低价格和高促销费用推出旅游新产品的策略。其目的在于先发制人,以最快的速度打入旅游目标市场,占有最大的市场份额。旅行社实施这种策略应具备如下条件:该产品市场容量相当大;潜在旅游者对该产品不了解,且对价格十分敏感;潜在竞争比较激烈;该产品的单位成本可随销售量的扩大而降低。

(4) 低价格低促销策略。低价格低促销策略,或称缓慢渗透策略。这是指旅行社以低价格和低促销费用推出旅游新产品的策略。低价格是为了促使旅游目标市场迅速地接受该新产品,而低促销费用则可以使旅行社获取更多的利润。旅行社实施这种策略的条件是:该产品市场容量大;旅游目标市场上该产品已有较高的知名度;潜在旅游者对价格敏感;存在潜在的竞争对手。

2. 旅行社产品成长期的营销策略

旅行社产品进入成长期后,其销售额和利润额都呈现出迅速增长的势头,市场竞争比较激烈,因而旅行社在旅游产品成长期所应有的策略思想就是及时抓住市场机会,保持旺销的活力,尽可能地延长旅游产品的成长期。具体地说,在旅游产品成长期,旅行社可采取的营销策略有:

(1) 提高旅游产品质量策略。根据旅游产品在导入期的销售情况和旅游者的需求,及时发现旅游产品的不足,努力改进和提高旅游产品的质量,以增强旅游市场的竞争能力来保持畅销势头。

(2) 广告促销策略。在旅游产品导入期,广告促销的重点是向潜在旅游者介绍该产品,而在旅游产品成长期,多数旅游者已经了解了该产品,广告促销就要从介绍该产品转向树立该产品的形象,争取创立名牌,通过促销使潜在旅游者接受和购买该产品。

(3) 销售渠道策略。在旅游产品成长期,要重新评价导入期销售渠道选择的决策,巩固原来有效的渠道,增加新的销售渠道,以开拓新的市场,扩大该产品的销售。

(4) 适时降价策略。根据旅游市场竞争形势,选择适当时机降低该产品价格,以吸引对价格敏感的潜在旅游者,防止竞争者大量涌入。

旅行社在旅游产品成长期实施上述策略,必然会增加成本费用而影响眼前利润,但如果产品销售额的增长大于成本费用的增长,则利润就会上升,从而使产品的成长期得以延长。

3. 旅行社产品成熟期的营销策略

在旅行社产品成熟期,产品销售增长速度逐渐缓慢,达到最高点后便缓慢下降。旅行社在旅游产品成熟期的策略,就是延长旅游产品的生命周期,使已处于停滞状态的产品重获生命力。产品成熟期的营销策略主要有以下几种:

(1)市场改进策略。这种策略就是开发新的市场,寻找新的旅游者。其主要途径有:第一,进一步细分旅游市场,寻找新的旅游目标市场;第二,刺激现有旅游者的购买欲望,提高购买频率;第三,重新树立旅游产品形象,寻找潜在旅游者购买。

(2)产品改良策略。这种策略就是通过对产品作某种改良,使趋于停滞的销售量获得回升。主要包括旅游产品质量的改良、旅游产品功能的改变和旅游服务的改进等方法。

(3)市场营销组合改进策略。这种策略就是对产品、定价、销售渠道、促销、人员管理这几个影响旅游产品销售量的营销因素的组合加以改进,以促进产品销售量的回升,延长该产品的成熟期。常用的方法有:调整价格、加强广告宣传、改善销售渠道和提供优质服务,等等。

4. 旅行社产品衰退期的营销策略

旅行社产品进入衰退期后,其销售量和利润迅速下降,价格也在不断下跌。产品已不能为旅行社带来利润,产品的长期存在还会影响旅行社在旅游市场上的声誉,产品淘汰在所难免。在淘汰产品时,旅行社可根据具体情况,选择不同的策略:一是立刻放弃的策略;二是逐步放弃的策略;三是自然淘汰的策略。当旅行社采用自然淘汰的策略,可供选择的策略有:

(1)集中营销策略。集中营销策略,就是旅行社把人力、物力和财力集中投放到最有利的旅游目标市场和销售渠道上,放弃一部分微利或者亏损的旅游目标市场,从而获取利润。

(2)连续营销策略。连续营销策略,就是旅行社保持原有的旅游目标市场和市场营销组合策略,使产品继续自然衰退直至最后退出市场。

(3)榨取营销策略。榨取营销策略,就是旅行社大力降低销售费用,精减营销人员,尽可能地取得眼前利润,为该产品即将退出市场做好准备。

总之,面对衰退期的旅游产品,旅行社必须进行认真的分析研究,在可供选择的各种策略中慎重决策,并应处理好善后事宜,使企业有秩序地转向新产品的经营。

5. 延长旅行社产品生命周期的策略

所谓延长旅行社产品生命周期的策略,是旅行社根据旅游产品的生命周期,

采取各种有效措施,延长旅游产品的市场生命,为企业赢得更多利润的策略。旅行社一般选择下列几种方法延长产品的生命周期:

(1)增加用途策略。为了满足旅游者新的需要,旅行社通过改变旅游产品的功能,不断增加其新的用途。这是延长该产品生命周期的理想策略。

(2)开拓市场策略。为旅游产品寻找新的旅游目标市场、新的旅游者,不失为延长该产品生命周期的良策。例如我国一些观光旅游产品在欧、美主要的旅游市场上,已没有太大的吸引力,为延长这些产品生命周期,便为它们寻找新的目标市场。因此,韩国、马来西亚等旅游市场成为我国新的目标市场。同时,有些旅游产品在城市旅游市场开始衰退时,则可开拓农村旅游市场;在本地旅游市场衰退,则可开拓外地旅游市场乃至国外旅游市场。

(3)提高质量策略。提高旅游产品质量特别是提高旅游服务质量,是延长旅游产品生命周期的常用之策。旅游产品是以提供旅游服务为主的一种特殊产品。提高旅游服务质量,不仅能满足旅游者在旅游活动中的各种需求,促使新老旅游者购买这种旅游产品,而且能延长该产品的生命周期。

(4)优化组合策略。优化组合策略就是调整旅行社市场营销组合以延长旅游产品生命周期的策略。旅行社可通过降低价格、开辟新的销售渠道、加强促销活动等方法,来调整和改善旅行社市场营销组合,以延长旅游产品的生命周期。例如,降低旅游产品的价格,可吸引对价格敏感的潜在旅游者购买,增加产品的销售量,延长产品的生命周期;加强对产品的广告宣传,树立产品的良好形象,能培养潜在旅游者对产品的偏爱,增进购买,从而延长产品的生命周期。

(二)旅行社产品开发

旅行社是否具有生命力,其重要的标志就是它的旅游产品是否能够不断创新。旅游产品是指旅行社向旅游者提供的包价旅游服务和各种单项委托服务。在当今经济和科技迅速发展,旅游需求变化加快,旅游市场竞争激烈的情况下,旅行社要持续不断地发展壮大,就必须不断地推出旅游新产品,以适应旅游市场需求的不断变化。

1. 旅行社新产品的概念与类型

新产品的含义非常广泛,就旅行社来说,旅游新产品可以是自己从未生产经营过的产品,也可以是市场上从未出现过的产品。据此,旅行社新产品大体上可分为4种:

(1)全新旅行社产品。这是指为了满足旅游者新的需求而创新的旅游产品。如新开辟一条旅游线路,新开发一个旅游景点,新推出一项有特色的旅游项目等都是旅游新产品。如:某旅行社2014年随着暑假旅游旺季的来临,推出修学团、夏令营团、亲子团、少年团等新产品。

（2）换代新产品。这是指对现有旅游产品进行较大革新后产生的旅游产品。例如旅行社在现有观光旅游产品的基础上，推出观光兼度假的旅游产品，就是一项换代产品。

（3）改进型新产品。这是指对现有旅游产品不进行重大革新，只对它进行局部的改进而产生的旅游产品。如将全包价旅游产品改为半包价旅游产品，以满足旅游者自主安排活动的要求，就是一项改进型新产品。

（4）仿制新产品。这是指旅行社对旅游市场上已经存在的畅销旅游产品进行模仿后经营的旅游产品。仿制是一种重要的竞争策略。旅行社在进行仿制时，一方面要抓住时机；另一方面对现有旅游产品缺陷要进行必要的改进或创新，这样才能取得良好的效果。如旅行社可以仿照"乡村旅游""森林旅游"，推出"草原旅游"等产品。

以上几种旅行社新产品虽然新颖的程度不同，但只要能满足旅游者求新的需求，就能得到社会承认，被旅游者接受。所以，旅行社开发任何旅游新产品，应该建立在满足旅游者现实的和潜在的需求基础之上。

2. 开发旅行社产品的策略

为了使旅行社产品开发尽可能取得成功，旅行社必须根据旅游市场需求、竞争态势和自身的经营实力，选择开发旅游新产品的策略。可供旅行社选择的旅游新产品开发策略主要有以下几种：

（1）独创策略。这种策略是指旅行社利用自身雄厚的人力、物力、财力、资源开发全新旅游产品。其优点是一旦全新旅游产品开发成功，将给旅行社带来巨大收益；不足之处是投资多、风险大。

（2）仿制策略。该策略是指旅行社不是抢先研究和开发旅游新产品，而是仿制其他旅行社已投放旅游市场的旅游新产品。其优点是不用花费大量的投资，而且研究和开发的周期短；不足之处是旅行社仿制旅游新产品太慢，将延误产品投放旅游市场的最佳时机；如果仿制不当，还可能保留原产品的缺陷，从而影响产品的销售，难以实现旅行社预期目标。

（3）改进策略。这种策略就是旅行社依靠自身的资源改进现有旅游产品。其优点是开发费用低，取得成功的把握大；不足之处是新颖程度不够高。

（4）扩大策略。该策略是指旅行社在现有旅游产品系列中开发新的旅游产品项目。如旅行社除了继续向旅游者提供现有文化旅游产品系列中的历史文化旅游产品、民俗文化旅游产品外，又新开发了风情文化旅游产品和艺术文化旅游产品，以适应具有不同爱好的旅游者需求。这种策略的优点是有利于旅行社利用现有的销售渠道、促销方式、产品形象，减少新产品的开发费用，解除旅游者中可能存在的对旅游新产品的疑虑，扩大销售量。不足之处是旅行社的力量有所分散。

（5）合作开发策略。这种策略是指旅行社与有关企事业单位合作开发旅游新产品。在社会、经济和科技不断发展的今天，仅靠一两家旅行社的力量开发旅游新产品是十分有限的。因此，合作开发旅游新产品的观念已是旅行社的共识。合作开发策略的优点是可以取长补短，发挥群体优势，缩短旅游新产品的开发周期；但在自主经营和有效控制方面容易存在一定的困难。

对于上述几种开发旅行社产品的策略，旅行社必须结合自身的实际，在综合分析内部条件和外部环境的基础上，采用适当的旅行社产品开发策略。

[实操问答]

[问答1] 为什么小旅行社更要进行市场细分？

答：一般说来，大的旅行社实力雄厚，市场占有率高，因而特别注重吸引潜在的旅游者，使他们成为本社的初次旅游者，进而成为经常旅游者，以不断扩大市场阵地；而小型旅行社由于资源有限，无力开展大规模的促销活动，应着重于吸引、保持住一部分经常旅游者。

[问答2] 如何准确地细分消费者市场？举例说明。

答：品牌究竟如何定位才能出位？香港广旅经过缜密分析，最终定位在"打造香港游精品品牌，做个性化香港游的代表"，这种"个性化香港游"主要是区别于普通走马观花的旅游，关注不同的目标市场细分人群的需求，专门设计有针对性的、有深度体验的"主题"旅游线路，这种旅游线路更注重游客的深层次体验，最终是要让其亲身参与些什么、学会些什么、感悟些什么，真正体验到香港动感之都的精髓所在。品牌的创建，品牌起名是关键！根据简单、易记、易念、易理解、好联想和易传播的原则，最终香港广旅确定把"非常香港"作为其个性化精品游的品牌名。总品牌的创建只是万里长征的第一步，因为需要生产出真正"非常香港"的系列创新产品，才能支撑这个总品牌。紧接着是香港广旅首先对去香港游的消费群作了调查，后来在与香港旅游局沟通中了解到他们已作过周详的市场调研，对照调查结果不谋而合，这也更坚定了他们的信心，最后结合时节选定幼儿和父母的亲子市场、初高中的夏令营市场和纯女性市场。在细分市场战略跨出了决定性的一步。

[问答3] 为了能够有效细分市场，营销人员应该具备哪些方面的知识？试为一家旅行社提供一份细分市场的建议。

答：旅游市场细分是旅行社正确制定旅游营销策略，选择旅游目标市场的重要依据,也是旅行社顺利实现旅游营销目标的保证。为了能够有效细分市场,营销人员首先必须具备旅游市场细分标准的理论知识,旅游市场细分的标准是由造成旅游者需求差异的四大类因素来细分的,即地理因素、人口因素、心理因素和行为因素。

其次,营销人员实施市场细分化策略,必须注意市场细分的实用性和有效性,为此,应遵循一定的原则、程序来细分市场。

以昆明某旅行社为例,可以按"地理因素"标准将全国旅游市场细分为以云南为中心的西南旅游市场;以西安为中心的西北旅游市场;以哈尔滨为中心的东北旅游市场;以海南为中心的华南旅游市场;以上海为中心的华东旅游市场等。

[问答4] 说出一些你常见的商务细分市场。

答:有拜访公司客户的销售代表,参加会议的总经理、专业人士或政府官员,参加会议或培训研讨会的个人或团体,短期出差的专业人士或贸易人士,也可包括娱乐界人士或体育界人士。

[问答5] 旅行社必须预防的三种主要定位错误是什么?

答:旅行社必须预防三种主要的定位错误:定位过宽、定位过窄、定位混乱。定位过宽,没能将企业特色凸显;定位过窄,给旅游者传达的形象过于狭窄;定位混乱,会给旅游者感到一种混乱的旅行社形象。

[问答6] 如何进行市场定位的沟通与传达?

答:旅行社一旦选择好市场定位的特征,并确定了市场定位的表达方式,就要将这种定位传达给目标市场,并传达差异性的东西。何为差异性?如果旅行社提供的产品具备以下某一标准,就说明其具有差异性:

——重要的。该差异能给目标市场旅游者带来很高价值的利益。

——专有的。竞争者并不提供该种差异,或者旅行社能以更为与众不同的方式提供该差异。

——优越的。该差异优越于其他可使顾客获得同样利益的办法。

——占先的。竞争者难以抄袭。

市场定位后,旅行社的所有营销组合措施都必须支持定位策略。要发展起一种有效的定位,离不开旅行社管理人员、销售人员、导游人员长期、持续、一贯的支持。

[问答7] 你是如何看待我国散客旅游的兴起的?

答:散客旅游的兴起,是旅游者心理需求个性化、国际旅游者旅游经验日趋丰富和信息与科技的推动等因素综合作用的结果。据专家研究,大型团队观光旅游的比重会逐渐下降,度假旅游、特种旅游的比重会上升,旅行社代办业务会日趋重要,全世界散客旅游所占比重与传统的团体旅游相比会越来越高,目前已达80%左右,散客旅游作为一种发展趋势却是毋庸置疑的。2012年国内旅游30亿人次,出境旅游8200万人次,在海外实现了1020亿美元的开销,入境旅游6500万人次。中国已成为第一大客源国、法美之后第三大旅游目的地国。2014年全国旅游工作会议上说,刚刚过去的2013年国内旅游32亿人次,中国出境旅游人数约9730万人次,预计2014年出境游人数将破亿。

[问答8] 你同意"竞争将市场推向于定位时代"这一说法吗？试举例说明。

答:市场定位是旅行社制定各种营销策略的前提与依据。以北京胡同游为例:北京胡同游定位在外国旅游者。其原因是:

(1)北京的胡同和四合院是北京的典型建筑,与西方建筑风格有很大的差异,但随着北京的发展,这样的建筑越来越少,西方人有较高的文物保护意识和更强的参观愿望。

(2)胡同游能使游客更真实、更近距离地感受到昔日和今日北京市民的生活。找准定位后,北京胡同游确定了三轮车为交通游览工具,这样一是便于在狭窄的胡同里通行方便;二也为游客提供了从容观景的机会。再配以国内外的有效宣传,胡同游项目获得了成功。

[问答9] 谈谈日本旅行社产品创新对我国的借鉴。

对日本旅行社而言,无论是出境、入境还是国内旅游市场竞争一直持续激烈,消费群体、顾客需求总在发生变化,但日本旅行社在产品创新方面强大的生命力和创造力使它们在全世界范围内仍然具有无可比拟的竞争力。2006年日本JTB集团的营业额就达到1兆3千亿日元,折合人民币为670余亿元,其绝大部分收入来自旅游以及相关行业。表明在产品创新方面,日本旅行社确实有很多经验和方法值得中国旅行社学习和借鉴。

(1)加强创新意识。因旅行社产品的特殊性,其很难获得专利保护,开发出的新产品容易遭到模仿和复制,这也使得不少中国旅行社缺少创新旅游产品的动力。但如果旅行社只想随大流、搭便车、别人干啥我干啥,就永远无法主动去占据市场份额,获得客源和利润。中国旅行社的从业人员,尤其是经营管理人员更应加强创新意识培养,明确唯有产品创新才是唯一出路,无时无刻都应围绕创新动脑筋,以摆脱在同质产品中的恶性竞争。

(2)把握市场需求旅行消费已进入个性化时期,新的个性产品不断推向市场,才能持续激活市场,赢得消费者的关注,关键就看你能否掌握客人的想法和需求,知晓客人到底想要怎样的旅行。我国地域广阔,自然资源丰富,文化博大精深,根据各自的目标细分市场,旅行社积极思考是完全能够开发和设计出有深度、具有个性化的主题活动和旅游精品。其实,有些新的创意并不会增加很多成本,却能产生良好的市场效果。例如,2009年7月22日出现的500年一遇的日全食,因日本能观测到日全食的地点远离日本本土,交通不便且缺乏生活设施,而在中国的长江流域却能清晰观测。日本不少旅行社就抓住此次机会,在当年3月就开始组织到上海观测日全食的旅游产品,其实也就是在常规的日本—上海游产品中增加了天文学家的陪伴和讲解,就吸引了众多日本旅游者报名参加。

(3)提高服务水平服务是最不易模仿的东西。即使是完全一样的线路,一样的住宿、交通、餐饮、娱乐和购物,旅行社所提供的直接服务不同,会给客人完全不同的感受。旅行社产品的竞争最终是服务的竞争。同日本旅行社从业人员相比,中国旅行社从业人员在服务意识、敬业精神、工作细致程度等方面的确还有些差距。唯有真正学到他们的体贴入微、严格高效、个性关怀,才能更好地提升服务水平。

[问答10] 旅行社该如何应对旅游环境发生变化带来的不利影响?

答:(1)积极控制成本。经营的不确定性就意味着主营业务的收入不确定,削减不必要的广告支出——因为广告费是旅行社经营费用中的主要部分,避免盲目扩大门店以及招聘大量销售人员和业务人员。

(2)企业应该在此期间做培训,修炼内功,员工也可以在这段时期调休。对于受创的旅游业,休克疗法也是必要手段之一。

(3)加强现金流管理,及时回收应收账款,认真核销不该支出的团款。旅行社行业是一个中介机构,现金流量大,旅游团队毛利低,一旦出现现金短缺就会影响正常的经营活动。

(4)冷静面对各种机遇和挑战,完善体制的改革,开拓机制创新,规范业务流程,设计旅游新产品,学习先进的经营模式和管理手段,加强绩效考核,充分利用互联网技术和日趋成熟的电子商务平台,实现网络营销,减少场地和人力成本,形成核心竞争力。

(5)加强旅行社经营风险的管理。

[经典案例]

[案例1] 追寻伟人的故里:中国红色旅游营销知名城市——广安

案情:四川省广安市利用丰富的旅游资源,着力建设"邓小平故居、华蓥山革命老区和中国特色教育基地"三大旅游目的地,打造红色旅游胜地,在邓小平诞辰百年之际,瞻仰小平故居的旅游者潮涌广安。广安作为伟人邓小平的故里,旅游资源丰富,共有人文、自然和产业旅游景观100多处。近年来,广安市将旅游业作为跨越式发展新的增长点,积极发展旅游产业,打造旅游精品。2003年,前来广安的游客已达248万人次,全市旅游总收入10.2亿元,比2000年翻了近两番。2004年1~8月继续保持快速增长,全市共接待游客417万人次,旅游总收入11.88亿元,分别比去年全年增长68.7%和17.65%。2004年1月,广安还获得了"中国优秀旅游城市"的称号。

点评:该案例为了满足旅游者新的需求而创新旅游产品,如新推出一项有特色的旅游项目等都是旅游新产品。该案例中,广安市推出"邓小平故居、华蓥山革命老区和中国特色教育基地"三大旅游目的地,打造红色旅游胜地,具备创新的性质、鲜明的个性和浓厚的经营特色等。在邓小平诞辰百年之际,瞻仰小平故居的旅游者潮涌广安,旅游收入三年翻两番,所以说旅游产品的创新很重要。

旅行社产品只要能满足旅游者求新的需求,就能得到社会承认,被旅游者接受。所以,旅行社开发任何旅游新产品,应该建立在满足旅游者现实的和潜在的需求基础之上。旅行社在旅游市场细分后所选择的目标市场应具备一定的条件,它包括旅行社自身的经营能力、旅游产品的特点、旅游产品寿命周期、旅游市场特点等。显然,四川省广安市在打造红色旅游胜地这个子市场的过程中,对这些条件考虑较周到。

[案例2] 旅游营销,宁夏在行动

案情:宁夏旅游资源风格独特,其组合在国内很多方面具有垄断性,如长城、大漠、黄河、绿洲、丝路、回乡、西夏、塞上江南,"大漠孤烟直,长河落日圆"的雄浑景观交相辉映,构成了宁夏奇特的美景。为了使旅游形象面向市场的导向性更加明确和具有市场营销的可操作性,营销规划将宁夏旅游形象分为总体形象和面向不同目标市场的品牌产品形象两个部分。总体形象概括为"神奇宁夏,西部之窗";并在此基础上细分出五个区域细分形象:国际旅游形象、国内旅游形象、区域旅游形象、精神理念形象、景观美学形象。针对国内中远距离"反差市场"、区内及周边市场、汉文化圈市场、欧美市场等四个目标市场,打造"大漠风光,黄河古韵""清凉度假地,大漠游乐园""迷失的西夏文明,遗存的丝路北道""天然长城博物馆,大漠黄河游乐园"四个品牌产品。

为提高宁夏旅游知名度,塑造旅游目的地良好形象,营销规划还突出了重大旅游节事与公关营销活动策划。自治区旅游局的中国"大漠豪情·黄河古韵"狂欢旅游节(中国大漠黄河旅游节),银川市的中国银川国际摩托车旅游节,石嘴山市的大漠沙雕艺术节,银川市、吴忠市的中国回乡风情旅游节,固原市的六盘山"休闲假日"旅游节将为宁夏旅游市场增添喜气、人气、财气。

点评:旅游市场营销规划就是要为旅游目的地解决卖什么(What)、卖到哪

里(Where)、卖给谁(Who)、为什么(Why)、什么时间卖(When)、怎么卖(How)等基本问题。

该案例营销规划的"亮点"在于：从"向目标市场推销宁夏"和"旅游客源市场购买宁夏"两个不同的角度分析、研究、解决宁夏旅游市场营销问题，这是宁夏区域旅游市场营销的两个不同"基点"；"品牌产品营销"是本次规划的重点内容，本规划的现实目标是：以核心景点和品牌产品整合形成宁夏旅游品牌产品形象，以品牌产品形象带动（拉动）宁夏旅游总体形象的塑造和传播，并被目标市场接受，形成市场规模和经济效益；"细分思想"贯穿于规划的始终，包括市场细分、产品细分、形象细分、口号细分、目标细分等。

"细分"的思路让一直困惑宁夏的形象定位问题迎刃而解，在细分的基础上，旅游促销活动就要有针对性，比如印制宣传资料，对北京市场的和对上海市场的就不能完全一样，所有的工作都要进一步细分；另外，由于宁夏所处地理位置相对较偏僻，交通不便，不大适合中远距离散客旅游，旅行社应作为宁夏旅游营销渠道的支点。规划期内要重点向旅行社和其他旅游批发商促销，并作为重中之重。

[案例3] **细分市场如此多娇**
——"深圳情旅 阳朔之约"案例分析

案情："深圳情旅"是深圳晚报和深圳国旅新景界旅游俱乐部联合主办的，"阳朔之约"是活动的第一站。此次经从200名报名者中选出的18对男女平均年龄28岁，个人大事至今没有解决。因此，听说深圳国旅和本报联合推出的"旅游＋交友"全新模式后，他们兴冲冲地来了。桂林山水甲天下，阳朔山水甲桂林。两天的时间里，"温馨情旅"的团友们在阳朔过上了神仙日子，旖旎的月亮山、清幽的漓江水、古朴的小渔村、浪漫的洋人酒吧。秀丽的风景给他们提供了轻松的氛围，而主办者煞费苦心设计的一连串活动更给他们创造了交往的契机。新颖的"问候语"、趣味的"健身操""看家厨艺大赛""竹筏山歌对唱""榕树下面抛绣球""鸳鸯组合""按摩椅"等游戏让团友们兴致盎然。

点评：在当前的市场经济中，无差异营销显然已经越来越低效，努力讨好所有人的结果，就是谁也讨好不了，谁也不满意，市场细分就是识别消费者需求的种种差异性，选择适当的销售对象作为自己的目标市场，单身白领市场在深圳这个移民城市里有巨大的空间和机会。应该说，理论上，旅行社都想走特色旅游线路，但如何切入，如何实施，是问题的关键。深圳是一个移民城市，单身青年特别多，加之竞争激烈，工作繁忙、紧张，平时许多人无暇顾及个人生活问题。同时，各类婚介机构也良莠不齐。重要的是，旅游是最好的认识一个人的方式，在一段轻松愉快的旅途中，人的个性、爱好、品质表露无遗，所以有人说，想了解一个人吗？邀他（她）去旅游吧！市场确定了之后，如何实施操作呢？很明显，这一群白领是比较挑剔的，他们自己做事情严谨认真，对别人要求也高，并且一般不参加普通旅游团，要做他们的生意不容易。因此，深圳国旅精心挑选了阳朔这个浪漫的、距离适中的地方，行程、游戏作了充分设计，每个步骤、环节都考虑周全，确保达到最理想的效果。此外，考虑信任度和传播问题，再次选择和晚报合作，一炮打响。

  旅行社要想做到走特色旅游线路这一点，必须有效地细分市场。旅行社要想取得成功，必须将资源有效地集中在一点上，在某一个领域中成为专家和权威，充分满足到这一部分顾客的需求，不仅做到"顾客满意"，而且能做到"顾客赞扬"，因为前者别人也一般能做到。在取得这个领域的优势和经验后，再向其他细分市场进军，确保所做的领域都是数一数二的。切记，在非垄断性行业中，只有最专业、最具规模、最了解其目标顾客的企业才能很好地生存并发展！

[实践练习]

  1. 按照市场细分理论，你所在地区有哪些资源可利用？目标市场何在？是否成熟？可操作性强吗？竞争对手如何？是否易被模仿和跟进？

  2. 你的企业定位如何，是地接还是组团？是批发还是零售？是做常规线，成本领先；还是特色线，填补市场空缺？进入细分市场首先要分析相关因素。在这个领域中，如何成为第一？有品牌吗？名称如何？

  3. 有这样一种观点描述北京、上海、广州的旅行社市场，认为北京旅行社市场盯着"三大"，即大款、大官、大鼻子，为三大服务，旅行社在高楼深巷里，形成小市场。广州的旅行社培育了"三大"，即大市场、大旅游、大格局，上海旅行社市场盯着"两小一大"，"两小"即是小市民、小算计，"大"是培育了大市场。你同意这一说法吗？试举例说明。

  4. 请你结合以下资料，应用所学的知识，谈谈如何做好假日旅游市场，满足人民群众日益增长的旅游休闲需求？

国民旅游休闲纲要（2013—2020 年）

  为满足人民群众日益增长的旅游休闲需求，促进旅游休闲产业健康发展，推进具有中国特色的国民旅游休闲体系建设，根据《国务院关于加快发展旅游业的意见》（国发〔2009〕41 号），制定本纲要。

  一、指导思想和发展目标

  （一）指导思想。以邓小平理论、"三个代表"重要思想、科学发展观为指导，按照全面建成小康社会目标的总体要求，以满足人民群众日益增长的旅游休闲需求为出发点和落脚点,坚持以人为本、服务民生、安全第一、绿色消费,大力推广健康、文明、环保的旅游休闲理念,积极创造开展旅游休闲活动的便利条件,不断促进国民旅游休闲的规模扩大和品质提升,促进社会和谐,提高国民生活质量。

(二)发展目标。到2020年,职工带薪年休假制度基本得到落实,城乡居民旅游休闲消费水平大幅增长,健康、文明、环保的旅游休闲理念成为全社会的共识,国民旅游休闲质量显著提高,与小康社会相适应的现代国民旅游休闲体系基本建成。

二、主要任务和措施

(三)保障国民旅游休闲时间。落实《职工带薪年休假条例》,鼓励机关、团体、企事业单位引导职工灵活安排全年休假时间,完善针对民办非企业单位、有雇工的个体工商户等单位的职工的休假保障措施。加强带薪年休假落实情况的监督检查,加强职工休息权益方面的法律援助。在放假时间总量不变的情况下,高等学校可结合实际调整寒、暑假时间,地方政府可以探索安排中小学放春假或秋假。

(四)改善国民旅游休闲环境。稳步推进公共博物馆、纪念馆和爱国主义教育示范基地免费开放。城市休闲公园应限时免费开放。稳定城市休闲公园等游览景区、景点门票价格,并逐步实行低票价。落实对未成年人、高校学生、教师、老年人、现役军人、残疾人等群体实行减免门票等优惠政策。鼓励设立公众免费开放日。逐步推行中小学生研学旅行。各地要将游客运输纳入当地公共交通系统,提高旅游客运质量。鼓励企业将安排职工旅游休闲作为奖励和福利措施,鼓励旅游企业采取灵活多样的方式给予旅游者优惠。

(五)推进国民旅游休闲基础设施建设。加强城市休闲公园、休闲街区、环城市游憩带、特色旅游村镇建设,营造居民休闲空间。发展家庭旅馆和面向老年人和青年学生的经济型酒店,支持汽车旅馆、自驾车房车营地、邮轮游艇码头等旅游休闲基础设施建设。加强公园绿地等公共休闲场所保护,对挤占公共旅游休闲资源的应限期整改。加快公共场所无障碍设施建设,逐步完善街区、景区等场所语音提示、盲文提示等无障碍信息服务。

(六)加强国民旅游休闲产品开发与活动组织。鼓励开展城市周边乡村度假,积极发展自行车旅游、自驾车旅游、体育健身旅游、医疗养生旅游、温泉冰雪旅游、邮轮游艇旅游等旅游休闲产品,弘扬优秀传统文化。大力发展红色旅游,提高红色旅游经典景区和精品线路的吸引力和影响力。开发适合老年人、妇女、儿童、残疾人等不同人群需要的旅游休闲产品,开发农村居民喜闻乐见的都市休闲、城市观光、文化演艺、科普教育等旅游休闲项目,开发旅游演艺、康体健身、休闲购物等旅游休闲消费产品,满足广大群众个性化旅游需求。鼓励学校组织学生进行寓教于游的课外实践活动,健全学校旅游责任保险制度。加强旅游休闲的基础理论、产品开发和产业发展等方面的研究,加大旅游设施设备的研发力度,提升旅游休闲产品科技含量。

(七)完善国民旅游休闲公共服务。加强旅游休闲服务信息披露和旅游休闲目的地安全风险信息提示,加强旅游咨询公共网站建设,推进机场、火车站、汽车站、码头、高速公路服务区、商业集中区等公共场所旅游咨询中心建设,完善旅游服务热线功能,逐步形成方便实用的旅游信息服务体系。完善道路标志系统,健全铁路、公路、水路、民航等的旅游交通服务功能,提升旅游交通服务保障水平。加强旅游休闲的安全、卫生等保障工作,加强突发事件应急处置能力建设,健全旅游安全救援体系。加强培训,提高景区等场所工作人员、服务人员和志愿者无障碍服务技能。创新人才培养模式,提高旅游休闲高等教育、职业教育质量,加快旅游休闲各类紧缺人才培养。

(八)提升国民旅游休闲服务质量。制定旅游休闲服务规范和质量标准,健全旅游休闲活动的安全、秩序和质量的监管体系,完善国民旅游休闲质量保障体系。倡导诚信旅游经营,加强行业自律。加强跨行业、跨地区、多渠道的沟通和协调,打击欺客宰客、价格欺诈等严重侵害消费者权益的违法行为。发挥社会监督和舆论监督作用,畅通旅游休闲投诉渠道,建立公正、高效的投诉处理机制。依法维护经营者和消费者的合法权益,维护公平竞争的旅游休闲市场环境。

三、组织实施

(九)加强组织领导。发展改革和旅游部门负责实施本纲要的组织协调和督促检查。各相关部门要将旅游休闲纳入工作范畴,发挥工会、共青团、妇联等人民团体以及相关行业协会的作用,共同推动国民旅游休闲活动发展。

(十)加强规划指导。要把国民旅游休闲纳入各级国民经济和社会发展规划,以及相关行业和部门的发展规划。加强对各地旅游休闲发展的分类指导,鼓励有条件的地方编制适合本地区旅游休闲发展专项规划。城乡规划要统筹考虑旅游休闲场地和设施用地,优化布局。

(十一)加大政策扶持力度。逐步增加旅游休闲公共服务设施建设的资金投入。鼓励社会力量投资建设旅游休闲设施,开发特色旅游休闲线路和优质旅游休闲产品。鼓励和支持私人博物馆、书画院、展览馆、体育健身场所、音乐室、手工技艺等民间休闲设施和业态发展。落实国家关于中小企业、小微企业的扶持政策。

(十二)加强监督管理。地方各级人民政府要按照本纲要的要求,加强旅游市场管理,强化综合执法,确保旅游休闲的相关法律法规和标准规范得到有效实施。

  5. 据2002年4月15日《洛杉矶时报》"旅游"专版报道,团队旅游和20世纪70年代的时装一样,又回到美国,正蓬蓬勃勃地发展着。1999年全美团队旅游业务费用达到80亿美元,参加团队旅游的美国人数达到1000万。长期从事这方面业务的旅行商表示现在的团队旅游今非昔比。曾几何时,在个性飞扬的20世纪80年代,美国人散客自助游蔚然成风,给传统的组团旅行社重重一击。时至今日,团队旅游在美国经过悄悄地变革之后,又卷土重来,并赋予了新的内容。人们参团旅游不仅省心、经济、便利,更重要的是他们也能像散客旅游那样收获更多的体验,得到更多个性化的服务。又据在深圳作的一次旅游调查显示,37.8%的人会首选观光旅游;其次为度假旅游,占32.4%;再次为特色旅游,占26.5%。可见,人们对旅游的需求正向多元化、多层次、个性化方向发展。事实上,此旅游团已非彼旅游团,如果说,目前占绝大多数的属于传统旅游团的话,未来则属于个性化旅游团。请你结合以上资料,应用所学的知识,谈谈如何做好市场细分?

第三章 外联销售的计价和报价

[培训重点]

本部分主要讲述外联销售的计价和报价,通过本部分学习,您将了解到旅行社产品价格类型(包括团体包价、散客包价、半包价、小包价和零包价等);影响旅行社产品计价的因素和旅行社产品的计价方法,掌握计价策略(包括差别计价策略、心理计价策略和促销计价策略三种);掌握对外报价标准和报价方式;了解旅行社利润的核算。通过本部分学习,帮助您在实际工作中灵活地应用各种计价方法和计价策略,能够快速地对外报价,进一步提高工作效率。

[专题论述]

一、旅行社产品的价格

(一)旅行社产品价格概述

旅行社产品价格,是指旅游消费者为实现旅游活动需要而购买的旅行社产品的价格,是旅行社所提供的产品价值的货币表现,也是其成本费用、税金、利润等的综合反映。从价值构成看,旅行社产品价格由成本费用和利润两部分组成。其中,成本费用用于补偿旅行社采购客房、一日三餐和饮料、交通、景区等单项旅游服务项目等物化劳动的耗费和旅行社导游费等活劳动的耗费。利润,是旅行社产品价格扣除成本费用后余额,包括向政府缴纳的税金和旅行社经营者的利润两部分。

在实际工作中,价格固然要与价值相协调,以价值为基础,但是,由于市场规律的作用,两者不可能完全一致,价格和价值会产生一定程度的背离,正是如此,我们才可以充分利用价值规律和价格杠杆来调节消费。因此,价格是旅游市场最敏感和复杂的问题,它直接影响旅行社的经济收入和市场竞争能力。

1. 旅行社产品价格类型

旅行社价格可分为一般旅游价格和特殊旅游价格。

(1)一般旅游价格。旅行社组织客人旅游期间,安排各类活动项目都有价格,对于散客或单项委托服务的客人来说,提供哪种服务,就涉及哪种服务的标准;对于包价旅游的客人,服务的内容包括哪些项目,价格也就包括哪些项目。按照项目的层次不同,又分为豪华等、标准等、经济等,各等次因提供服务的消费水平高低而收取不同标准的费用。现在比较常见的一种方法是将一般旅游价格分为下面几种:

①团体包价(Group Inclusive)。团体包价是指参加旅游团的旅游者一般有10人或更多的人组成旅游团,采取一次性预付旅游费的方式将各种相关旅游服务全部委托一家旅行社办理。团体包价旅游主要包括综合服务费、房费、城市间交通费及专项附加费四个部分。具体服务项目通常包括:依照规定等级提供饭店客房、一日三餐和饮料、固定的市内游览用车、翻译导游服务、交通集散地接送服务、每人20公斤的行李服务、游览场所门票和文娱活动入场券、全陪服务等。

②散客包价。散客包价是指对10人以下的旅游团体,采取一次性预付旅费的方式将各种相关旅游服务全部委托一家旅行社办理。其他内容与团体包价旅游并无两样。

③半包价。半包价是与上述全包价相比较而存在的一种产品价格形态。它是指在全包价旅游的基础上,扣除中、晚餐费用的一种包价形式,既能满足旅游者在用餐方面的不同要求,又能降低产品的直观价格,提高产品的竞争能力,同时也可更好地满足游客在用餐方面的要求。

④小包价(Mini-Package)。小包价又叫可选择性旅游价(Optional),它由非选择部分和可选择部分构成。非选择部分包括饭店房费、早餐、接送服务、国内城市间交通费及手续费等,旅游费用由旅游者在旅游前预付;可选择部分包括导游、风味餐、节目欣赏和参观浏览等,旅游者可根据时间、兴趣和经济情况自由选择,费用既可预付,也可现付。小包价旅游最早由香港和海外的旅行商建议,由于其经济实惠、手续简便等独特的优势而逐步普及全国。

⑤零包价(Zero Package)。零包价是一种独特的价格形态,多见于旅游发达国家。是指旅游者必须随团前往和离开旅游目的地,但在旅游目的地的活动是完全自由的,形同散客。参加零包价旅游的旅游者可以获得团体机票价格的优惠,并可由旅行社统一代办旅游签证。

目前,国际市场上流行的两种价格方式是:a.临时组合、现场包装,即客人不购买旅行商货架上的产品,而向旅行代理人提出关于目的地和旅行线路的具体要求,代理人据此临时组合成产品,将各单项服务相加,算出价钱,当场出售;b.基本构成加自由选择,即客人只通过出发地旅行商代订机票和住宿,具体的旅游活动由其抵达目的地后再向当地旅行社购买选择性旅游,并由自己安排部分日程。这两种购买方式的最大的特点是,充分体现消费者个人意志,价格的透明度高。单项服务是旅行社根据旅游者的具体要求而提供的各种有偿服务,旅游者需求的多样性决定了旅行社单项服务内容的广泛性,常规性的单项服务项目主要有:导游服务、交通集散地接送服务、代办交通票据和文娱票据、代订饭店客房、代客联系参观浏览项目、代办签证、代办旅游保险等。

(2)特殊旅游价格。旅游产品除一般旅游价格外,还有旅游差价和旅游折扣价两种特殊价格类型。

①旅游差价。旅游差价是指同一种旅游产品由于购销环节、购销地区、购销季节以及产品质量的不同而形成的价格差异。根据形成原因的不同,旅游差价又可分为批零差价、季节差价、地区差价、质量差价等四种。

②旅游折扣价。旅游折扣价又称旅游优惠价,是指旅行社在旅游产品基本价格的基础上,给予客户一定的折扣价格。根据性质的不同,旅游优惠价又可分为对象优惠价、常客优惠价、支付优惠价和批量优惠价等四种。旅行社执行优惠价,目的是为了扩大旅游产品的销售量,密切同客户的关系,提高市场的占有份额,以达到预期的经营目标。

2. 影响旅行社产品计价的因素

每项旅游产品都具有一定的价值,这种价值体现在生产这种产品所消耗的社会劳动量上,同时社会价值、产品的声望等各种因素也都对产品价值产生直接的影响。制定旅游产品的价格,既要考虑影响旅行社产品价格的内部因素,包括产品成本、营销目标等因素;又要考虑影响旅行社产品价格的外部因素,包括市场供求关系、市场环境等各方面的影响因素。

(1)产品成本

成本是影响旅行社产品定价最直接的内在因素。产品的成本按成本与销售量的关系可以分为固定成本和变动成本。

①固定成本。固定成本是指旅行社为了开业接待顾客而不得不支付的成本。固定成本在一定范围内和一定时间内总额不随销售量的增减而变动,如旅行社为经营用的房屋及设备折旧、租金、管理人员工资、管理费、广告费等费用,这些固定成本的付款数大多数是提前约定好的,基本不会随着旅游人数的增减而变动。

②变动成本。变动成本是与旅行社接待的顾客人数有关的成本。变动成本

是指随产品销量变化与总额成正比例变化的成本,如旅行社采购交通(民航、铁路、汽车等)、住宿、餐饮、景点门票等费用。旅游人数越多,则成本越多,成本与产品产量基本上按比例上升。例如,某旅行社开发的北京到海南标准团旅游产品,包机租用200人座航空飞机,租金为200 000元人民币,住宿、餐饮、景点门票等费用为每客1200元。当游客分别为180人、200人时,试确定其固定成本和变动成本费用。

固定成本:200 000元

180人:变动成本 = 180 × 1200 = 216 000元

200人:变动成本 = 200 × 1200 = 240 000元

总成本

180人:总成本 = 200 000 + 216 000 = 416 000元

200人:总成本 = 200 000 + 240 000 = 440 000元

每人变动成本

180人:每人成本 = 416 000/180 ≈ 2311元

200人:每人成本 = 440 000/200 = 2200元

从上例可以看出,不管是180名游客还是200名游客,固定成本没有发生变化,而变动成本发生了变化,因而总成本也跟着改变。

比较每人的变动成本,我们发现,当销售量增加时,每人成本反而降低了。这一事实说明旅行社提高销售量,可以降低单位固定成本,从而增加旅行社的收益。旅行社如果产品价格高于固定成本和变动成本之和,则盈利;产品价格等于固定成本和变动成本之和,则保本;产品价格低于固定成本和变动成本之和,则亏损。

(2)企业营销目标

企业的本质就是追求利润,但在经营策略上,有的追求短期利润的最大化,有的追求长期利润的最大化。价格应依据总体的企业目标来设置。例如,这些目标在形式上表现为有的是为了树立产品品牌形象,有的是为了最大占有市场份额。

当追求短期利润的最大化时,旅行社应制定市场可以接受的最高价,以便最快地收回投资。

当追求长期利润的最大化时,旅行社应制定市场可以接受的最低价,以便最大地占有市场,排挤其他竞争对手。

当旅行社开发新的旅游产品时,则应制定一个合适的价格,以便树立这个产品在市场上的形象。

(3)市场供求关系

旅行社确定旅游产品的价格,必须考虑价格与旅游市场供需之间的内在联系,即旅游供给和需求与旅游产品价格的关系。

①供给。供给指的是在一定市场条件下,市场所能提供的产品总量。其供给规律是当旅游产品市场价格升高,获利空间增大,经营这一产品的旅行社就越多,其供给量就多;当旅游产品市场价格降低,获利能力随之下降,甚至发生亏本,于是经营这一产品的旅行社就少,因而产品供应量就不足。反过来,当供应量增多(供过于求),价格就会降低;当供应量减少(供不应求),价格就会升高。

②需求。需求指的是在一定市场条件下,市场对一定产品有支付能力的需要量。需求与价格的运动成反方向运动,即价格升高,需求量减小;价格降低,需求量增大。反过来,需求增大,价格升高;需求降低,价格降低。这就是所谓需求规律。

③供求平衡。供给与需求共同作用,使得产品价格不断产生波动。在供应与需求不变的情况下,当旅游产品达到某一价位时,旅行社愿意出售,旅游者(或客户)愿意购买,供应与需求达到暂时平衡,这就是所谓供求平衡,这时的价格称为供求平衡价格。

④供求规律。所谓供求规律指的是商品供求与商品价格相互作用、相互影响、相互制约的规律。旅行社的计价,应遵循这一规律。

旅行社产品价格高低可以调节市场需求,价格合理可以吸引更多的旅游者。

(4)市场环境

组成市场环境的因素很多,这里主要讨论影响产品价格的竞争环境、金融环境和国家政策环境。

①竞争环境。产品竞争市场可以分为完全竞争市场、垄断市场和寡头垄断市场三种。在完全竞争市场上,有很多购买者和供应者,因而产品价格完全由市场所决定,旅行社甚至根本无法自己决定产品的价格。在垄断市场上,产品由垄断企业进行控制和垄断,产品价格完全由垄断企业所决定。而在寡头垄断市场,产品由少数几家企业所垄断,因而其产品价格也就由少数几家企业所控制。当然价格定得过高,会引起旅游者的抵制。

由于旅游产品组成的综合性,使得旅游产品的市场竞争环境较为复杂。就我国目前而言,对于整体旅游产品,特别是中心城市周围的短程旅游产品,属于完全市场竞争计价。对于出入境旅游,由于我国执行特许经营制,则形成了寡头垄断市场,其价格完全由少数几家旅行社所控制。对于旅游景点而言,由于景点的独断性和不可替代性,其门票价格也是独断的,处于垄断状态。

就竞争产品而言,旅行社在计价时,首先要比较其他旅行社同类产品的价格,并尽可能分析竞争对手该类产品的成本和价格发展趋势,然后才能确定自己具有竞争能力的价格。

当旅行社的产品是经过经销商进行经销时,旅行社可以和经销商协定产品的最终价格。当由经销商确定产品的最终价格时,由于是最终价格对购买者发生影响,旅行社要预测经销商的利润空间,以便适当作出反应。

②金融环境。金融环境主要指的是汇率变化和通货膨胀两方面。

汇率是一国货币对另一国货币单位的价格表现,即两种不同货币的比价。旅行社产品在国际市场上除了依据产品自身的价值外,还取决于本国货币与外国货币的比率。

当旅行社经营出入境旅游时,对外报价就涉及汇率的问题。由于汇率的变动,使得产品在不同时期用同一种货币表示时发生变化。为避免由于汇率变动带来的损失,旅行社计价也随之波动。在本国货币贬值时,如以相同外币报价和结算,则本国货币结算收入增加,相当于提高了本国旅游产品的单价。当本国货币坚挺时,如以本国相同货币报价和结算,则外币收入增加。以上两种情况都相当于提高了旅游产品的价格,但可能会损失一部分客源。为了刺激需求,旅行社产品价格应与汇率变化呈反比例变化。也就是说,为避免价格的实际上涨而失去客源,旅行社应适当降低产品的外汇的价格。

通货膨胀指的是当货币供应量超过货币需要量时,引起的货币贬值、物价上涨的现象。出现通货膨胀时,旅行社唯有提高价格,才能弥补由于物价上涨带来的成本支出增加。

③国家政策环境。近年来,国家对旅游价格的控制趋于放松,取消了一系列国家干预价格的政策。但为建立旅游市场秩序,国家会制定相应的政策、法律、法规等,以指导旅行社的经营行为。

(二)价格策略

所谓价格策略,是指旅行社根据确定的目标,所采取的计价方针和价格竞争方式。它是旅行社制定价格的指导思想、行动方针和基本原则,也是总体营销策略中的重要组成部分。一般分差别计价策略、心理计价策略和促销计价策略三种。

1.差别计价策略

对同一产品的生命周期来说,可以分为引入期、成长期、成熟期和衰退期四个不同的阶段,但当它第一次投入某一市场时,相对来说,都是新产品。差别计价策略也称新产品计价策略,就是根据产品投入市场时市场条件的差别制定价格的一种策略,一般分为撇脂计价策略、渗透计价策略和中位计价策略三种。

(1) 撇脂计价策略

撇脂计价策略也称之为高价策略,它是在旅游产品生命周期投入期,针对市场上没有竞争对手的情况下,制定的一种高价策略,即产品的价格大大高于产品成本的策略。当新产品投入市场时,或者老产品投入新的市场时,需求弹性小,竞争对手少,旅行社往往可以采用这种策略。一般是在保证产品质量的情况下制定高价,当大量的竞争者涌入时,旅行社可逐步降低价格,"赚头蚀尾",犹如从牛奶中撇取奶油一样,由精华到一般。

对于某一市场而言,当竞争对手难以进入,或其他产品无法替代时,也可考虑采用撇脂计价策略。采用这种计价技巧可使旅行社迅速树立优质产品的形象,以期达到开发特定市场的目的;同时也使旅行社能够迅速收回产品的研究和开发投资费用,其缺点是不利于市场的开发与扩大。

(2) 渗透计价策略

渗透计价策略是指以保本或微利的价格将产品投放市场的策略。采用这种方法,容易为消费者所认同,使产品在市场上迅速打开销路。虽然价格较低,但随着市场占有率的扩大,销售量不断增加,容易形成规模经营,最终达到薄利多销"蚀头赚尾"的目的。当由于价格较低,单位产品收益很差,从而有效地防止了竞争者的蜂拥而入,有利于长期占领这一市场。

这种计价策略适用于具有大批量接待能力、经营缺乏垄断性和需求价格弹性较大的旅游产品。

(3) 中位计价策略

中位计价策略是介于撇脂计价策略和渗透计价策略之间的一种折中价格策略,又称满意计价策略。它是指将新产品价格定在高价和低价之间,使各方面都满意的定价策略。中位计价策略简便易行,适用于一些供求大体平衡的旅游产品。

2. 心理计价策略

这是一种"最后调整"的计价策略,即对设置好的价格略为调整一下,以提供额外的吸引力。针对产品不同的价格,消费者对其质量、价值的感受是不一样的,心理计价策略指的就是根据顾客的这种消费心理来制定价格,以便达到提高销量的目的,其方法主要有尾数计价法、声望计价法、分级计价法和促销计价法等。

(1) 尾数计价法

尾数计价法,是利用消费者相信产品价格应有一个尾数的这种感觉,在价格的尾数上大做文章,使消费者觉得产品价格便宜,或者物有所值。例如,旅游线路的价格定在3000元,就不如定在2980元,一般而言,顾客认为这个价格与其说是在 3000 元范围内,不如说是在 2000 元范围内。

尾数计价法要求避免以整数来设置价格,尽量在尾数上保留非零的数字,给人一种计算精确、值得信任的感觉。

(2) 声望计价法

声望计价法,要求旅行社应该考虑价格的心理学,而不能简单地考虑它们的经济学。许多顾客把价格作为质量的一种指标,保有"价高质必优"的心理。因此,声望计价法即是利用名牌效应制定高价的策略。当产品有较高知名度、质量优良时,制定高价,可满足一部分消费者显示身份、地位的心理需要。同样的,在保证产品质量的前提下,制定高价,往往也会给消费者一种高价优质的感觉,也会增加产品的吸引力,产生扩大销售的良好效果。

为此,旅行社在设计产品时,如能安排入住著名饭店、在名人就餐过的地方就餐,利用名人效应提高产品的声望,必然会产生优质高价的感觉,使客人心理上得到极大的满足。这样的产品制定高价是比较容易让消费者接受的。

(3) 分级计价法

分级计价法,是指旅行社根据不同层次旅游消费者的不同消费心理,将一系列功能相近的旅游产品分成几个不同的档次,每个档次制定一个价格,以满足不同旅游消费者需要的计价方法。旅行社常根据旅游产品在质量、性能方面体现出的差别感,把包价旅游产品分为经济等、标准等和豪华等三种价格。

3. 促销计价策略

促销计价法,是指为了扩大销量、提高经营效率,对购买者(包括中间商)的适当让价策略。当购买者的交易方式、购买数量等条件对旅行社有利时,为了鼓励消费者,吸引更多的客源,旅行社一般都会给予一定的折扣政策,常见的有数量折扣、季节折扣、现金折扣和同行业折扣等策略。

(1) 数量折扣

是根据购买数量或金额的多少而给予不同折扣的优惠,以吸引更多的客源,同时和购买者建立良好的合作关系,数量折扣又分累计数量折扣和一次性数量折扣两种。

累计数量折扣指的是,当购买者在一定时间段内购买数量达到规定数额时,就给予相应的折扣。

一次性数量折扣策略指的是,当购买者一次性购买数量达到一定数额时,就给予折扣的策略。如当消费者一次购买产品达到 30 人时,给予 5% 的价格折扣;达到 50 人时,给予 10% 的价格折扣等。

(2) 季节折扣

旅游市场是一个淡旺季十分明显的市场,为了减少旺季客人数量,鼓励客人在淡季购买,旅行社根据不同的季节制定不同价格的策略,就叫季节折扣策略。

在旅游淡季,旅行社购买的各部分产品如饭店住宿费、交通费等,往往也会跟着降价,旅行社产品的成本随之下降,因而在淡季降价,并不意味着降低收益。

(3)现金折扣

现金折扣指的是,在允许购买者延期付款的情况下,为了鼓励购买者迅速付款,根据付款时间期限按原价给予一定折扣的策略,因此这种方法又称为付款期限折扣。延期付款对旅行社是十分不利的,但有时是无法避免的。为了资金及时到账,必然会增加许多不必要的管理费用,有的还会变成呆账和坏账,造成不必要的损失。为了避免经营风险,给予一定现金折扣是必要的。

例如,某公司是旅行社的长期客户,为了鼓励该公司迅速付款,旅行社允许该公司延期付款30天,在10天内付款的,给予2%的现金折扣,即10 000元旅行款只需付9800元,如果超过10天付款,则该公司将损失2%的现金折扣。

应当注意的是,只能针对那些支付信誉好且有支付能力的客户制定延期付款政策,同时严格制定支付期限,以便保证资金及时到位。

(4)同行业折扣

当旅行社产品通过中间商销售时,往往也会给予一定的折扣优惠,这就是所谓的同行业折扣。中间商可分为批发商和零售商,给予他们折扣政策,可充分发挥中间商的销售作用,扩大产品销路,增加产品销量。这种折扣有时也反映在佣金上。

由于经营产品不同,在经营中旅行社有时也会购买别人的产品。为了扩大交往,加强同行业之间的合作,旅行社往往会给他们比一般客人更多的优惠。

二、外联部的计价和报价

(一)旅行社产品的计价内容

旅行社是在旅游者从产生旅游动机到旅游结束的全过程中,提供与旅游者旅游相应的服务。旅行社在销售产品后,向相关部门购买各种旅游服务,落实到各个旅游环节,当旅游者到来时进行周到细致的接待服务,解决旅游者需要服务的所有问题,使游客慕名而来,满意而归。因此,旅行社产品的计价主要是计算应收取的各种服务费,核定出其成本。旅行社服务收费因种类不同而不同,一般分境外游计价、境内游计价、单项委托收费计价和其他计价。

1. 境外游计价

境外游往往采用组团包价的方式,旅行社根据成团的人数、等级、线路、时间、质量制定各种价格,主要有综合服务费、房费、城市间服务费、专项附加费四部分。

(1)综合服务费。其构成含餐饮费、基本汽车费、杂费、翻译导游费、领队减免费、全程陪同费、接团手续费和宣传费。其中餐饮费,即提供一日三餐(包括饮料、水果)的收费标准;基本汽车费即市内交通费(含行李运输费),每天行车50公里;杂费即游览点门票(2元以下)、文娱票、行李搬提、途中饮料等项费用;地陪费即地方翻译导游劳务费;全陪费即全陪公差费和翻译导游劳务费,全陪公差费用与陪同旅游期间城市交通费、房费和共餐费;领队减免费,用于15人以上旅行团(不含经济等),执行16免1,每第16(个)人享受综合服务费、房费、超公里费、游江游湖费全额减免的费用;外联组团费和接团费,即外联旅行社、接团旅行社的手续费;宣传费,由外联旅行社代收的,50%上交国家旅游局,由接团旅行社代收的,50%上交地方规定,即旅游局。

(2)房费。从1988年起,房费从综合服务费中单列,改变基本房费加房差的办法。游客可以根据本人意愿,预订高、中、低各档次饭店,旅行社按照与饭店签订的协议价格向游客收费,是单列的,是在房费基础上加收5%~10%的手续费。

(3)城市间服务费。城市间交通费即飞机、火车、轮船、内河运船和汽车客票价格。交通费折扣价格标准,由中国民航局、铁道部、交通部会同国家旅游局规定。

(4)专项附加费。专项附加费即汽车超公里费、游江游湖费、特殊游览点门票费、风味餐费、专业活动费、旅游保险费、不可预见费、加收文娱费等。其中有领队减免费,即15人以上旅行团(不含经济等)每第16个人享受综合服务费、房费、超公里费、游江游湖费全额减免的费用。

2. 境内游计价

境内游一般采用半包价,即不含午、晚餐费用的综合包价。还有小包价,此种称为选择性旅游,可预付饭店房费、早餐、接送服务、城市间交通费、手续费,其余在游览地现付。还有散客旅游,付费方式是零星现付,即购买什么、购买多少都按零售价格当场支付,价格相对贵一些。因零售价格不可能像团队旅游在某些项目上享受折扣优惠。

3. 单项委托收费计价

旅行社根据游客的具体要求而提供的各种有偿服务。旅行社提供的单项服务主要有:翻译导游费、全程陪同费、接送服务费、接送汽车费、代办入境、出境、过境临时居住和旅游签证、签证延期、签证分离、旅行证等服务的收费,代订饭店、汽车、代购交通票、代购文娱票、联系参观、旅游委托、代办旅游全员保险服务费、代向海关办理申报检验手续等服务的收费,提取、托运行李服务费、邮电委托费等。

4. 其他计价

新婚旅游、修学旅游、会议旅游、体育旅游、山间旅游、青年旅游、度假旅游、休养旅游等形式的旅游,旅行社都要按游客的特殊要求收取特殊服务费用。当然如果因客观原因使旅游活动未达到合同规定的效果,旅行社应发还相关费用。但是如果是游客主观原因而中止或更换旅游项目,则应按合同要求承担相应的经济责任。

(二)旅行社产品的计价方法

旅行社价格的制定在遵守国家物价政策的前提下,既要以国内外价格为基础,考虑到国内职工生活指数、国内旅游设施实际情况及服务质量,同时还应参照国际价格、国际汇率的变化、国际旅游业的供求关系诸方面因素来确定。旅行社产品的价值构成是制定价格的基础,物化劳动的转移价值和活劳动价值中为自己劳动的价值转化为旅行社商品成本,活劳动价值中为社会劳动的价值转化为旅行社产品的税利,旅行社产品成本加其税利等于销售价。

1. 成本加成计价法

成本加成计价法也叫成本毛利率法,是最常见的一种计价方法。它是以全部成本作为计价的基础,加上一定的成本毛利率来决定产品价格的方法。旅行社产品成本毛利率就是旅行社产品的毛利与其成本之间的比率。其基本公式如下:

单位产品价格 = 单位产品完全成本 × (1 + 成本毛利率)

例如,彩虹旅行社期望某旅游线路的成本和销售额如下:

单位变动成本:1000 元

固定成本:20 000 元

预计组团人数:200 个

该旅游线路的单位产品完全成本:

单位产品完全成本 = 单位变动成本 + 固定成本/单位销售量
                = 1000 + 200 000/200 = 2000 元

现在假设该旅行社成本毛利率为 10%,则其加成价格是:

单位产品销售价格 = 2000 × (1 + 10%) = 2200 元

从上式可知:该旅游线路的单位产品销售价格为 2200 元。

这种方法简便易学,成本资料直接可得。用成本毛利率法计算旅行社产品的销售价格,简单明了,易于掌握,"保本求利"的把握较大,对买卖双方相对公平,是现在旅行社计价应用最多的方法。但这种方法过重考虑成本,预期利润缺乏充分依据,按卖方意图计价,容易忽视消费者需求的心理接受能力,在计价上带有一定的盲目性,计价方法也不灵活,同时也不易反映旅行社产品营业收入中毛利所占的比重。

2. 目标利润计价法

旅行社的设立和产品的开发，需要投入一定的资金，为了收回投资，并获取一定的利润，可采用目标利润计价法。目标利润计价法也称投资收益计价法，即根据旅行社的总成本和计划的销售量，加上按投资收益率确定的目标利润额作为计价基础的一种方法。其基本公式如下：

目标利润单位产品销售价格 =（固定成本 + 单位变动成本 × 销售量 + 目标利润）/产品总销售量

或 =（总成本 + 目标总利润）/总销售量

目标利润 = 总成本费用 × 成本费用利润率

假设上述某旅行社该旅游线路计划组团人数为 200 个，想要制定能获得 10% 利润的价格，可利用下列公式求出目标利润价格：

目标总利润 =（200 000 + 1000 × 200）× 10%

　　　　　 = 40 000 元

目标利润单位产品价格 =（200 000 + 1000 × 200 + 40 000）/200

　　　　　　　　　　 = 2200 元

如果旅行社的成本和预测的销售量都计算得很准确，该旅行社就能实现 10% 的投资利润率。但是，如果组团人数达不到 200 个怎么办？该旅行社还可测算保本销售量，计算方法如下：

保本销售量 = 固定成本/（单位产品价格 − 单位产品变动成本）

　　　　　 = 200 000/2200 − 1000

　　　　　 ≈ 167（个）

保本价格 = 固定成本/销售量 + 单位产品变动成本

　　　　 = 200 000/200 + 1000

　　　　 = 2000（元）

上式中，167 个就是保本销售点，2000 元就是保本销售价格。旅行社所经营的该旅游线路组团人数只有超过 167 个单位，才有盈利。

采用这种方法，同样也存在着一定的盲目性，由于销量与价格的此消彼长的关系，销量难以确定。一旦实际销量达不到预期目标，就会影响整体营销战略目标的实现。因而应该尽可能估算出不同价格水平下的可能销售量，充分考虑产品价格与需求量之间的制约关系，尽量保持二者的一致性。

3. 需求导向计价法

需求导向计价法是以旅游消费需求为中心的计价方法。它根据消费者对商品的需求程度和对商品价值的认识程度来制定企业价格。主要有两种方法：区分需求计价法、理解价值计价法。

(1) 区分需求计价法

区分需求计价法是建立在消费者对旅游产品的价值认识、消费者对产品需求的差异之上的计价方法。生产者和消费者对同一产品价值的认识往往存在较大的差异，不同消费者对不同旅游产品需求也不一样。旅行社可以根据同一产品的销售对象、地区的不同，区分旅游淡旺季，制定不同的产品价格。

(2) 理解价值计价法

当一个产品投放市场时，消费者往往会根据媒体宣传和自己的经验，对其价值有一个自己的认识和理解（简称为理解价）。只有当产品的价格和他们理解价一致时，他们才会高兴购买。理解价值计价法就是旅行社按照旅游消费者对商品及其价值的认识程度和感觉确定产品的零售价，进而制定出产品的批发价。

采用这种方法计价的关键是准确测定旅游消费者对商品价值的认识程度和感觉。旅游产品在消费者心目中的理解价，取决于产品的特点和产品在消费者心中的形象。为此旅行社应结合其他策略，在消费者中突出宣传自己产品的特点，树立产品定位的独特形象，让消费者对产品建立一个旅行社可以接受的理解价。

在利用理解价值计价法确定产品的价格时，如果产品的利润空间过小，旅行社往往会考虑降低产品的成本。如果从提高管理水平上去考虑降低成本，这是可取的，但当降低成本损害了产品的形象时，往往会得不偿失，这是要慎重考虑的。

4. 竞争导向计价法

由于生存与发展的需要，旅游市场的竞争目前已十分激烈，这种竞争往往表现在价格战上。为了不失去市场，旅行社只有迎接挑战。竞争导向计价法就是以竞争为中心的、以市场上竞争对手的计价为主要考虑因素的计价方法。根据不同的情况，竞争导向计价法又分为率先计价法、追随核心计价法两种。

(1) 率先计价法

即旅行社对某一产品率先确定其新价格，确定该产品在市场上新价位的形象，以便达到参与市场价格竞争、排除竞争对手的目的。这种方法适合于那些实力雄厚的旅行社，当他们开发出新的旅游产品，或者产品在市场上处于竞争激烈状态时，他们往往会率先确定产品新的价格，通过自己的形象和领袖地位，迅速确定产品的形象，或者吓退竞争者，将竞争者挤出市场，从而达到增加自己市场份额的目的。

率先计价法一般有高于、一致和低于市场价三种，旅行社根据自己的状况确定采用的方法。这种方法，尤其是率先降价的方法，对增加自己的市场份额、对消费者是十分有利的,然而对大多数企业的经营和形象塑造却十分有害,旅行社对率先降价往往都比较慎重。

(2)追随核心计价法

即依照那些有影响力、处于核心地位的旅行社确定产品的价格。对于那些实力不处于优势的旅行社,往往采用这种方法来确定产品价格,他们依照核心旅行社产品价格来确定自己产品的价格,随着核心旅行社产品价格的波动而波动,利用核心旅行社的影响和领袖地位,树立自己产品的形象,以便从中分得一份利益。由于这种方法不容易引起竞争对手的注意,表面上不会马上引起新的降价风,因而备受一些旅行社的推崇。

采用竞争导向计价法,把市场的普遍反映放在首位,对那些面向大目标市场的旅行社、竞争比较激烈的产品比较有利。但对于那些面向特定目标市场且市场比较小的旅行社产品,则往往是有害的,因为它忽视了产品无形价值对消费者的影响,同时也会给人们一种经营不良的形象。

(三)外联部的报价

1.外联部对外报价的原则及要求

(1)外联部对外报价的原则

目前,国家除强制执行旅游保险、收取旅游宣传促销费和采用可自由兑换货币报价等价格管制政策外,全面放开了旅行社对外报价及对内结算的一切标准、方法及内容。

缴纳旅行社合理收费是旅游者的义务。所谓合理是指旅行社制定的销售价格以其营业成本为依据,这是旅行社制定价格的最低界限,还要加上超过这个界限的利润和税金。旅行社外联部对外的报价要坚持按质论价、分等论价、薄利多销、随行就市的原则。

(2)外联部对外报价的要求

旅行社在组团报价时一定要明码标价,不能搞模糊收费。应清楚地标明旅游团性质、具体行程、接待标准(包括住宿标准、用餐标准、乘运的标准等)、参观游览项目等。特别要注意一定要向旅游者说明哪些参观游览项目是包括在团费当中,哪些是自费项目。

2.外联部对外报价的方法及内容

通信洽谈是旅行社外联人员利用通信工具与国内外客户进行业务谈判来促成交易。旅行社在通信洽谈中常使用的传统通信工具主要有:函件、电话、传真和电子邮件等。随着微信、微博、QQ、Facebook 的兴起,外联人员通信洽谈的方式越来越方便和高效。

(1) 电话与传真

电话是最有效、最迅速的一种洽谈方式，也是旅行社外联人员与客户联系的最常用、最广泛的方式，然而电话只能作为一般联系和口头洽谈之用，最后的协议达成要用传真、函件或电传确认。由于用电话联系不能留下书面凭证，所谈内容容易发生漏记、错记，并引起不必要的麻烦。

传真是一种通过传真机经通信线路传递图像、文字，语言能按原貌展示。传真机具有自动接收和发送功能，不需专人守候。目前传真已成为旅行社外联业务中进行业务联系和交易确认的最主要的手段，它是一种既迅速又方便可靠的通信方法。传真件的格式，根据文件的不同内容可以用普通书信格式编写，也可用旅行社专用的传真格式纸。传真格式纸的格式大致如下：

传真格式纸

收件人旅行社：	发件日期：
收件人姓名：	共　　　页：
发件人旅行社、传真号：	发件人姓名：
传真内容：	

值得注意的是：因传真纸是光敏纸，所以对重要的传真文件必须要马上再复印保存。

(2) 函电往来

旅行社传真的内容有很多种类（如：询价函电、委托代办函电等），外联人员收到并处理和管理好各类函电。

如外联人员收到客户询价函电的办理步骤：

①排：按函电中服务标准、线路、饭店档次及一些其他要求排出"旅游日程表"。

②算：计算综合服务费、交通费、附加费。

③报：将以上每人的报价报给客户。

外联人员收到函电后应做到及时和明确答复（函电要求处理的事项须在48小时内明确答复对方）。

三、利润核算

（一）旅行社营业收入的构成

1. 综合服务费收入

综合服务费收入是指接团旅行社向旅游者收取的，包括餐饮费、基本汽车费、杂费、导游费、全程陪同费、接团手续费和组团费等项费用而形成的收入。

2. 房费收入

房费收入是指旅行社为旅行团代订客房。按照旅游团实际住房的天数和客房等级收取的住宿费用而形成的收入。

3. 城市间交通费

城市间交通费是指旅游团为从客源地至目的地间和在旅游目的地各城市或地区间乘坐飞机、火车、轮船等交通工具所付出的费用而形成的收入。

4. 专项附加费

专项附加费是指由旅行社向旅游团收取的汽车超公里费、游江游湖费、特殊游览点门票费、风味餐费、专业活动费、旅游保险费、不可预见费、加收文娱费等而形成的收入。

5. 单项服务收入

单项服务收入是指旅行社根据旅游者的具体要求而提供的各种有偿服务。包括接送汽车费、代办入境、出境、过境临时居住和旅游签证、签证延期、签证分离、旅行证等服务的收费,代订饭店、汽车、代购交通票、代购文娱票、联系参观、旅游委托、代办旅游全员保险服务、代向海关办理申报检验手续等服务的收费,提取、托运行李服务费、邮电委托费等收入。

(二) 旅行社营业成本的核算方法

旅行社营业成本的核算可以采用单团核算法、等级核算法和部门核算法。

1. 单团核算法

单团核算法是以每一个旅行团作为成本核算对象,按团进行费用的归集和分配的一种核算方法。采用单团核算法,应对不同的支出采用不同的分摊方法。对房费、餐饮费、门票费、交通费等直接支出应逐项核对、按团登记;对行李托运费、订票手续费等按人数分摊;对营业费用、管理费用等间接费用按人天数分摊。单团核算法采用一团一价,有利于旅行社之间的款项结算,但工作量较大,一般适用于业务量较小的旅行社。

2. 等级核算法

等级核算法是以接待不同等级的旅行团作为核算对象,按等级进行费用的归集与分配,并结合营业收入计算出各等级的总成本、单位成本和盈亏的一种核算方法。等级核算法能综合反映旅行社的经营成果,工作量较单团核算法小,但在实际工作中,为了等级中各旅行团之间经营成果的比较,可结合单团核算法使用。

3. 部门核算法

部门核算法是以旅行社内部各直接创利的业务部门作为成本核算对象,按部门进行费用的归集和分配,计算出各部门盈亏的一种核算方法。采用部门核算法有利于提高各部门的工作积极性,增强职工的竞争意识,从而提高旅行社经济效益,但不利于单位成本的考核与横向比较,实际工作中可结合单团核算法和等级核算法使用。

(三)旅行社利润概念与构成

利润是旅行社在一定时期内的经营成果。利润在数额上等于一定期间的收入和费用相抵后的差额。如果收入大于费用,其差额即为利润;如果收入小于费用,其差额即为亏损。利润是考核和分析旅行社经营管理工作好坏的一项综合性效益指标。由于旅行社的经营过程既包括以提供商品和劳务为主的生产经营活动,也包括对外投资和与生产经营无关的其他业务活动,因此,旅行社的利润总额包括营业利润、投资净收益和营业外收支净额。即:利润总额 = 营业利润 + 投资净收益 + 营业外收支净额。

1. 经营利润

经营利润是指旅行社在一定时期内从事经营活动所获得的盈利,它是旅行社营业收入减去营业成本、营业费用、营业税金及附加后的盈利。

(1)营业成本。营业成本就是旅行社成本,是指旅行社在组织接待旅游团过程中发生的各项直接支出,它包括房费、餐饮费、交通费、行李托运费、门票费、文娱费、专业活动费、陪同费、保险费、签证费等。

(2)营业费用。营业费用是旅行社经营部门在营业中发生的各种费用支出,应计入当期的费用开支,包括广告费、包装费、保险费、运输费、专设销售机构的经费、经营部门人员的工资、福利费、服装费等。

(3)营业税金及附加。营业税金及附加是指旅行社根据国家税法对获取的主营业务收入净额,按一定比例计算缴纳,并由本旅行社负担的税金,以及按所缴纳的税金的一定比例计算缴纳的有关附加税、费,如营业税、消费税、城市维护建设税、教育附加费等。

(4)其他业务利润。其他业务利润是旅行社在从事基本业务以外的其他营业性业务取得的利润。由其他业务收入扣除其他业务支出后形成。其他业务利润在旅行社营业利润中虽不占重要地位,但它是旅行社开源节流的重要方面,且在财务管理中比较容易被忽略,因而,财务人员对此应予以足够的重视。

2. 营业利润

营业利润是指经营利润扣除旅行社的管理费用和财务费用后的净额。

(1)管理费用。管理费用是旅行社行政职能部门在组织和管理旅行社的活动中发生的各项费用,应计入当期的费用开支,包括行政职能管理部门人员的工资、福利费、服装费、办公费、差旅费、折旧费、交际应酬费和其他行政活动费等。

(2) 财务费用。财务费用是旅行社为筹集经营所需的资金而发生的费用。由于其发生跟一定的时期有关,因而属于期间费用,需冲减当期的营业利润。当然,如果其中的财务费用是负数,如利息净收入、汇兑净收益等,则增加当期营业利润。

3. 投资净收益

投资净收益是指旅行社对外投资所取得的投资收益与发生的投资损失之间的净额。投资收益和投资损失是指旅行社对外投资所取得的收益或发生的损失。投资收益包括对外投资分得的利润、股利和债券利息,投资到期收回或中途转让取得款项高于账面价值的差额,以及按照权益法核算的股权投资,在被投资单位增加的净资产中所拥有的数额等。

投资损失包括对外投资到期收回或中途转让取得款项低于账面价值的差额;按照权益法核算的股权投资,在被投资单位减少的净资产中所分担的数额等。

4. 营业外收支净额

营业外收支净额是指旅行社营业外收入扣除营业外支出后的差额。旅行社的营业外收入和营业外支出是指与旅行社生产经营活动无直接关系的各项收入和支出。

营业外收入是与旅行社营业收入相对应的,虽与旅行社生产经营活动没有直接因果关系,但与旅行社又有一定联系的收入。现行财务制度规定列入营业外收入的项目主要有:固定资产盘盈和出售净收益、罚款收入、因债权人原因确定无法支付的应付款项和教育费附加返还款等。由于营业外收入并非由旅行社经营资金所产生,不反映旅行社的经营成果,属于一种纯收入,所以它不必与成本费用相配比,可直接作为利润额的组成部分。

列入营业外支出的项目主要有:财产盘亏、处理和净损失,非季节性和非大修理期间的停工损失,职工子弟学校经费和技工学校经费,非常损失,公益救济性捐赠支出、未履行合同或协议而支付的赔偿款等。

(四)旅行社利润管理的要求

1. 树立正确的盈利观念,不断提高盈利水平

在社会主义市场经济条件下,旅行社经营的主要目的是满足社会主义现代化建设的需要,旅行社增加盈利必须服从这一目的。

2. 实行利润目标分管责任制,保证利润目标的完成

利润既是生产经营结果的反映,又对旅行社经营活动起着一定的制约作用。为了加强利润管理,必须开展利润预测,制定切合实际的利润目标。为了实现利润目标,旅行社要完善内部的责任制,将利润目标和其他各项经济技术指标进行分解,落实到旅行社有关部门以至个人,明确他们的经济责任,并且将责权利结合起来,组织和动员各方面的力量来增加利润,保证利润目标的顺利完成。

3. 严格执行有关财经法规,正确进行利润分配

旅行社采取各种措施增加利润,必须从全局利益出发,严格执行国家的有关财经法规。例如,旅行社安排经营,首先,必须符合国家产业政策的要求,提供的产品必须保证质量,不得偷工减料,以次充好;同时,旅行社应严格按财经法规的规定,正确组织利润分配。旅行社在一定时期内的利润必须首先用于纳税,然后才能用于旅行社生产经营发展和旅行社各项福利支出。

(五)旅行社利润分配的内容及程序

1. 利润分配的内容

利润分配是旅行社按照国家有关利润分配政策,对当年实现利润及以前年度未分配利润(包括以前年度损益调整)所形成的可供分配的利润进行分配,或对亏损进行弥补的过程。

旅行社当年实现的净利润,加上年初未分配利润或减去年初未弥补以前年度亏损(在不超过规定的弥补期限内)和其他转入后的余额,为可供分配的利润。

2. 利润分配的程序

利润一般按照如下程序分配。

(1)提取法定盈余公积金。法定盈余公积金是按照税后利润的10%提取,盈余公积金达到注册资金的50%时可不再提取。法定盈余公积金用于弥补亏损,按照国家规定转增资本金等。

(2)提取法定公益金。法定公益金一般用于职工福利设施支出,按照税后利润的一定比例提取。

(3)向投资者分配利润。可供分配的利润减去提取的法定盈余公积金、法定公益金等后,为可供投资者分配利润。

[实操问答]

[问答1] 对于家庭旅游者来说,何谓最合理的价格?

答:第一,必须不低于旅游产品成本规定的最低价格,否则旅行社会赔本,旅行社绝不会做傻事,唯一途径就是降低服务质量,这对旅游者来说是明讨便宜暗吃亏。据了解,目前国内和昆明的大多数旅行社都在做傻事,如昆明某知名旅行社推出的昆、大、丽、香格里拉四晚五天大巴团,行程中住四星级酒店,收客价格980元/人。平均每人净亏600元左右,现实中每天发团25辆30座大巴,全年利润1.5亿。第二,要了解旅行社竞争对手的同类产品价格。因为旅游业常常形成"价格联盟"。

[问答2] 实际工作中,如何应用心理计价策略?

答:这是一种"最后调整"的计价策略,即对设置好的价格略微地调整一下,以提供额外的吸引力。针对产品不同的价格,消费者对其质量、价值的感受是不一样的,心理计价策略指的就是根据顾客的这种消费心理来制定价格,以便达到提高销量的目的,其方法主要有尾数计价法、声望计价法。

[问答3] 旅行社产品如何计价?

答:旅行社产品计价主要是计算应收取的各种服务费,核定出其成本。旅行社服务收费因种类不同而不同,一般分境外游计价、境内游计价、单项委托收费计价和其他计价等。

[问答4] 旅行社制定销售价格的依据是什么?

答:是指旅行社制定的销售价格以其营业成本为依据,这是旅行社制定价格的最低界限,还要加上超过这个界限的利润和税金。

[问答5] 实际工作中,旅游价格的季节性、灵活性是如何体现的?

答:旅游价格是有季节性的,春秋是旺季,夏季是淡季,旅游产品旺季略高,淡季略低。旅游产品还有温点、热点的区别,热点(地区)城市旅游产品价格可以略高,温冷点城市旅游产品价格较低。旅游产品价格还受市场供求关系的影响,供不应求产品价格偏高;供大于求产品价格偏低。

旅游价格是有相对灵活性的,常遇到的灵活价有优惠价、淡季价、浮动价、地区差价。我国旅游有最高限价和最低保护价,不许暗自搞非法竞争,这样价格才能走向有序和合理。

[问答6] 旅行社如何走出低价竞争的陷阱?举例说明。

答:在旅游业中,因价格影响价值的事例数不胜数。举个例子来说,同样是去桂林旅游,有的旅行社为了直观上的低价,处处想办法降低成本,游客千里迢迢慕名而来,却为了省钱让他仅游半小时漓江,美其名曰"黄金水道",难怪不明真相的游客抱怨漓江没啥好看。这类做法严重损害了旅行社的整体形象和信誉,间接助长了部分顾客只比价格的做法,因为"旅行社的做法都一样"。在当今的旅游团服务中,有太多的非人性的东西,许多游客感觉,到是到了某个地方,却总显得匆忙,不尽兴,想停的景点时间不够,不想看的地方却老被带着去,最后落得个"到此一游"。究其原因,价格的恶性竞争、部分旅行社注重短期行为,一些游客缺乏旅行经验及一味看重价格等因素所致。问题是,价格真的是那么具有决定性吗？答案是：否！

深圳一顾问公司所作的市场调查显示，以北京游3000元为例，40.8%的人愿多花200元，有24.1%的人愿多花300元，11.8%的人愿多花500元，4.8%的人愿多花500元以上作为更好的质量保证，加起来有81.6%的人更看重质量而非价格。人们不愿花高的价格，不是因为花不起，而是太多的旅游经历告诉他们，旅行社的服务仅值这个价。一分价钱，一分货，现代人深知付出与收获的关系：对于付出（价格），他们更注重自身的需求是否能得到满足。现在的旅游团价格可谓够便宜的了，而人们更需要的是"有价值的旅行"，是一段时间的繁忙工作后，能让自己身心得以放松、见闻得以增长、人生得以丰富的旅游。在这样的旅游中，在迷人的山水和朋友般的友情中人们体会到生命力、创造力的迸发，人与人之间、人与自然的真、善、美，这种旅行体验，能造就健康、完美的人格。人们愿意为此付出更高的价钱。

反之，市场上永远有更便宜的价格，直到"货不对板"！

[问答7] 实际工作中，当我们制定产品价格时，应该要注意哪几个问题？

答：(1)定价合理，不可有被对手钻的空子。实际中应强调价有所值和差异性。

(2)形成一定的技术壁垒。问一问自己：你有什么是对手不易轻易模仿的吗？

(3)专业造就规模，规模降低成本。这里的规模是指某一条线路，某一个产品上的规模，而不是所有线路加起来总量上的规模。

[问答8] 列举《旅游法》实施后，观光旅游线路行程的变化。

答：西安：行业规则正在改变。

眼下，西安众多旅行社正在按照《旅游法》的相关规定，调整产品内容、调整旅游合同。不少业内人士认为，此次短期阵痛将带来长期收益，促进西安旅游行业大规模"洗牌"，提升西安旅游整体质量。

"《旅游法》颁布后，我们已把合同中凡是包含或涉及购物、自费、小费的项目全部取消，相应的产品价格也会调整，比如美国、欧洲等出境游产品提升了1000元至2000元，港澳台和东南亚产品的上调幅度较大，在3000元左右。一线导游和领队的相关福利措施也在制定当中。"陕西某旅行社出境中心经理表示。

陕西某旅行社副总经理说："《旅游法》颁布后，以往以自费项目为主的出境游产品利益链断裂，旅行社成本必将增加，比如，此前西安市场上到泰国的产品价格是4000元，现在则涨到6000元至8000元，基本翻了一倍。"

据了解,《旅游法》颁布后,西安多家旅行社的行程单中没有了购物店,多了一天的自由活动时间。

[经典案例]

[案例1] 价格标准战略定乾坤
——庐山游定价策略简析

案情: 某年夏天,深圳人纷纷打电话到深圳旅游集团海外部问:"报纸广告上的盘子和刀叉是怎么回事?"原来,这是该公司推出的庐山自助游的形象广告。这种表现方式在当时的旅游广告中还是挺稀奇的。这年夏天,深圳计划开通庐山(九江)直航班机,面对这一商机,深圳旅游集团海外部成功地实施了一套保护自己的价格策略,从而保障了产品开发者的利益。以往去庐山旅游,均由南昌进出,路上耗费不少时间,往往在山上住一晚就匆匆离去,现在,面对即将开通至庐山脚下九江的航班,如何做才能形成自己的相对优势,不至于转瞬又陷入价格战的旋涡中?经营者首先对目的地作了分析,庐山是一个很适宜休闲度假的地方,和黄山相比,虽然风景可能略逊一筹,但山上的度假条件却得天独厚,拥有各种档次的酒店,还有一个上万人的小镇,交通良好。同时,对市场作了分析,深圳人很忙,工作节奏快,喜欢直航。深圳人容易接受新事物、新概念,易被引导。对航空包机人而言,需要有市场推动人。经过分析,经营者决定在市场上以"专业"和"全面"的形象出现,根据目的地特色和市场情况,设计出几种套餐:

(1)自助游。以庐山的接待条件,非常适合自助游,这在当时还是较新的旅游概念,对于平日紧张惯了的深圳人而言,早上不用按时起床,想走就走,想停就停,无疑是很有吸引力的。更重要的是,山上拥有从各类疗养院到星级酒店多种选择,适宜不同客人需求,这样,只需要酒店派车到机场接送,无须增加地接成本,在价格上,从疗养院的1380元起至三星级酒店1780元,形成了无敌价,竞争对手很难切入。

(2)同时推出的有各种全包团,由于在市场上率先推出,有酒店和航空公司的支持,其产品也就成了市场上的标准,而谁制定了标准,谁就有了优势。

有了一系列的策划和强有力的推广,该公司很快取得了庐山直航线的绝对优势,这样,当年,该公司在庐山线上成了最大的赢家。

点评: 价格在产品差别不大,市场尚未形成优势品牌时,是重要的竞争手段,但当你运用价格策略时,一定要很清楚你的目的是什么?否则,很容易伤到自己,伤及市场。庐山直航的定价1380元绝对是市场最低的,它有效地遏制了后来者的价格竞争策略,避免了你降10元、我降20元的现象出现,甚至在相当长时间里对手无法出招,只能走联合的路线。最低价的制定并不影响其在主推产品(三星级酒店)上的获利,前者主要是为自己形成壁垒,后者才是主力。

倡导非价格导向的深度旅游并非不注重成本控制,相反,价格是深度旅游营销的重要环节。价格竞争绝对是一个重要手段,只是当它远远偏离了价值本身时,必然像一柄双刃剑伤及消费者和企业、行业自身。你不妨看看,按一般的市场地接价做,你的顾客的满意度是多少?照此下去,你的回头客会有多少?我们必须让价格与价值相符,即在确保质量的前提下,尽可能降低成本。

如何降低成本?这是许多经营者的"拿手好戏",但真正的高招在于跳出小我,走联合道路的专业规模经营。你不能什么都做,什么都自己做。你必须先定位、确定你的战略目标、聚焦,力图在相对窄的领域里做得最专业,取得最大的市场份额,你的成本必然就是相对最低的!你所要做的便是在某一方面如何成为最专业、最有规模的企业,你的价格肯定也是最有竞争力的。

[案例2] 旅行社接待质量计费说明

案情:某旅行社接待质量计费说明如下:

(1)接待标准:

标准团:二三星级酒店双人标准、空调旅游车、八菜一汤、散客并团。

①【已含景点门票】:行程中所列各景点门票;

②【已含住宿标准】:全程入住特色星级酒店双人标准间(独立卫生间,24小时供应热水);

③【已含用餐标准】:全程标准团队餐,正餐为每10人1桌,8菜1汤;

④【已含交通标准】:全程为空调旅游大巴车;

⑤【已含导游服务】:专职地陪导游讲解服务,旅行社责任险(建议游客自行购买旅游意外险);

⑥【不含特殊项目】:个人消费、景点索道、电瓶车费、酒店单房差和电话费、洗衣费等、自娱费用。

(2)计费范围:

景点间交通、房费、餐费、行程内空调旅游车车费、行程内所列景点第一门票、专项费、行程内各地优秀导游服务费、旅行社责任险。

本旅行社保留因不可抗拒因素(如天气、路况、航班原因等)或当地导游对行程调整的权力,但行程内游览的景点不减少。

声明:旅游价格在节假日期间上浮30%。

备注:行程内住宿如产生空床费(即1人入住1间房)则单列收取;如遇行程内各旅游地地方政策性调价,我社有权对此行程报价作出相应调整,并及时通知。本旅行社保留因不可抗力因素对行程调整的权力。

(3)温馨提示:

A:我社在不减少景点、不降低接待标准的情况下,保留调整行程先后顺序的权力。

B:本行程一经参团,无论客人任何原因中途离团或退团费用一概不退(小小不周,敬请谅解)。

C:由于云南景点门票实行刷卡制,导游证、记者证、老年证、学生证、军官证等无再次优惠门票,质量以客人意见单为凭证,请您认真填写,如在填写意见单时未注明投诉意见,离开云南后我社不再接受投诉,谢谢合作。

D:本行程为经济实惠型,绝对没有强迫消费或自费项目;另外,酒店或餐馆等附近有当地土特产购物店,请客人慎重购买,如果有需要请随时与导游取得联系,以保证能购到货真价实的云南特产。

点评:旅行社在组团报价时一定要明码标价,不能搞模糊收费。该案例中清楚地标明了旅游团性质、接待标准(包括住宿标准、用餐标准、乘运的标准等)、参观游览项目及计费范围等,特别是向旅游者说明了报价中不含的特殊项目费用。另外,特别需要补充说明的也要列出,以免引起不必要的投诉。如针对《旅游法》所禁止的安排另行付费以及指定具体购物场所的问题,也在温馨提示里作了特别说明。

[案例3] "负团费",谁会倒贴钱?

案情:为了比较一下桂林各旅行社对外报价情况,2004年2月16日,一位外地导游带5名散客到桂林旅游,在桂林待三天两晚,提出包吃、住(要住三星级酒店),游漓江、象鼻山、伏波山、七星公园、冠岩共5个景点、景区,全程有车接送,有导游相陪。一家旅行社报价580元,但要加"梦幻漓江""世外桃源"两个点,进一家购物店;另一家旅行社则报价550元,但要加"印象·刘三姐""独秀峰"两个点,进两家购物店。两家旅行社都承诺,如果导游能在晚间带游客去按摩、进店买东西,会给导游回扣。

点评:这两家旅行社的报价,就是典型的"负团费"报价。所谓"负团费",就是指在吃、住、行、游过程中,其消费低于成本价,也就是"倒贴钱"接团。那么,旅行社低于成本报价,收入从何而来? 原来是通过"加点"获取收入,所谓"堤内损失堤外补"。比如"印象·刘三姐"188元的票价,有80元的回扣。此外,旅行社盈利,来自定点店的"人头费"及购物高额回扣。

2013年《旅游法》的施行,明确禁止了旅行社的"负团费"操作,该法第35条规定:旅行社不得以不合理的低价组织旅游活动,诱骗旅游者,并通过安排购物或者另行付费旅游项目获取回扣等不正当利益。但是,经双方协商一致或者旅游者要求,且不影响其他旅游者行程安排的除外。违反该规定的,旅游者有权在旅游行程结束后三十日内,要求旅行社为其办理退货并先行垫付退货货款,或者退还另行付费旅游项目的费用。

[案例4] 旅行社外联函电案例分析

案情: 某旅行社收到××青年旅行社询价传真:

收件人旅行社:××青年旅行社	发件日期:2014年4月5日
收件人姓名:××先生	共 页:1页
发件人旅行社及传真号:××青年旅行社 010-×××××××	发件人姓名:××

××先生:您好!

由我社组织的旅游团一行21人,将于4月8日,乘D1548航班于当日上午8点抵昆,4月14日上午10点乘D1546航班离昆返回北京,往返机票已由我社订妥。请安排昆明、大理、丽江三地六日游,按标准服务等级将日程安排与每人的接待价格报予我社。

点评: ××青年旅行社收到该传真后按下列步骤处理:

(1)阅读。
①传真由××青年旅行社传来,发件人:××。
②日期:2014年4月5日。
③人数:21人。
④服务标准:标准。
⑤线路:昆明、大理、丽江。
⑥饭店:二星级。
⑦要求:无特殊要求。

(2)排:旅游日程安排。

(4月8日)D1		8点抵昆,专人接机、送旅游团入住。午餐。下午游西山森林公园、大观楼。住昆明。
(4月9日)D2		全天游"天下第一奇观"石林。当天晚上乘空调火车硬卧赴大理。住火车上。
(4月10日)D3		6点30分到大理早餐,8点上船游洱海、大理古城、三塔、蝴蝶泉,晚上游古城、洋人街。住大理。
(4月11日)D4		大理早餐,乘车至丽江,午餐后游丽江古城、黑龙潭。住丽江。
(4月12日)D5		早餐后游丽江白沙壁画、玉峰寺,午餐后游干海子高原牧场、白水河。乘索道游云杉坪,下午返回大理,晚上乘空调火车硬卧返回昆明。住火车上。

(4月13日)D6　　6点30分到昆明早餐,游世博园。住昆明。
(4月14日)D7　　早餐后专车送往机场。
(3)算:根据以上日程安排,计算出每位游客的接待价为1980元/人。
报价含:①住宿:二星级或同级饭店四晚;
②昆明/大理/昆明空调火车来回;
③所列景点首道门票,大理游船三道茶、丽江云杉坪索道、丽江古城维护费;
④6早12正,正餐八菜一汤;
⑤全程空调旅游车;
⑥优秀导游服务。
(4)报:将以上行程,每人按接待价报给浙江青年旅行社。

[案例5] 价格营销的诀窍
——泰国直航团简析

案情: 1994年底,东方航空公司开通了上海—深圳—曼谷的国际航班,当时,国内的航空公司与旅行社之间关系还是简单的供求关系。深圳人也仍习惯于参加泰港游。航班很空,航空公司当初定位在商务、探亲、来华旅游上,曼谷线是一条旅游线,那时,护照、签证、出境都不是一件容易的事,而国内的票价市场化程度还不高。航空公司、旅行社、市场三者之间在当时似乎是不相干的。

深圳旅游集团海外部在这之间找到了内在的联系,将资源进行整合,找到了商机。首先,他们找到东航深圳营业部的经理,说明散客是不可能自己办护照去泰国的,一定要依赖旅行社将其包装成产品并提供一条龙服务,航空公司只有同旅行社合作,将卖机票转为卖组合产品才能解决瓶颈问题。并且,在价格上,改变了计划经济的定价方式,使其比香港往返更具竞争性。很多的沟通促成了观念上的改变。

其次,要改变深圳人从香港出游的习惯必须有特别的说服力。东航逢周一、五飞,产品必须就航班分成四天团、五天团。而传统的泰港线是六天团,如何让市场接受呢?首先是在价格上做文章,由于无须经香港,加之票价低,港币3000元的售价较泰港线3780元的售价低了一大截,让人不能不心动。同时,该公司设计了一系列产品主题广告词:"实现深圳人出国度周末的梦想","国内游的花费,出国游的享受"等,引导市场向周末出国游和价格便宜看齐。加之强调直航,广告一出,电话便被打爆。春节前形成了参加泰国直航团的热潮。

点评: 如何捕捉市场机会,如何将看似不相关或不可能的资源转变为竞争优势,如何引导市场,创造需求,成功往往就在这点滴之间,在于你比别人更早、更好地解决了一些关键问题。东航开通曼谷线的消息对谁都是公平的,问题在于你是否能突破常规思考?四天团也许是个劣势,换成周末团,意义就不一样了。

不经香港,让人遗憾,但突出直航,便有省时省力之感。卖线路,只是为那些准备购买者提供多一种选择。卖产品,是在卖时尚、生活方式和文化,这让许多潜在的消费者跃跃欲试。这便是营销,发现需求并设法满足它。同时,你所做的一切令销售成为多余,这便是营销的力量。

[案例6] 非价格导向的价值旅游
——千名长者温馨结伴港澳游

案情: 2001年无疑是价格恶性竞争愈演愈烈的一年,深圳市场港澳游的价格一路下降,毛利只有100元左右,产品也以自助游为主,而深圳国旅推出的"千名长者温馨结伴港澳游"无疑成了当年的明星产品,其提供的服务不仅获得市场的高度赞扬,而且产生了良好的经济效益,单个产品创下了组团人数和毛利率的记录,在深圳至今仍具有唯一性和垄断性。

1. 策划背景

2001年初,广东省公安厅决定在广东四个地市进行暂住人员赴港澳地区旅游的试点,其中一项政策就是子女户口在这四个地市的,其父母便可在其子女户口所在地办理赴港澳旅游的手续,深圳市就是其中之一。

深圳某旅行社早在2000年就看准老年人这个潜力巨大的旅游消费群体,成立了"温馨结伴行"长者旅游俱乐部,专门为深圳的离退休人士提供量身定做的与同龄人结伴同行的旅游服务。俱乐部以会员制方式,"人性化"地为老年人营造温馨的活动空间,使每一次旅游都是老年人一生难忘的经历。

2. 顺势而为

深圳是一个移民城市,大多来自四面八方,经过多年打拼,有些人已在深圳成家立业,他们常定期或不定期地将父母接到深圳来居住,而他们本人却工作繁忙没时间陪父母,"如何让老年人在深圳安心、充实地生活?"一直是深圳子女为之苦恼的问题。如果能让辛苦了一辈子的老人去香港澳门旅游一趟,这可是在离香港最近的深圳工作的儿女给父母最好的孝礼,但老人旅游子女如果不陪又放心不下,那怎么办?深圳国旅充分考虑上述因素,成功地策划了"千名长者温馨结伴港澳游"的旅游方案。

首先,完全站在顾客的角度,人性化地设计行程。一改传统的从罗湖口岸出境,乘火车赴香港的交通方式,变为乘直通巴士过港,避免了在罗湖边检排队苦等几个小时,乘火车又可能走失及无座位保障的情况。其次,不仅改变传统的香港游不派领队的惯例,安排专业领队带团,而且每团有一名医生随行,行程中也充分考虑到老年人的特点,不安排无意义的购物,松紧适度,饭菜的安排也尽量对老人的胃口,当月过生日的老人还可幸运地得到一份惊喜礼物。

广告策划也对深圳子女孝敬父母的脉把得很准,真正以情动人。另外,旅行社还成功地说服了香港地接针对性地调整价格,并共同致力于开发老年人这一新的细分市场。半年时间,仅深圳一地,旅行社就成功组团近两千人次。

3. 精彩广告

广告临门一脚的作用也在这个策划案中体现了传神的魅力,尤其是广告语真正说到了读者的心里去了,真正激发了他(或她)对父母的孝心,让每一个深圳人看了都有一种说不出的牵挂感。

给爸妈一个惊喜

上次爸妈来深圳,想去香港看看,
就因为办手续很难,所以很遗憾地回家了。
我很不是滋味,父母来深圳一趟不容易,
说不准真会是一辈子的遗憾。
现在好了,
"千名长者温馨结伴港澳游",让爸妈和我不再有遗憾了!

点评:这是一个典型的策划出来的产品,在政策出台的一段时间内,其他旅行社均未能看到这一潜在的市场,一般旅行社如果不创新仍按传统手法来操作,市场反应估计仍会冷淡,组团寥寥,这样政府实施新政策的真正目的还是无法达到落实。

经过精心策划,在市场上形成了"长者港澳游"这独一无二的产品(竞争对手都纷纷退出),一年多来,该社线路价格没降,仍保持着稳定的组团量,其成功的关键在于定位精准,走的是亲情和价值路线。广告到位,为细分市场目标群体量身定做,服务人性化,最终实现了消费者、旅游目的地、旅行社三方共赢的局面。

在严格控制成本的同时,坚决走价值路线,以至于该产品成了长者港澳游的标准:医生陪同、乘直通巴士过境等,团队虽然利润很高,但消费者仍趋之若鹜,因为他们看中的不是几百元的价格差异,而是能充分满足其孝心,对老人有保障,人性化的服务,这方面的价值远远高于金钱。试想一下,即使市场上有更便宜的火车团,可谁又会去让老人遭那个过关罪呢?

值得思考的是,一直以来,该产品在市场上未遇对手。为什么有钱赚的生意无人跟进呢?

其实,在提供独特价值的同时也在为自己设定技术壁垒。没有足够的量,派医生和安排直通车都会额外增加很多成本,竞争对手要达到同样的服务水准必然要有相应的成团人数,而综合了广告设计、媒体选择、联合推广等多种因素在内的先行者已在市场上建立起了难以跟进的相对优势,于是,竞争对手干脆放弃了这一块业务。

[实践练习]

1. 营销人员如何培养自身选择产品计价方法的能力？
2. 设计一条旅游线路，运用成本加成计价法确定产品的价格。
3. 调查一家旅行社的产品，分析其产品的成本及价格的确定。
4. 目前的旅游正步上一条危险的轨道，经营者想方设法用不正当的手法降价，这些手法已经伤害了游客的利益，让旅游这本令人愉悦的经历变成了让人受气的过程。一些旅行社所做的一切就是压低成本，其结果就是：用最节省的方式，从车、餐、酒店、航班、导游、购物、自费项目、门票等各方面一点一点扣，能省就省，能骗就骗，哪怕引起游客的反感、投诉。这种让人"上当受骗""货不对板"的感觉常常彻底破坏了游客的兴致，导致"最美的旅程，最不开心的旅游"！试调查一家旅行社的产品价格，分析其有无价格陷阱。
5. 旅游宣传最重要的是宣传旅游"商品"，旅游消费者首先应该想到相关服务及其价格，图文并茂的带有线路及价格的宣传是最受欢迎的，旅游内容越丰富，越有吸引力，越有实效。必须注意内容旁边一定要有价格，只有笼统的价格，而无分项价格往往有"猫腻"。比如"北京五日游"。第一天天安门广场、人民英雄纪念碑、毛主席纪念堂、故宫。看起来四个景点，其实收费的仅仅是故宫。再比如游天坛，标明旅行社只付第一道门票费，而祈年殿门票费是第一道门票的好多倍，这是要游客付的，无形中游客受了旅行社的欺骗。"行业自律价"约定俗成，但是市场经济和国家政策都要求打破这种同盟，出现同一旅游产品不同价格。货比三家，可以使旅游者选择一家价位合理的旅行社。请问：你如何看待上述现象？如果让你来作旅游宣传你会怎么做？
6. 2009年5月1日开始，新的《旅行社条例》（以下简称《条例》）开始实施了。新《条例》针对近年来旅游业中出现的低于成本报价、强制游客购物、收取合同之外的附加费等问题都做出了明确规定。业内人士说，该条例能够杜绝一些旅行社的报价"陷阱"，但同时会促使部分线路报价上涨。新《条例》的实施对目前的旅游市场产生的影响有：

（1）曾经价格低猫腻却不少

新《条例》将让零团费或负团费成为历史。曾经有段时期，各旅行社大打价格战，甚至打出零团费或负团费的价格吸引游客报名。尤其是海南、港澳、新马泰等线路表现得尤为突出。曾有业界算过一笔账，以港澳游为例，往返机票、办签证、住宿加在一起的价格有3000多元，这还不包括当地导游费、门票、旅游大巴的价格。而有些旅行社曾打出2000元游港澳的团费，这相当于以零团费或负团费来招揽游客。

许多游客在报团时比较注重旅游线路的价格,很少关心旅游的品质如何。因为有了这个市场需求,过去一些旅行社推出与成本持平甚至低于成本价的"零、负团",依靠给游客增加收费景点,甚至带游客多进购物点来赚钱,这些都是旅游业内公开的秘密。

(2)欺骗游客购物最高罚50万

新的《旅行社条例》首次明令禁止零负团费,明确禁止旅行社低于成本报价。如果旅行社欺骗、胁迫游客购物,或者参加需另行付费的游览项目,要对旅行社处10万元以上50万元以下罚款,对导游、领队等个人,处1万元以上5万元以下罚款。情节严重的,可吊销旅行社业务经营许可证、导游证或者领队证。

而在旅游合同中,必须明确写清需要另行支付的游览项目,甚至连安排购物的地点、停留时间和次数都要一一交代。

(3)低价团将提价五成左右

新《条例》实施后,受影响最大的则是依赖于低价竞争策略而生存的部分中小型旅行社。原来购物点、自理项目等原本在"桌底"操作的项目都必须要放到台面上,从2009年5月1日开始,过去的低价团将普遍上涨五成左右。有游客担心,价格上调与旅游质量的提升能否成正比?业内人士坦言,提价更准确的定义应该是回归。把原来隐性的消费更加明确地告知了消费者,会给消费者提供一个更加透明、公开的消费环境。

业界普遍认为随着新《条例》的出台,品质游、自由行、纯玩团等将是未来旅游的趋势。作为旅游经营者的你该如何应对?

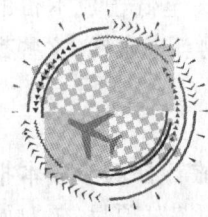

第四章 线路设计和行程制定

[培训重点]

本章主要讲述:旅游线路,旅游行程,旅游线路和行程的设计、制定及创新方法与技巧。

通过本章学习,您将了解到:如何设计旅游线路;如何制定旅游行程及线路、行程的创新。

通过本章学习,您需要懂得旅游行程,它是旅游外联报价的唯一依据,也是旅游者旅行的确切指南。而旅游行程编制的基础是旅游线路,旅游线路是包括了众多服务要素在内的一个综合服务产品。我们需学习、掌握并应用旅游线路设计,在此基础上再制定旅游行程,同时旅游线路和旅游行程的创新也是您必须掌握和应用的内容之一。

[专题论述]

一、旅游线路和旅游行程

(一)旅游线路和行程

1. 基本概念

旅游线路是旅行社产品的重要组成部分。旅游离不开旅游线路,无论是团队包价旅游、散客包价旅游,还是半包价、小包价和其他组合旅游,旅游线路、参观景点、游览娱乐项目均离不开线路行程的设计和制定。

旅行社的线路可以说也是旅游产品或旅行社产品,没有线路、行程和游览项目,便不能构成真正意义上的旅游。因此,旅游产品——线路,乃是旅行社的生存之本。

旅游线路,既有广义又有狭义之分。广义上讲,它包括一切意义上旅行和游览的路线、景点及服务项目,其主要由旅行路线(包括起始地、距离、路线、交通方式、沿途各站点、交通状况、旅程时间等)和旅游景点(包括途中旅游景点、游览项目、食宿地点)等组成。它还指包括旅行社组织的旅游活动在内的一切旅游线路。狭义的旅游线路,是专指旅行社为游客提供有偿服务的旅游线路,它与旅行社产品紧密联系,是旅行社包价旅游产品的主要形式。它包括:旅游线路、景点、行程、参观游览内容和吃、住、行、游、购、娱六个基本要素,此外还必须有时间、站点、衔接、服务、报价、保险及各注意事项和说明。

可见,旅行社旅游线路是包括了众多服务要素在内的一个综合服务产品。

旅游"行程"也叫"日程",它可以说是旅游线路的完整产品形式,是旅行社根据旅游合同为旅游消费者制定的旅游线路和提供各项服务的具体化和标准化。旅游依据行程并不完全等于线路,它包含的内容更加具体,还有与市场相结合的量化标准,如吃、住、行、游、购、娱的标准和规范要求,具有更强的可操作性。因此"行程"可以是旅游线路的完全产品形式,是旅游线路的提升,具有法定的约束力,而旅游线路则是旅游行程制定的基础。

2. 旅游行程的基础——旅游线路

旅行社行程的制定,取决于一条旅游线路的成熟与否。从前面提到的旅游产品看,旅游产品的形成和内容是多种多样的,每一种产品又包含许多不同项目,如标准、等级、空间距离、时间范围、常规还是专项旅游、交通方式、包价还是部分包价、服务项目、主题构成等。每一旅游行程,可以是单一的也可以是组合的,但归根结底,还是取决于旅游线路的成熟与否和开发设计。

一条旅游线路的成熟与否,主要视产品开发成熟度而定。当一个旅游景区或景点,尚处于原始自然状态或正开发中,其相应的基础设施和接待条件还不具备,是难以满足旅游者需求的,其中的交通、食宿和安全保障是最主要的条件,此外产品必须与市场需求相适应,因此,一条完整的旅游线路取决于产品的功能、吸引力和市场需求与推广成熟度。旅行社在产品开发设计中,必须综合考虑内在的各种因素,才能组合成合格的线路产品,并向市场宣传推销。

3.《旅游法》对旅游行程编排的规定

《旅游法》第五十八条规定:"包价旅游合同应当采用书面形式,包括下列内容:(一)旅行社、旅游者的基本信息;(二)旅游行程安排;(三)旅游团成团的最低人数;(四)交通、住宿、餐饮等旅游服务安排和标准;(五)游览、娱乐等项目的具体内容和时间;(六)自由活动时间安排;(七)旅游费用及其交纳的期限和方式;(八)违约责任和解决纠纷的方式;(九)法律、法规规定和双方约定的其他事项。订立包价旅游合同时,旅行社应当向旅游者详细说明前款第二项至第八项所载内容。"《〈中华人民共和国旅游法〉解读》对本条规定做了解释,在订立包价旅游合同时,旅行社负有向旅游者详细说明本条所规定的第二项至第八项相关内容的义务,未履行该义务的,即可能因为违反说明义务而导致包价旅游合同不成立、被撤销等,因此造成旅游者损失的,应当承担赔偿损失的责任。

《旅游法》第五十九条规定:"旅行社应当在旅游行程开始前向旅游者提供旅游行程单。旅游行程单是包价旅游合同的组成部分。"《〈中华人民共和国旅游法〉解读》对本条规定做了解释,包价旅游合同,是指旅行社预先安排行程,提供或者通过履行辅助人提供交通、住宿、餐饮、游览、导游或者领队等两项以上旅游服务,旅游者以总价支付旅游费用的合同。旅行社提供旅游行程单、说明具体旅游服务时间、地点、内容、顺序等,是对包价旅游合同的履行所做的承诺,是对旅行社根据包价旅游合同所承担的旅游服务提供义务的具体化。旅游行程单是包价旅游合同的组成部分,旅行社不仅应当按照包价旅游合同履行合同义务,而且应当按照旅游行程单的规定履行合同。如旅行社提供的旅游服务与旅游行程单载明不一致,旅行社应承担相应的违约责任。旅行社提供行程单的义务,应当在行程开始前履行,即出团前提供给旅游者。旅行社未在旅游行程开始前向旅游者提供行程单的,属于违反合同义务的行为,应根据本法第七十条的规定,承担继续履行、采取补救措施、赔偿损失等责任。《旅游法》第七十四条规定,旅行社接受旅游者的委托,为其提供旅游行程设计、旅游信息咨询等服务的,应当保证设计合理、可行,信息及时、准确。

由此可见,《旅游法》对旅游线路行程编排的科学性、合理性、可行性进行了规制和约束,旅游线路行程编制直接影响旅游者利益,旅行社还须为此承担法律责任,旅行社应高度重视旅游线路的行程编排。

(二)旅游行程和行程的编制

行程,是旅游外联报价的唯一依据,也是旅游者旅行的确切指南。前面谈到,行程是线路产品的综合反映,是旅行社为顾客制定并对双方具有约束力的一切旅行、游览的文本,是主客双方应有和确认的旅游指南和经济、法律关系的依据。

1. 行程的编制内容及意义

(1)行程内容

行程应具有吃、住、行、游、购、娱六大要素。吃,要标明早、中、晚餐,有用餐标准,风味餐和特色要求用餐要单独注明,并说明自费项目及就餐地点。住,要有饭店名称、地理位置、等级(星级)及客房标准。行,要有日程、起止地、距离、时间安排和交通工具,交通工具要明确其标准和等级,如空调进口车、波音737等。游,是行程的重点,要有具体景点、游览内容和时间安排,要准确明了。购和娱及自费游览娱乐项目要注明,有特殊要求的要说明等。

(2)行程的意义

旅行社行程可以说是产品说明书,也可以说是合同的文本,存在着粗与细、详与略、简与繁的不同,但好的行程,体现着一个企业的信誉和品牌,也反映着外联工作的业务水平。因此无论在格式上还是文字表达上,力求信息传递准确,内容翔实,文字优美,条理清楚易懂。"行家一出手,便知有没有"。一个内行的人,只要一看行程便知其业务水平如何,可信度如何。

我国旅行社正走在与国际接轨的道路上,对行程编制的要求将更加规范,但现阶段国内大部旅行社外联或计调用的行程均存在精美不足,粗糙有余;简单马虎,凝练欠佳;陈词滥调,条理不清;笔误常出,准确不够等问题。这样的行程在外联销售中,怎么能让旅游者放心购买呢?即使签订旅游合同后,带来的纠纷和扯皮会不时发生。因此,外联业务人员在为客人量身定做、编制行程中,一定要认真推敲,精益求精。

编制行程十分重要,一份优秀的行程,会像磁石一般牢牢吸引住人,不仅增加了销售的成功率,也会像名篇佳作一样,令人反复阅读,作为向别人介绍或今后出游的参考收藏。当然做好的行程编制,需在工作中不断总结磨炼,在实践中不断提高。

2. 编制行程的基本要求

(1)内容上要有特色和吸引力。要招徕游客参加旅游,一定要把景点和游览内容特有的风韵体现出来,这就必须做到特色鲜明、个性突出,让人感到值得一游。一句话,突出诱人之特色,体现个性之内容。

(2)内容编排要科学合理。海陆空的城市间交通和至景区(点)的交通路线一定要规范科学,本着"旅速游缓"的原则,以最便捷、最安全、最合理可靠的交通方式到达各个点、站。对于航班、车次、船次一定要做到反复核实,准确无误。对于游览的景点要合理搭配、点面兼顾、劳逸结合,游览的时间掌握要充分,不能硬挤式地"赶鸭子",让游客东奔西跑,行色匆匆,即使"走马观花"也要尽可能使其"下马观花",领略佳景。尤其在行程安排上,一定要将时间留有余地。

(3)在景点的精彩和吸引力上下功夫。各地景点千姿百态,风格各异,一定要把最精彩的、一流的、独特的方面表现突出出来。对同一线上众多的景点要有取舍,突出重点和亮点。当然也可以让游客挑选,为客人量身定做,端出好的"拿手好菜"让客人"品尝",不要"藏一手",也不要怕价格高,人家不接受,不妨标明最佳景点,用括号注明费用和包价范围。有的外联人员,为了体现自己的"无私奉献",在包价范围中让游客游览的全是不花钱的广场、公园、街市;有的为了低价竞争,凡是精品且门票贵的景点一概省略,所安排的景点很多是无门票的地方或门票便宜的公园。如大连有很多浪漫一流的景点,如"女骑警训练基地""海之韵广场""虎滩海洋极地动物馆""珊瑚馆"等,在大连旅行社推出的行程中几乎没有。在昆明,精品的景点如云南民族村、世博园、九乡等现在也很少出现在宣传报价上,更多的无门票的如金碧广场、翠湖公园、昆都夜市,甚至有的还推出超市、滇池大堤之类,让人啼笑皆非。其实游客重视的是真正的风景名胜,是有当地特色的人文与自然知名景点,为了降低报价,不肯将名景点纳入行程,反而是一种失策。团体门票的折扣,恰恰是旅行社的一项利润收入,不在景点上下功夫,岂不是自己在舍弃利润?

(4)行程游览上要流畅化。游览线路设计一定要合理,这样在行程上才会流畅。除了景点与线路的流畅外,还要将住宿、就餐及交通因素考虑在内,如景点游览与就餐地点、接送站与住宿和就餐等应在同一线路上。几个关键点连线顺序要考虑周到,安排得当,才能流畅自如。不必舍近求远,同时又要避免走重复线或重复在一个地方浪费更多的时间,也不可重复地在同一家餐厅用餐和同一家商店购物,在景点、线路、就餐、购物等方面,要始终给客人不同的感觉,更不可东一头、西一头乱窜,像个无头苍蝇那种毫无章法。

(5)在行程的文字或图片表达上要艺术化。行程的字数仅有几百字,既要准确、具体,还要鲜明、生动、主题明确,不能用一个行程安排所有的客人,更不宜"千篇一律"搞"一贯制"。因为旅游者每一团有每一团的不同,人员组成、兴趣、标准、景点或交通方式等各有不同。虽走同一条旅游线路,但行程却必须有针对性,因而应一团一行程,在文字图片的表达上既要朴素大方,又要流光溢彩,风格可以不同,文字一定要精练、优雅、动感、时尚,做到"不同凡响,美不胜收",表达出不同客人的需求和愿望。

由此可见,行程制定并不是一件简单的工作,其意义重大,要求业务人员在制作行程中体现水平,特色不凡,就如制作衣服一样,外联工作者就是服装的材料组织者和设计师,需对自己的产品负责,既要在面料上精挑细选,又要适合季节,在颜色、款式上不落俗套,还要严格根据消费者需求及"身材"来个"量身定做"。款式新潮,做工精细,才能出佳品,才会有市场销路,才会受顾客欣赏。

3.标准行程样式参考

中国××旅行社有限责任公司

关于接待 CNTS-AC-040701 团的通知

我部自联 CNTS-AC-040701 团一行 12 成人 1 儿童将于 2004 年 7 月 1 日至 7 月 6 日赴大连旅行,请地接社认真做好接待工作,有关注意事项如下:

(1)语种:普通话。

(2)房数:7 月 2 日 5 标准间;7 月 3 日至 5 日 6 标准间。

(3)结算方式:该团费用按双方合同和协议价格结算。

(4)备注:

A.此团为 VIP 团,望予以重视,全力以赴做好接待工作,委派优秀地陪出团。

B.请举牌接站(接李××一行9人)。确保上、下站联络畅通、确保计划内行程不变、确保用餐质量不变(正餐十人一桌,八菜一汤),团队行程中如有问题请随时与我社联系。

C.7月3日请举牌接站 T 225 次(接李××、彭××4人)。

D.儿童往返硬卧车票以及在大连的景点门票自理。

各地接待社	联系人	电话	传真
1.中国××旅行社有限责任公司	张×× 包×	010－652123×× 652823×× 137013849×× 136110431××	010－652123××
2.大连××旅行社	李××	0411－836987×× 836405××	0411－836987××

中国××旅行社有限责任公司

对外接待部

2004 年 6 月 30 日

社址:北京市东城区东四南大街×××号

邮编:100010

附:CNTS-AC-040701 团行程安排

国籍:中国　　　　　　　　人数:12 成人 1 儿童

等级:10 人以上等　　　　　导游:李××　0411—849033××

司机:赵××　1399864×××　车辆:25 座金龙车

日期	星期	航班车次	离开/抵达	游览内容	下榻饭店
7月1日	四	T225次	北京/大连	18:00 于北京站乘 T225 次赴大连	火车上
2日	五	BUS	大连/旅顺/大连	早6:00 抵大连接站,早餐后乘车赴旅顺,游览中外闻名的电岩炮台(15)、白玉山(25)、胜利塔、苏军烈士陵园(10)、星海湾广场、滨海路、北大桥、群虎雕塑	万泉河大酒店

续表

日期	星期	航班车次	离开/抵达	游览内容	下榻饭店
3日	六	BUS	大连	早餐后去极地海洋动物馆(105)、半日观光,午后前往棒棰岛风景区(20)参观及游泳	万泉河大酒店
4日	日	BUS	大连	早餐后去国家4A级景区金石滩(66)游览后,中山广场、人民广场、绿山观景台观滨城美景、俄罗斯风情一条街观光	万泉河大酒店
5日	一	T226	大连/北京	午前自由活动购物,午餐后送站。T226次18:00返京	火车上
6日	二		北京	早6:00抵达北京站,结束愉快旅行	

二、旅游线路创新实务

旅游产品——线路,是外联销售的具体内容,是旅行社的生存之本。只有精心设计出合理巧妙、有新意、有活力,并有丰富文化内涵的好线路,才能吸引旅游者,才能招徕游客的购买。

(一)旅游线路创新的意义

好的线路必须有创新。当今市场变化一日千里,唯有创新是一切。这里所说的创新,不仅仅只是产品的创新,更是经营观念的创新。只有首先在观念上创新,才能抢占观念的制高点,才可能执牛耳让竞争对手唯马首是瞻。让观念成为企业概念和精神,才会有品牌主题和企业文化的凝聚点。千篇一律、老调重弹、守株待兔的旅行社经营方式早已成为过去,当今旅游者对旅游产品的需求,已变得越来越多样化。单一的团队包价游已变成多种形式的旅游。过去的团队16人以下能组成团,如今团队规模越来越小,团队和散客已没有十分明确的界限,在形式方面,有观光、度假、休闲、体育、教育、生态、保险、自驾车旅游等多种多样。现代游客更注重参与性、娱乐性和体验性,所有这些变化趋势,要求旅行社外联人员在线路设计上必须有创新才能赢得市场。这就要求外联必须在经营观念上创新、在策略上创新、在旅游线路上创新。

全国各地旅行社好的创新策划层出不穷。如杭州推出唐诗宋词旅游线、上海的上海人游新上海、丽江的东巴文化之旅、香格里拉的天界神川之旅、瑞丽的重返瑞丽之旅,新的创意、新的亮点一个接一个。

时代在变化,随着人们经济水平和文化水平的提高,追求也越来越高。为客人奉献出特色鲜明、文化内涵丰富和别具一格的产品,是外联工作者创新策划的根本和出发点。目的就是要让游客真正感受到精彩,获得旅游的快乐和需求的满足,也给自己带来发展和效益。

(二)旅游线路创新的技巧

1. 旧瓶装新酒

这就是老线路,新走法。这也可以说是旧线翻新,注入新意。旅游线路并不是新的才是好的,有很多仍有生命力。尤其是知名度较高的线路,虽然吸引力已下降,但可加以适当调整,重新创意,注入一些新的内涵,就可以再现青春。如云南西双版纳十年一贯制的东线、西线和市内游三条线,可调整为以民族村寨、茶文化为主,线路未变,但主题变了,不同样又有新的吸引力吗?再如昆明石林线,可增加大叠水瀑布或月湖彝族村观光,同样也可增加新的吸引力。采取旧瓶装新酒,要在细微之处下功夫,在日程、景点和安排上融入新的活力,重新给人耳目一新之感。

2. 重新包装,变化新的主题

现代市场,愈来愈重视包装。市场上有很多产品,如药品内容没变,但外观和包装变了,产品的名字换了。这类做法符合人们求新的心理。这对于旅行社外联也可以从中获得启发。有的景点和线路十几年一贯制,已严重缺乏吸引力,这就是所谓的产品老化必须更新,当然更换新产品谁都想,但旅游产品与别的产品有很大的不同,资源决定一切,加上投入巨大,牵动着各个方面或受诸多因素限制,不是可随意更换和替代的。前面谈到,当一条旅游线和产品从培育到成熟,其间不知要付出多少艰辛的努力,围绕这一条线路将关联到多少行业,一旦放弃和抛荒,其对地方经济的影响和损失是巨大的,最有效的解决途径便是重新包装,变化主题。如:云南瑞丽旅游线。过去10年曾是与西双版纳旅游线并驾齐驱的两条主要热线,但衰退很快,近些年被人们遗忘,当地政府和旅游企业已想尽办法,均不奏效,最近他们重新包装、重新创意,以"有一个美丽的地方——重回瑞丽"为主题,以探寻古城、万人泼水节和目脑纵歌节、东方珠宝城、抬脚出国门、边寨集市、不容错过的美食等为宣传内容,取代了过去十多年一贯制的笼统的民族风情、边境口岸和亚热带雨林等宣传口号,吸引了无数旅游者的注意,使瑞丽这条老线又燃起了希望之光。

3. 以线带面,多点辐射

一条成熟的线路必然是由知名景点来支持的,但当它达到顶峰时,必将进入不久后的衰退期。外联人员必须了解一个产品的生命周期,未雨绸缪,培育新线。这种新线可以是在老线上的延伸,以线带面,主次结合,多点辐射,将老线新线巧妙结合。这就是说,可以利用以名线名景点为主,进行多点的延伸、组合,同样可以达到意想不到的效果。

如云南省从2000年,由政府牵头,各旅行社会同航空公司,开通了版纳—香格里拉—昆明的环线航班,接着便由各旅行社纷纷推出版纳—昆明—香格里拉环线三飞游旅游新线,使游客从过去昆明至版纳,版纳至昆明再至香格里拉的时间大大缩短,且将昆明、版纳和香格里拉三大著名景区连接,让旅游者在合理的时间和费用下,既游览了昆明石林,又顺理成章地游览版纳热带雨林和雪域圣境的香格里拉,为沉静的版纳老线重新注入活力。更带动了昆明、香格里拉旅游,增加了游客在云南的停留时间,扩大了经济效益。再如在湖南张家界的旅游线中,有的旅行社不仅加上韶山、长沙,还将线路延伸至九江和庐山,采取火车去、飞机返的环线,受到游客,尤其是老年团队的喝彩,将夕阳红团队做得有声有色。

4. 开辟新线新景,敢为人先

创新要有勇气,全面创新,更需勇气。因为失败是随时存在的。旅游新线,往往是各方面条件欠缺的,它将面临很大的风险。尤其是安全方面的风险,但路是人走出来的,可以说没有哪一条旅游线路是一开始就有的,都是经过长时间的发展才不断完善和成熟。外联人员必须富智慧、具活力、会幻想,在线路的开拓中勇于创新,才能不断推出新产品,走在别人的前面。如云南临沧,因道路艰苦,迄今仍属秘境,尤其神秘的佤山、崖直和边境口岸对游客是非常有吸引力的。直至2004年春节,昆明一家旅行社隆重推出了昆明—临沧—仓源—孟定旅游线后,反响虽强烈,但敢于前往的游客还是不多,但经过一年的不断尝试后,现该线逐渐成为云南又一新旅游热线。

5. "以产品找市场","以市场找产品"

产品和市场是永远值得外联营销研究的问题。在线路设计上,无论是老线新做,还是开拓新线,都离不开必须符合市场的要求。"以产品找市场"还是"以市场找产品"都是市场营销的原则。旅游产品有自身的特点,它是不能被储藏和转移的,对已成熟的旅游线路我们应分别找到其适合的市场,一条线路并不完全适合所有顾客的需求,必须加以主题,以突出其专业性,才能既对口又对味,有的放矢地推销给有需求的顾客。如:对中老年旅游市场,应推出舒适、便捷、知名度高和宽松的线路,对青年旅游市场,则应推出参与性、趣味性和娱乐性较强的线路,需更具浪漫和抒情色彩。上海一家旅行社推出"北京名景+天津小吃+天下第一关"线路,特别受中年人欢迎,而另一家旅行社推出的内蒙古草原+骑马射箭+大漠风情的线路则受到青年人的青睐。

(三)以"市场找产品"是旅游线路创新的根本

以"市场找产品"则要求外联人员准确把握市场动向,按照市场变化和需求,对症下药地准确推出不同的线路。近些年,旅游者自选性越来越强,个性化突出,很多事先准备好的常规线路,已不大符合顾客多样化的需求。量体裁衣的做法也越来越多,要求外联业务水平更高,知识性、专业性更强。只要做到胸有成竹,一个好的外联是可以随时随地为顾客设计出满足其需要的线路的。如一家旅行社外联,在为某地区医院党政学习团编制线路时,认真听取了客户要求,专为其设计了在"南京—无锡—苏州—上海"旅游线路中,加上了在南京、上海等医院参观交流的项目,获得了顾客的认同。

随着旅游业的发展,旅游线路也不断走向专业化,如教育、考察、环保、工业、科考及体育方面的专题旅游越来越多,对外联人员来说更加需要具备多方面的专业知识,才能设计出满足不同游客需要的线路。

要成为一名出色的外联,一方面要熟悉各地旅游资源、接待条件和价格波动,一方面还要准确把握市场动向,在旅游线路的设计中以熟练、灵活的手法和不断创新的进取精神去赢得顾客,以独特精彩和充满个性化、灵活化和专业化的多姿多彩线路去争取市场。

旅游线路的创新是多种多样的。没有固定的模式,根本就是要把握市场需求和旅游市场的动态。一个外联人员只要肯学习,善钻研,在调研中了解新信息,挖掘新景点,从市场出发,就能够创造出更多更好的旅游线路。

(四)标准旅游线路及报价

线路	行程安排		收费标准			
			豪华等 10人	标准A 16人	标准B 20人	经济等 30人
二晚三天游	D1:烟台接团,威海刘公岛一日游 D3:烟台山、毓璜顶,海滨沙滩自由活动	住烟台 晚送团	495	375	335	240
	D1:烟台接团,威海刘公岛一日游 D2:蓬莱阁、长岛林海公园、仙境源一日游 D3:烟台山、毓璜顶,市区自由活动	住烟台 住烟台 晚送团	559	439	399	304
	D1:烟台接团,威海刘公岛一日游 D2:蓬莱阁一日游 D3:长岛林海公园、仙境源一日游	住烟台 住长岛或蓬莱 晚送团	549	429	389	294

续表

线路	行程安排		收费标准			
			豪华等 10人	标准A 16人	标准B 20人	经济等 30人
三晚四日游	D1：烟台接团、威海一日游	住烟台	719	539	499	344
	D2：蓬莱阁一日游	住蓬莱或长岛				
	D3：长岛一日游、林海公园、仙境源返烟台	住烟台				
	D4：烟台山、毓璜顶、自由购物	晚送团				
	D1：烟台接团、威海一日游	住烟台	709	529	489	334
	D2：蓬莱阁一日游	住长岛或蓬阁				
	D3：长岛林海公园、仙境源一日游	住烟台				
	D4：自由活动、海水浴场、海鲜市场	晚送团				
四天五日游	D1：烟台接团、威海刘公岛一日游	住烟台	845	755	725	365
	D2：蓬莱阁一日游	住烟台				
	D3：烟台赴青岛、顺游崂山、太清宫	住青岛				
	D4：栈桥、小鱼山、中山路商业街、八大关	住青岛				
	D5：青岛自由购物	晚送团				
烟青台岛五晚六天游	D1：烟台接团、烟台山、毓璜顶	住烟台	1065	795	715	390
	D2：蓬莱阁一日游	住烟台				
	D3：威海刘公岛一日游	住烟台				
	D4：烟台赴青岛、顺游崂山、太清宫	住青岛				
	D5：栈桥、八大关、小鱼山、鲁迅公园	住青岛				
	D6：青岛自由购物	晚送团				
齐鲁大地八日游	D1：烟台接团、威海刘公岛一日游	住烟台	1674	1294	1264	819
	D2：蓬莱阁一日游	住蓬莱或长岛				
	D3：长岛林海公园、仙境源一日游	住烟台				
	D4：烟台赴青岛、顺游崂山、太清宫	住青岛				
	D5：栈桥、八大关、小鱼山、鲁迅公园	住青岛				
	D6：青岛赴曲阜、游三孔	住泰安				
	D7：泰山一日游、岱庙	住泰安				
	D8：济南趵突泉、大明湖	晚送团				

游览景点

烟台：烟台山5元,毓璜顶5元

蓬莱：蓬莱阁55元

威海：刘公岛船票20元,提督府20元

长岛：船票24元,岛内交通10元,半月湾12元,九丈崖15元,仙境源15元,林海公园15元,望礁公园15元,峰山10元

青岛：崂山进山费30元，太清宫10元，小鱼山10元，小青岛15元，海产博物馆25元

济南：大明湖10元，趵突泉10元，千佛山10元

曲阜：三孔50元

泰安：泰安进山费60元，上、下换车费30元，岱庙20元，索道上、下90元

服务标准

1. 豪华等：三星或准三星宾馆、进口空调车、第一门票、导游服务
2. 标准A：二星或准二星、进口空调车、第一门票、导游服务
3. 标准B：双标房或2~3人间、国产空调车、第一门票、导游服务
4. 经济等：3~4人间、国产空调车、第一门票、导游服务
5. 餐费：客人自订，最低标准35元/人一天（八菜一汤、米饭、馒头）
6. 订票费：飞机免费，火车硬卧（淡）30元/张（旺）40元/张，硬座10元/张，船票10元/张

说明

1. 此报价含车费、房费、景点首道门票、导游服务，不含餐费、订票费及往返交通（泰山上、下索道不含）；
2. 以上线路可根据客人的要求随时调整；
3. 须提前7天以上报团；
4. 我社现有车型介绍：进口空调27座、24座、12座，国产空调车29座、23座、27座，国产车23座；
5. 团费一团一清或将团款汇入我社；
6. 以上报价长岛无星级宾馆和空调车。

三、旅游线路的设计

旅游线路是旅行社产品的主要体现形式，是制定行程的前提条件。设计和推销旅游线路，是外联的首要工作内容。众所周知，一个产品要有好的销路，首先取决于要有好的产品，而好的产品首先在于好旅游线路的创造和设计。

（一）旅游线路设计的原则和要求

1. 独特性

从旅游动机看，旅游者所以不辞劳苦，千里迢迢，漂洋过海，前往某一旅游目的地的主要动机之一，是为了亲眼目睹、感受自己没有见过、在别的地方也无法经历的游览内容，长江三峡、丝绸之路、青藏高原、西双版纳等许多旅游目的地之所以能吸引成千上万的旅游者，就是因为资源的独特性或垄断性，因此在旅游线路设计上要尽可能突出"唯我独有"，尽量体现俗话说的"奇"或"新"。

从哲学上看,任何事物都有个性,总会有其不同于别的事物的特征。同样的旅游线路,可以有不同的景点搭配和行程安排,可以有不同的主题和重点,可以有不同内容组成和项目安排,切不能千篇一律、照搬套用。

在独特上下功夫,是外联人员考虑线路设计、产品开发与组合的头等大事。如香格里拉最美的季节是每年5～6月或8～9月,但有的旅行社一反旺季推线做法,在隆冬时节设计推出冰雪之旅,照样赢得市场。四川自贡旅行社,抓住"千年盐都""恐龙之乡"和"南贡灯会"这三个很具特色的卖点,着力设计、渲染最能体现这一特色的线路,很受欢迎。

2. 针对性

针对性原则指的是旅游线路的设计必须首先考虑市场需求,一定要以市场来决定产品,这就是市场导向,以消费者需要什么来决定我们的线路设计和推广。每一个外联人员都必须树立强烈的市场意识,认真进行市场调查分析,发现寻找旅游者的消费热点,确定目标市场和与之相适应的产品推广,开发出适销对路的旅游线路。即便相同的旅游线路,因顾客的需求不同,也应有不同的设计。如对国外游客要突出名、古、奇和文化内涵,对国内游客则突出景点的丰富和看得到的实惠;对老年旅游市场,则应突出服务和安全保障,对青年旅游市场,则应突出娱乐参与性等。总之,针对性,是一篇做不完的文章,值得我们认真琢磨。

3. 可进入性

这是一个很重要但又容易被忽略的问题,也是基本的规律。所谓可进入性,是指任何线路必须具有必要的交通条件,使旅游者能利用现代化的交通工具,飞机、火车、汽车、轮船等,顺利出入,才能使旅游行程得以实施,也才能在旅游业发展中实现"规模经营",否则再好的景点,既无法推广,又不可能产生经济规模效益。有的线路和景点,虽极富特色,但基础设施和接待条件差,只能以探险和特种旅游项目去设计和推广,而且要事先说明做好"Yough it"(吃苦去)的准备。很多好线路,在市场推广方面切记"欲速则不达"这句老话,必须"水到渠成"。例如丽江某旅行社,早在八年前便推出"老君山三日游"线路,花了不少宣传促销工夫,但收效甚微,老君山固然有旷世之美之奇,但艰苦的条件让游客思而却步,时至今日,虽在政府主导下,因可进入性差,仍然没有得到推广。

4. 适合当地的特点

世界各地旅游资源和旅游业发展状况各不相同,先进的经验值得学习,但必须因地制宜、结合实际,在线路设计上尽量体现符合自身实际的要求,如地理环境、交通状况、民族民俗、天气气候等,不能一味追求豪华讲究优雅,越是地方和民族的,才越受游客欢迎。在这方面,有的外联人员一味与发达国家和地区攀比,诸如购物、娱乐、餐饮、住宿过分突出高档和享受,殊不知再怎么安排均吃力不讨好,因为你的条件根本就达不到发达地区的水平,有的甚至用色情、赌博来吸引游客,如所谓的带游客观看艳舞和去夜总会,只会使自己陷入危险境地。

适合当地特色的另一含义,是不要过于迎合旅游者而损害当地居民的自尊心和感情。如警车开道、军乐仪仗等,搞得不伦不类,或者组织当地民族搞所谓的"原生态"表演去迎合客人,引起本地居民的不满。旅游业的发展,离不开本地居民的支持,否则将是困难重重的。

5. 经济效益

这里说的经济当然是合理的经济效益。旅游企业是以营利为目的合法经营者,外联工作便是做市场营销工作,一切以获取利益为主。在拟定线路、确定行程中,一定要掌握市场动态和各方面价格的波动,准确核算,不做亏本生意。要讲究谈判的技巧,做到心中有数。在产品生命周期的不同阶段,有不同的线路设计和报价;在淡旺季有不同的价格策略等。这就要求外联业务人员对成本费用和利润核算方面有较好的业务水平,否则就会亏本和反悔。亏本固然不好,但反悔、退团则更违反信誉原则,招致一系列不良后果。在追求效益上,只赚该赚的部分,只赚合理的部分,不能为追求利益损人利己,不要想一口吃成胖子,否则也只能是不长久的。

6. 多样性

就旅游线路而言,多样性是指同一线路上的城市和景点应力求各具特色,避免参观游览节目雷同。这就是说在吃、行、游、购、娱的编排上,尽可能地避免重复和雷同,应尽量体现多样性,这样才不会让游客感到乏味和单调。如:自然景观应与人文景观交叉,团队餐与风味餐搭配,白天的游览与晚上的娱乐节目相配合等。多样性的原则还包括主要活动与次要活动配合。在行程受条件限制的情况下,可以在突出某一主要活动的同时,再增加一些富有特色的次要活动,且可以自费项目的形式满足不同游客的不同需要。如云南丽江旅游,在参观主要景点的同时,穿插丽水金沙歌舞晚会和纳西古乐等;在固定的游览线路中,增加束河古镇、白沙壁画等参观项目,就深受客人欢迎。再如山西某旅行社,在五台山一日游中除了佛教文化、古建筑的主题外,还安排了观赏高原草场、看"骡马大会"、参观民间工艺书法展览、欣赏地方戏曲等丰富多彩的活动,满足了不同旅游者的需求。

7. 不断完善和充实

任何旅游产品不可能从一开始就是十全十美的,即便一条很受欢迎的线路,也要找出不足,不断改进。很多外联业务人员,不研究、不推敲线路,年年照旧,月月照搬,只等客人上门,甚至有的景点、餐、宿、交通已发生了很大变化,仍一无所知,仍在用老皇历,结果弄出许多问题。而好的外联,他们时时在关注市场和消费者需求变化,深入实际踩线、及时调整行程,以适应不断发展变化的各种因素。

不断完善和充实,还要在实践中反复检验。在工作中不断总结、改进。要虚心倾听游客和工作在第一线的导游人员的意见。如杭州某旅行社,在杭州旅游接待中,根据领队和游客的意见,在线路中减去了不受欢迎的项目,增加了一些其他旅行社从不注意的项目,如"农家访问"、"居民新村"、"针灸观摩"等,赢得了海外游客的好评,游客人数也不断上升。

(二)旅游线路样式

四晚五日北京一地游

第一天:接团　天坛(大门票)　(120分钟)　晚餐后入住酒店

第二天:天安门广场　毛主席纪念堂(含广场120分钟)　故宫(130分钟)　景山(90分钟)　北海(120分钟)

第三天:居庸关长城(120分钟)　十三陵之首——长陵(120分钟)　亚运村外景

第四天:颐和园(120分钟)　香山(90分钟)　中华世纪坛外景

第五天:王府井购物(150分钟)　午餐后送团

标准等:540元/人(执行十六免一)　豪华等:580元/人(执行十六免一)

接待标准:	接待标准:
1.住宿:两星或相当于两星酒店标准间,见酒店介绍(第8页)	1.住宿:三星或相当于三星酒店标准间,见酒店介绍(第8页)
2.用车:全程空调旅游车,见用车介绍(第8页)	2.用车:全程空调旅游车,见用车介绍(第8页)
3.团队用餐:4早8正(正餐八菜一汤) 早餐:5元/人　正餐:16元/人	3.团队用餐:4早8正(正餐八菜一汤) 早餐:10元/人　正餐:16元/人
4.门票:景点第一门票(天坛大门票)	4.门票:景点第一门票(天坛大门票)
5.全程导游服务(见导游介绍第7页)	5.全程导游服务(见导游介绍第7页)
增(1)北京风味餐烤鸭 　(2)送降旗仪式,长安街夜景 　(3)团队执行十六人免一人综免	
我社以接待质量好,接团密度大著称,为北京十大地接旅行社。确保团队质量,如出现接待质量问题,我部自愿作出相应扣罚。	

[实操问答]

[问答1] 旅游线路与旅游产品有何关系?

答:旅游产品的含义十分广泛,凡与旅游有关的吃、住、行、游、购、娱等各方面产品均可视为旅游产品。旅游线路可视为旅游产品的一种完整形式,它基本包含了上述吃、住、行、游、购、娱各方面要素。旅游线路同时也是旅行社产品的重要组成部分。旅游离不开旅游线路,没有线路、行程和游览项目,便不能构成真正意义上的旅游。无论是团队包价旅游、散客包价旅游,还是半包价、小包价和其他组合旅游,旅游线路、参观景点、游览娱乐项目均离不开线路行程的设计和制定。

因此,旅游产品也可等同于旅游线路,乃是旅游发展的生存之本。

[问答2] 如何认识当前流行的黄金线路?我们从中可以得到什么启示?

答:黄金线路应是非常热门、景点知名度较高和市场需求较大的旅游线路,是一个地区旅游线路的重点。此外,黄金线路旅游的条件成熟、基础稳定、具备一定规模和发展潜力、管理规范。黄金线路在旅游天数上也比较接近,如:北京游一般为4夜5天,海南游为4夜5天,广深珠游为4夜5天,张家界游为4夜5天,南京黄山游为5天,九寨沟游5夜6天,武夷山游4夜5天,长江三峡游4夜5天,华东五市游5夜6天,只有昆仑全线游为7夜8天,成都、峨眉、九寨沟游为7夜8天等,从这些成功的黄金线路停留天数看大都为4夜5天,这是偶然的巧合吗?我们从中可以得到有益的启示。

[问答3] 如何以合理巧妙的旅游线路来增加游客的逗留天数?

答:旅游界精心设计、巧妙布局,推出一系列切实可行、特色显著、异彩纷呈的旅游线路,是增加逗留天数的必要手段。如增加在大连逗留天数可参考4夜5天线路为:

"大连—旅顺—金石滩"4夜5日游

D1:接团,游览市容:港湾广场、郑和号宝船、人民中山音乐广场、友好广场、水晶球、绿山观景台、人民广场、星海广场等。

D2:海之韵广场、棒棰岛风光、老虎滩海洋极地馆、女骑警训练基地、滨海路等。

D3:旅顺1日:电岩炮台、白玉山、苏军烈士陵园、胜利塔、203高地、历史博物馆、世界和平公园等。

D4:游览金石滩、奇石馆、中外名人蜡像馆、金石园、龙探海、黄金海岸(游泳)、西部高尔夫球场、婚礼殿堂等。

D5:自由活动,送团。

如果是休假团,可将日程延长,每日半天活动,半天休息,安排6~7天为妥;专业团体视情况而定,灵活安排,以增加旅行社的利润,只有这样才能使游客有充分游览的时间,尽情欣赏大连迷人的青山秀水,尽情领略大连多彩的风土人情。

[问答4] 如何提高旅游线路设计的文化品位?

答:笔者认为在线路设计中,应能让客人仔细咀嚼当地的人文地理、山川风物,开怀品味有地方特色的名吃佳肴,充分打开游览视野,感受人生。旅行社人员要把当地景点的精华奉献给客人,自觉克服在安排线路上过于简单化和一味低价低质的做法。超低价位不可能创造一流服务,只有合理的价格,才能有一流服务的保证,随着人们生活水平的提高,低价位组团是没有出路的。价格要合理,服务要一流,时间要充裕,才能使游客真正体会到求新、求奇、求趣、求雅的心理,并且达到丰富审美情趣、广闻博见、比兴怡情、游中获其"乐"的效果,把旅游经济的文化品位再提高一步。

[问答5] 如何针对暑期师生出游,设计旅游线路?

答:(1)旅游线路设计通常包括:由供给方根据市场需求而进行的设计和由购买方提出需求,而专为其需要进行的设计。本题中的出游者有其特殊性,应用后一种方式。

(2)为了更好地满足暑期师生出游的需要,其旅游线路在遵循市场原则、效益原则的前提下,应注重师生这一特殊消费者,突出旅游线路设计的特色原则和优化原则。

(3)任何旅游线路的设计,都应当建立在充分的市场调查的基础上,并能根据本企业的实际状况,为游客提供热情、周到、安全、务实的服务。只有如此,才能充分满足师生出游的需求。

[经典案例]

[案例1] 同一线路的不同设计

案情:线路A:南昌—九江—庐山—景德镇六日游

1. 接团—赴九江—参观周瑜点将台—浔阳楼—九江长江大桥—宿九江
2. 赴庐山—游望江亭—花径—锦绣谷—仙人洞—美庐—会址—宿庐山
3. 游含鄱口—五老峰—三叠泉—宿庐山
4. 赴景德镇—游石钟山—宿景德镇
5. 参观陶瓷展览馆—古窑瓷厂—陶瓷一条街—返南昌—宿南昌
6. 参观滕王阁—八一起义纪念馆—广场—送团

线路B:九江—庐山—景德镇—南昌五日游

1. 南昌接团,Bus赴庐山(51元),游庐山一线:花径(10元)(白居易庐山咏花处)—如琴湖—锦绣谷—天桥—险峰—访仙亭—观妙亭—仙人洞—石松—御碑亭—大天池—龙首崖—黄龙潭—三宝树—会址(10元)—美庐(15元)—毛泽东诗碑亭—芦林杨(湖)—街心公园,住庐山;

2. 游庐山二线:含鄱口—植物园(10元)—庐山迎客—五老峰—三叠泉(29元)—庐山瀑布—秀峰—观音桥,住庐山;

3. 下山Bus景德镇,途中游石钟山(25元),住景德镇;

4. 参观陶瓷展览馆(10元)—古窑瓷厂(10元)—陶瓷一条街,中餐后返南昌,住南昌;

5. 游滕王阁(30元)—八一起义纪念馆(15元),后Bus赴九江,游周瑜点将台—浔阳楼(6元)—九江长江大桥后于九江机场送团。

点评: A线差,B线优。理由如下:

A线景点介绍过简,主要景点不突出,顺序和流畅性差,缺少创新,接团起点不明,交通方式不明,庐山停留时间长,庐山精华景点不突出,景点门票是全包还是部分自费不详,总体给人以简单、随便不认真之感,其六日游过于重复和浪费时间。

B线景点详细,自费门票及价格清楚,流畅、线路明确、重点突出,给人以认真可信之感,较A线更好。

[案例2] **两个接待行程孰优孰劣**

案情: A接待行程:大连2夜3天游

1. 行程

D1:早接站,旅顺:电岩炮台15元,胜利塔,白玉山25元,苏军烈士陵园10元,星海广场,绿山观景台。

D2:上午参观农业园,棒棰岛20元,中山广场,人民广场;下午俄街,滨海路,极地海洋馆105元(自理)。

D3:游览金石滩66元,蜡像馆,奇石馆,金石园,黄金海岸,西部高尔夫自由活动,送团。

2. 提供标准(25人)

房:三星或同级

餐:3早5正

车费:空调车

门票:第一门票

导服:优秀导游员

合计:630元/人

B 接待行程：

亲情　友情　蓝海盛情——来自大海的邀请
——大连2夜3天经典之旅

1. 行程安排

D1(六)：早接北京/大连T83次6:58,酒店自助餐后,乘车去驰名中外的旅顺口区参观：日俄战争生死战场之一的电岩炮台(15元)；中国建造的俄式胜利塔；拥有悲壮历史色彩的"侵华罪证——白玉山"(25元)；浓缩旅顺百年沧桑历史的"苏军烈士陵园"(10元)；日俄战争的最后战场"203高地"(30元)；海产品批发超市,午餐：旅顺。

下午返回市内游览：亚洲最大的星海广场(华表、百年老雕、交易会展馆、中国唯一的现代文明博物馆外景)；世界四大名船之一,电视剧《公安局长》拍摄地——奥丽安娜号游船；蓝色喷泉；千米多瑙河欣赏；绿山观景台眺望"北方香港"全貌,以及人民广场、水晶球、中山音乐广场、港湾郑和号古船等。

D2(日)：上午参观金州区金科高科技农业园区(1小时可达)。

下午参观中国第一支女骑警训练基地(20元)；神秘的国宾馆"棒棰岛风景区"(20元)；投资4亿,占地3.5万平方米,世界最大,中国唯一的虎滩海洋极地动物馆(105元),观看4只海豚的精彩表演；秀丽的滨海路观光(群虎雕塑、北大桥、付家庄海水浴场、森林动物园二期放养圈外景)。

D3(一)：游览中国最大的国家4A级旅游度假区：金石滩(66元)上百尊中外名人"蜡像馆"；东北最大的"奇石馆"；"毛主席像章博物馆"；天然景观"金石园"；碧海金沙的"黄金海岸",中国第一个旅游高尔夫球场(教练现场教学,每人三个球),"欧式婚礼教堂"；大型山谷丛林狩猎场等。

市内午餐,下午游览繁华的天津街、胜利广场、新玛特商业中心,自由活动。晚餐后送机,航班C26123,时间19:30(机票自备)

2. 提供标准(25人团体)

(1) 住房：三星或同级210元/人(包自助餐)
(2) 餐：3早5正(早餐10元,正餐20元)130元/人
(3) 车：新款空调车120元/人
(4) 门票：景点第一门票291元/人
(5) 导服：优秀导游员30元/人

3. 团体单人报价：781元

4. 备注

(1) 火车站南出口外举牌"欢迎京城东郊农业考察团"接站
(2) 导游员：石××(女)　手机：139××××××××

(3)金龙客车:新款空调26座蓝色车　　车号:辽B961××　　司机:赵××

点评:A差。理由如下:
(1)态度不认真,草率从事,过简过略,多有笔误。如"中山广场"应为"中山音乐广场"。"俄街"应为"俄罗斯风情一条街"。
(2)未能突出精华之景,顺序不当。
(3)游览别扭,看之不顺眼,读之不顺嘴,思之不顺理,只是罗列景点而已。
(4)报价无明细,没注明往返交通,没有标明星期等。
(5)语言乏味,像"念经",缺乏美感。
改进办法:
(1)培养严谨的工作作风。
(2)提高分析事物的能力与综合事物的表达能力。
(3)加强实践,最好跟团实习,或做一段时间导游,以增加实际工作经验,丰富阅历与知识。
(4)提高文字水平,加强艺术熏陶与自身修养。
B佳。理由如下:
(1)主题鲜明,有强烈感染力。
(2)详略得当,重点突出,较为完整,不留疑问。
(3)切实可行,具有新意。
(4)安排得当,引人入胜。
(5)文字有文采,有美感。
不足之处:
(1)假如能把下榻宾馆名称标明就更好了。
(2)还应注明该团的等级标准。

[案例3]"重回瑞丽大行动"

案情:这方是何方,我不知道,也不想知道。但是,我决定要出发了,不再待在这个我已经熟悉得不能再熟悉的城市,说实话,我相信别处的风景更美丽。

重回瑞丽之十大理由:

20世纪80年代末90年代初,也许你曾去过瑞丽,那是云南最热闹的地方。那里贸易繁荣、客商云集。十年后,我们想要重回瑞丽,在这样一个美丽的地方又有十大理由在吸引着我们。

瑞丽清静,让忙碌的我享受几天懒惰时光
我要去访古,去瑞丽探寻失落的岁月
我欲成仙,万灵之地的瑞丽,是修心之所

我想去狂欢,瑞丽万人"目脑纵歌"真热闹
我想赌一把,"东方珠宝城",赌宝大发财
我要出国,去瑞丽抬起脚就出国
我要去购物,瑞丽是"云南小香港"
我想看美女,傣乡小卜哨真的很美
我要饱口福,瑞丽美味任品尝
我想去清凉,泼水祝福真美妙

重回瑞丽旅游活动于2005春开幕,本次活动内容丰富、形式多样,让你体验前所未有的新奇之旅,有傣族歌舞大联欢、目脑纵歌万人狂欢、掏宝大赛、雨林探险、赌玉活动等。

特别推荐旅游线路:

D1:芒市接团,Bus至瑞丽,途游畹町友谊桥、独树成林、瑞丽夜市观光,住瑞丽。

D2:瑞丽Bus姐告、Bus缅甸,出境游每感缅甸木姐、南欢、弄岛后返回,游瑞丽掏宝场,大等喊傣寨,傣家晚宴。住瑞丽。

D3:瑞丽Bus畹町,游亚热带雨林奇观、莫里瀑布、原始森林、瑞丽江漂流、畹町生态园,住瑞丽。

D4:瑞丽Bus芒市,游芒市树包括民族文化官、中缅友谊树、菩提寺后送团。

咨询电话:云南××旅行社　　0871 - ×××××××
　　　　　瑞丽××旅行社　　0692 - ×××××××

电子邮件:×××××××

点评:优。该线路主题鲜明、特色显著,线路流畅清晰明确,活动内容丰富多彩,具有独创性,加之表达准确通俗,对旅游者有很大吸引力,值得借鉴。这是老线新游的又一典范。

[实践练习]

1. 就你熟悉的旅游产品设计一条旅游线路。

2. 接旅行社领导通知,2005年1月30日将有香港永安旅游公司团队27人抵达本市行程为4日游,请按常规线路和标准等,为其制定出行程表并注明有关事项。

3. 就你熟悉的本地旅游资源,设计一条具有独创性的探险旅游线路。

第五章 外联促销策略和计划

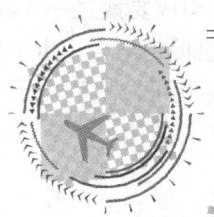

[培训重点]

本部分主要讲述外联促销策略及应用,外联促销计划的制订与预算。

通过本部分学习,您将了解到外联促销策略及应用(包括促销组合、促销策略、促销组合策略的具体运用,其中涉及广告应用、直接营销、销售推广、公关营销等方法和技巧);外联促销计划的制订与预算(包括怎样制订促销计划和预算的程序、原则和方法等)。

通过本部分学习,您需要学会旅行社外联促销要素组合的技巧,由于外联部的所有促销要素都必须为总体目标服务,所有的促销要素预算都受总体预算的限制,因此合理有效地进行外联促销要素的组合并取得最大的促销效果,是一个外联人员必须具备的基本素质。另外,懂得外联促销计划是为达到决策目标而进行的筹划活动,它是实现外联目标的保障,因此要掌握外联促销计划制订的实施步骤与方法。

[专题论述]

一、外联促销策略及应用

(一)旅行社外联促销组合

1. 旅行社外联促销概述

促销是旅行社外联销售工作的重要组成部分,它直接服务和作用于产品销售。具体地说促销就是通过各种手段和方法,利用各种渠道和工具,把旅行社的产品介绍给国内外的旅游商和海外旅游者,使广大旅游者对本社的旅游产品产生兴趣,使旅游商愿意推销,使顾客产生购买行为。

2.促销组合

从总体营销上看,促销只是旅行社市场营销组合的基本构成要素之一,因此它必须服从于旅行社的整体营销计划和促销组织策略。一般促销组合由以下要素构成:媒体广告、销售推广、直接营销和公关等。旅行社外联可以应用的促销技巧如图5-1所示。

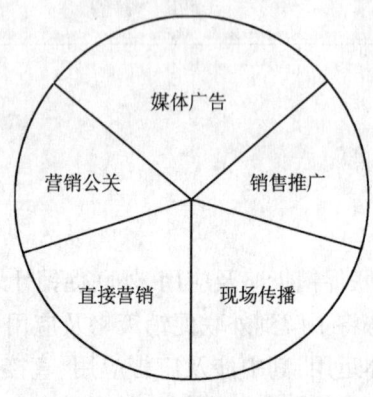

图5-1 旅行社外联促销要素组合

（1）媒体广告

广告因其媒体不同可以划分为电视广告、杂志广告、报纸广告、广播广告和户外广告几类,每种媒体又存在为数众多的载体,如特定的电视节目、报纸专栏等。媒体广告是最常用的促销手段,各类媒体都有其适应性和局限性,具体见表5-1所示。

表5-1 广告媒体的优、缺点

广告媒体	优点	缺点
电视	视听同步,图文并茂,富有感染力;传播范围广、速度快、效率高	费用高、时间短;干扰较大、观众选择性差;设计制作难度较大
广播	信息传播及时、灵活;传播面广;广告费用较低	缺乏视觉吸引力,听众记忆起来相对较难
报纸	传播面广、可信度高、可选择性强;广告费用较低;读者可反复查阅	内容较杂,易分散读者的注意力;彩色版面少,表现力较弱;浏览性读者多,广告不易被人记住

续表

广告媒体	优点	缺点
杂志	印刷精美,可图文并茂,适于形象广告;阅读率高,保存期长;便于针对阅读者目标市场选择	广告周期长,发行量较少,价格偏高
户外广告	灵活、醒目;展示时间长	广告信息接收对象选择性差;内容局限性大
直邮广告	目标顾客针对性强、十分灵活,受时空条件限制最少	人员、时间、经济投入相对较高,使用不当可能会引起收件人反感

旅游媒体广告根据其特点、类型的不同,在选择上应基于如下四个方面来考虑:

A:针对目标顾客的媒体视听习惯来选择。如对高层商务旅游者,以网络、报纸、杂志为好,对普通市民以电视、电台、报纸为好。再如,对青年以时尚的电视、报纸专题栏目为佳。

B:针对促销产品的特点来选择。如对风景区、景点,宜选择杂志彩页和电视做广告;对线路和服务项目,以报纸和电台为好。

C:针对广告的信息特点来选择。如对时效性很强的旅游信息,较适合于报纸媒体;对常规线路和景点,可选杂志做广告;对集中性促销的产品可各种媒体一起上等。

D:根据费用来选择。不同的媒体或版面、时段、大小不同,其费用也不同,选择的原则便是既要尽量节约成本又要有的放矢,取得最佳绩效。如掌握好广告时效性、了解各媒体特点、价格和栏目是非常必要的。

(2)营销公关

公关的目的是树立企业产品形象,与合作企业和客户建立良好的关系。营销公关的一切活动都是以具体的产品品牌为中心进行的。如召开产品新闻发布会、赞助公益活动、举办宣传展览、召开客户答谢宴会等。

(3)销售推广

销售推广是最常采用的一种促销方式,它包括面向旅游中间商的销售推广和面向旅游者的销售推广两种方式。面向中间商推广活动包括邀请中间商踩线实地考察旅行、参加旅游博览会、参加旅游交易会、给中间商销售折扣、联合做广告、销售竞赛与奖励以及提供宣传品等众多不同的方式。面向旅游者主要有打折、优惠、奖励等方法。

(4)直接营销

直接营销即由外联人员上门营销,它包括人员推销、直接邮寄和电话、网络营销三种方式。

(5)现场传播

是指旅行社外联通过营业场所的布局、宣传品的陈列与装饰或通过展览、发布会向旅游者传播产品信息,强化旅游者购买心理。

无论采用哪一种促销手段,或几种手段并用的促销组合,目的都是为了达到宣传销售的良好效果。有效的促销组合具有以下功能:向潜在旅游者或中间商提供产品信息;劝说人们偏爱本产品,或在特定时间、地点购买本产品;诱导旅游者购买行为等。

(二)旅行社外联促销策略

旅行社外联促销策略,是旅行社总体发展战略指导下的市场营销策略,外联部的所有促销要素都必须为总体目标服务,所有的促销要素预算都受总体预算的限制。外联促销效果如何,既是对旅行社总体促销策略的检验,又是外联业绩的体现。

1. 旅行社促销产品组织流程

旅行社促销产品组织流程如图 5-2 所示。

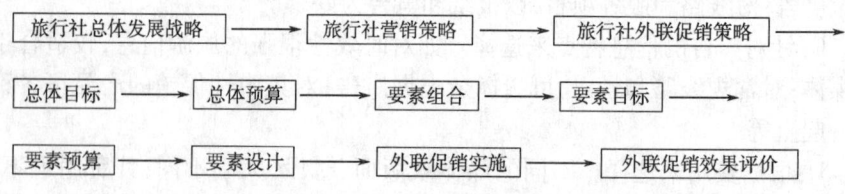

图 5-2 旅行社促销产品组织流程

2. 旅行社外联促销组合策略

旅行社外联促销组合策略可以下面理论展开并制订出最佳的方案。

(1)四种基本策略

①推式策略。推式策略着眼于积极主动上门推销,把本社的产品直接推向目标市场,表现在销售渠道中,每一个环节都对下一个环节主动出击,强化顾客的购买动机,说服顾客迅速采取购买行为。这种策略与之相应的促销方式显然是以直接营销为主,即采取人员推销并辅之以营业推广和公关活动等。

②拉式策略。拉式策略是立足于直接激发最终购买者对购买本旅游产品的兴趣和热望,促使其主动向旅行社寻求指名服务,最终达到把旅游者拉引到本旅行社来的目的。这种策略是以广告宣传和营业推广为主,辅之以公关活动等。推拉策略见图 5-3 所示。

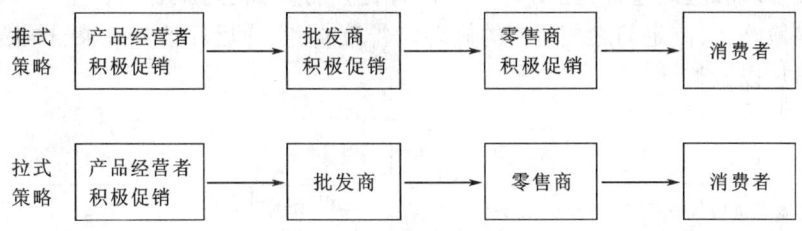

图 5-3 推拉策略

③锥形辐射策略。锥形突破是一种很奏效的非均衡快速突破策略,它是外联销售人员将自身的多种旅游产品排成锥形阵容,而以唯我独有、最具招徕力的拳头产品作为开路先锋(锥尖),以求其像锥子一样迅速突破目标市场,然后分梯级阶段连带层层推出丰富多样的旅游产品。这种策略采用以人员推销、人员推广为主,辅之以广告宣传的促销组合策略。

④创造需求策略。这是旅行社根据自身优势或特点,举办一些独具特色的旅游项目或活动,在诱发、创造旅游需求的基础上,引导消费者和潜在消费者购买本企业的产品。如与旅游景区或旅游目的地合作,共同举办独特的活动来吸引游客。这一策略可采用广告为主,辅以人员推销的方式吸引游客。

(2) 旅游广告策略

旅游广告的作用。广告是一种高度大众化的信息传递方式和主要促销手段,以其独特的面广、高效和视听效果利于快速传播,达到吸引消费者的目的。

旅游广告可以利用任何想象得到的形式来传播。根据使用媒体的不同,旅游广告可分为:报刊、广播、电视和户外广告(利用广告牌、灯箱、条幅等各种室外展示物),也可利用自办宣传品广告(如招贴、地图、手册、音像材料、有企业标志的文化衫、包、帽及各种纪念品等)。自办宣传品广告,因其同时具有公关和营业推广的意义,加上其对旅游促销的突出作用,有时被列入旅游广告之外。

旅游产品因其不可触摸、试用、测试和直接观赏的无形性和服务性,利用广告促销也就更多,无论是线路推广、旅游目的地风貌、服务设施等,只有借助广告的视听形式才得以表现。因此,作为旅行社外联销售,只有充分依赖广告,尤其是依赖媒体宣传和自办宣传品,如旅游手册之类来影响消费者并使其作出选择性购买决策。

可见,旅游广告与各种宣传品在旅游促销中发挥着主体作用,尤其是旅游印刷宣传品无可置疑地成为外联旅游促销中最基本、最主要的手段。

外联在旅游促销中,如何有效地发挥旅游广告的作用,取决于其对旅游广告的有效管理和应用过程(见图 5-4 所示),这一过程就是旅游广告主在一定市场营销策略下,制定与之相适应的旅游广告策略,实施后评价其效果,再根据广告策略加以调整。

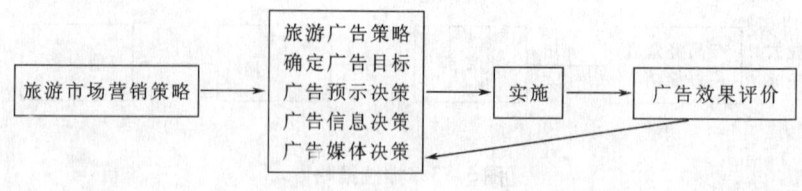

图 5-4　旅游广告管理过程

(3)旅游广告的分类及应用策略

①告知型(Informing)。主要用于旅游产品市场开拓的初始阶段。具体又可分为两类情况:一是介绍旅游新产品、新旅游服务项目,如新的旅游线路、新的景点,其基本内容、价格及可能给旅游消费者带来的利益等,以触发潜在旅游者的初步需求;二是宣传本旅行社的市场地位及对旅游消费者采用的便利性措施,以树立良好的市场形象。

②劝导型(Persuading)。主要用于与同类旅游产品展开竞争的阶段。具体又可分为:一是劝导型,突出本旅游产品的优势特征和利益,激发旅游消费者的选择性需求,鼓励其偏向本旅游产品的购买;二是防守型,努力改变旅游消费者对本旅游产品(服务)的不利印象,抵消或削弱竞争对手的广告影响。

③提醒型(Reminding)。主要用于本旅游产品的成熟期,随时提醒旅游消费者保持对本旅游地或旅游企业及其产品(服务)的记忆(尤其在淡季),以获得本企业尽可能高的知名度;适时提醒旅游消费者记住购买行为,并刺激老顾客重复消费的欲望。

④旅游广告媒体的选择。无论是多么富有创意的旅游广告信息,都必须以恰当的媒体在恰当的时间地点传播出去,才能准确传递给目标受众,才可能实现并通过宣传目的。对广告媒体的选择就是要寻找以最佳的成本效益,达到对目标受众预期显露目标的合适途径。

旅游广告媒体类型的选择,应基于如下四个方面来考虑:

A.目标顾客的媒体视听习惯。如对高层商务旅游者,以网络、报纸、杂志为好;对普通市民,以电视、报纸、电台为好。再如,对自驾车旅游者,以广播电台为好;对青年,以时尚的电视、报刊板块为佳等。

B.针对促销产品的特点来选择媒体。如风景旅游点,就宜选择杂志彩页和电视做广告;对线路及服务项目,以报纸、电台为好。

C. 针对广告信息的特点来选择媒体。如时效性很强的旅游信息,比较适合以报纸为媒体;对常规主打的一贯线路和景点,可选择杂志做广告;对集中性炒作的某一特色产品,可以电视、报纸、电台、网络一齐上等。

D. 根据费用水平来考虑。不同的媒体费用不同,即便同一媒体,因版面大小、位置、时段及制作不同,价格也不一样,原则便是尽量节约成本也要有的放矢,取得最佳效果。如掌握好广告时机,了解各种媒体的特点及价格和栏目都是非常必要的。

⑤广告预算。广告费用可以说是外联促销当中的主要预算和支出项目。其预算和支出主要包括:市场调研费、广告设计费、广告制作费、广告媒体租金、广告机构办公费及人员工资、广告公司代理费等项目。其中媒体租金通常要占到70%~90%。常用的广告预算方法有销售比例法、销售单位法等方法。

A. 销售比例法

销售比例法按照过去和本年度计划销售额以一定百分比进行预算。其公式为:

$$广告预算 = \frac{计划年度销售额 + 上年度销售额}{2} \times 广告费用占销售额的百分比$$

这种方法计算简单,但忽略了在不同地区和产品间分配预算的实际需要。

B. 销售单位法

销售单位法是以每件产品或每条线路来分摊广告费。如推销员到日本推销我国五条旅游线路,上年推销四条旅游线路投入200万日元,则今年的广告预算的计算方法为:

$$广告预算 = \frac{上年广告费}{上年推销线路数} \times 计划年推销线路数$$

$$= \frac{200 \text{ 万日元}}{4} \times 5 = 250 \text{ 万日元}$$

这种计算方法也很简单,但使用时应根据实际需要加以调整,要有一定的灵活性和机动性。

C. 竞争对抗法

竞争对抗法又称竞争平衡法。它是参照竞争对手的广告费来决定本企业的广告预算,以保持在广告宣传中处于平等或优势地位。应用这种方法进行预算,要考虑企业间的实力、信誉、产品数量与质量的差别,不宜盲目攀比。

D. 能力支付法

该方法是根据企业的财务能力来决定广告预算,又称为随机分摊法。企业有多少财力就做相应财力的广告,它适用于小企业和临时的广告开支。这种方法说明企业要做广告,但限于财力,仅做一般的信息传播。

⑥旅游宣传品广告的选择。旅游宣传品大致可以分为两类,一是文字宣传品,一是声像宣传品。无论是文字还是声像宣传品,一般应包括以下三个方面的内容:

A. 介绍本旅行社的概况。

B. 介绍本旅行社推销的线路。

C. 介绍本旅行社推销的特殊兴趣旅游项目。

旅游宣传品可以通过编写成小册子、宣传折页或制作成光盘,也可以做成传单等,这应根据对外销售活动的需要和本社的经济实力来确定。

⑦旅游宣传品的编写和制作要求。

A. 实事求是

宣传品均应客观编写和制作,决不能弄虚作假。旅游者从旅行社购买的不是任何有形产品,而是旅行社的诺言。如果我们在宣传品中许下了无法实现的诺言,如果旅行社外联部在推销产品时作出过高、过多的诺言,游客在过高的期望得不到满足时,只会导致失望、抱怨和投诉。

当然,每个旅行社在宣传品中都会努力宣扬自己的实力,这当然是必要的,但要处理好虚与实的关系,对行程各项服务(吃、住、行、游、购、娱)等必须实实在在,不宜夸大,更不能隐瞒和欺骗。

有一家旅行社在广告中曾有这样的表述:"太阳旅行社保证从你的启程到结束,一直都有优秀陪同照料"。但实际上该旅行社并没有做到所有的团队都有全陪,结果有一次遭客人的投诉而赔偿。

B. 提供有价值的信息

在宣传品内容上,要避免把大量的篇幅花在空谈的介绍上,应提供有价值的信息,紧紧扣住"吃、住、行、游、购、娱"这六个要素。现在很多宣传品风光、民俗的内容倒是介绍了很多,但却忽略了服务与接待设施的具体内容,即使线路也是仅仅简单几笔,殊不知游客除关心景点外,同样关心其他有用的信息。例如,有一家旅行社花很大的精力制作了一本手册,无论是配图、制作、印刷都一丝不苟,可是宣传效果很小,后向游客询问,才发现原因是其中没有住宿、活动内容的介绍。

切忌一味"美文",崇尚朴实是宣传的要领,尤其不要空洞,如"齐鲁大地,江河纵横,华夏文化,源远流长……"此外,过多形容、夸张、堆砌辞藻的做法也是要避免的,如"……龙舟如银河流星,彩船如海市蜃楼,两岸的彩楼金碧辉煌,是仙境?是梦境?仰视彩鸽翩飞,底眸漂灯流霓,焰火怒放,灯舞回旋……这就是桂林的不夜城"。这样的文辞,美则美,但只能是散文的写法。

C. 图文并茂

图像以其直观真实更具说服力。一张精美的图片抵得上许多文字。选择图片要认真,既要清晰,又要生动、鲜明和有吸引力,尤其是要有人物活动的图片,给人以动感和真实的感觉。

D. 配以外文

目前许多国内旅游宣传品,都使用了英文配合介绍。这是有必要的,特别是对外宣传品更需要译成所针对国家的文字,如日文、韩文等。但在使用外文时,一定要简洁准确,适合外国人的语言习惯,如"青山展开双臂,秀水绽放笑颜。欢迎海外嘉宾前来观光"可简译为"欢迎海外旅游者"。至于中国朝代名称,公元年份、民俗用语、民族节目等,尽量请专家来翻译。

E. 各种自制旅游宣传品的应用

a. 录像、光碟:形象、声色、现场感强,宣传效果好,但制作困难、成本高,只适宜旅游商、展销会和推介会。

b. 宣传册:针对性强,便于保持查阅,灵活,可以是多页,也可是单页,图文并茂,是最有效的宣传品,但必须注意及时补充新信息。主要用于旅游商、国内旅行社和重要客户。

c. 专用宣传品:指为配合某些活动而制作,如参加旅交会和到外地的推介会,它同音像制品一样有一定针对性,主要用于会议或旅游商。

d. 宣传单:主要介绍线路和活动,成本低印数大,针对性强,用于潜在旅游者。

(4) 代理商、媒体记者的邀请

组织代理商、记者前往踩线、考察,是旅行社常用的又一促销手段。通过举行这样的活动,让参加者对旅行社推出的新产品产生兴趣,使他们通过第一手的观察,撰文宣传或组织旅游者前来,是十分有效的做法。但在组织活动中要注意:

①选择代理商和媒体记者。按市场的针对性原则考虑,参加者应当是与此次活动有直接联系的人,如代理商应是我们目标市场范围,有一定销售能力者,记者同样应为目标市场有影响的媒体旅游专栏记者。

②规模大小视推出产品情况而定。一次具有联合促销规模的活动,最好能同时邀请到几家旅行社共同组织,这样影响效果更好,尤其是有实力强大和具有品牌效应的旅行社参与,效果更佳。也可联合旅游目的地政府和开发商联办,声势将更为浩大。但参加人数应有所控制,一般以20~30人为宜,而并非人数越多越好。

③组织准备工作。协调好联办单位，做好筹备组织，有主办、联办的分工；落实好考察的具体内容，在每一个细节，尤其是交通、住宿、膳食、游览等方面不能出差错，并将每一位参加者对号入座。

④实施关键，要有事先准备好的针对性介绍资料，提供给被邀请者参考。适当安排一些领导会见、宴请和发放纪念品。重点在于参观后的情况介绍会。介绍会可以有领导讲话，但宜简短，介绍人讲话主题一定要明确，同时应安排足够的时间给参加者提问。介绍会上除发放图文宣传材料外，能借助幻灯、摄影和录像片效果更好。从财务控制来看，尽量做到"少花钱、多办事、办好事"。注意收集参加者的发言和记者回去后发表的文章，因为他们大多见识宽广，知识广博，有很多意见值得采纳。

（三）外联促销组合策略的具体应用

1. 直接营销

直接营销也即人员推销，由旅行社外联人员直接寻找消费者——顾客或潜在顾客，与之洽谈、接触、宣传介绍商品，以达到销售的目的。

直接营销是一种传统的促销方式，是外联促销中利用人员的销售活动和旅行社促销的主要手段。它需要具备各种要求。

（1）充分发挥外联人员创造性和灵活性

在人员推销中，销售人员面对具体的旅游消费者，因而整个促销活动就可以围绕目标展开，充分发挥外联的积极性和创造性，主动出击，采取有效的方式达到销售目的。如可将旅游者的资料存档于电脑，根据旅游者的喜好及消费形态，划分不同群体，并与之建立一对一的"亲密"关系。通过节假日问候，及时给目标顾客传递旅游信息，不断赢得其好感和信任。外联人员要使旅游者感受到对他们的重视，这对销售是很有作用的。而旅游促销通过这样的沟通渠道将得以更好地实施。

（2）人员推销要注意自身形象

直接营销的成败很大程度上取决于外联人员的自身形象。一个好的推销员首先要留给人良好的印象，这就要求外联人员必须具备良好的素质，包括思想道德素质和文化业务素质，给人以诚实、信用、热情、耐心、周到、细致和业务精湛的印象，才会赢得顾客的信任。

（3）推销中具有人情味

人情味有利于与旅游者建立良好而稳定的关系。同时，在人与人接触的推销中，人情味让沟通变得更为容易，并使销售过程得到监控，有利于及时获得市场信息，了解到消费者的真实想法和有没有其他竞争对手及竞争者采取了一些什么样的营销策略等，通过推销人员的信息反馈，旅行社能有效地制定或调整营销策略,促进销售。

(4)人员推销重于双方沟通

人员推销本是一种信息(供需)的双方沟通,推销人员在推销旅游产品的同时,应重视了解旅游者的需求。对于改进产品、扩大销售是十分必要的。在产品推销中,可进一步接近旅游购买者,介绍产品。并从顾客那里了解到顾客的想法和建议,更好地获得第一市场的调研信息,收集最新情报。

(5)对外联人员促销,可将促销目标定得具体一些

如有的企业规定了推销员要用80%的时间向现有顾客推销,用20%的时间去发掘新顾客;有的要用85%时间去推销老产品,用15%的时间推销新产品;有的规定了散客和团队的签订协议数量等。

(6)"AIDA原则"

①引起注意(attention):通过有效的方式吸引消费者,引起他们对产品的注意。

②诱发兴趣(interest):在引起消费者注意后,努力使其对产品产生浓厚的兴趣。

③促进占有欲望(desire):在消费者产生兴趣之后,促使其进一步形成占有该产品的欲望。

④产生行动(action):在消费者占有欲望形成,进一步促成其购买决策,并迅速采取购买行动。完成推销过程。

2. 营业推广

营业推广又称销售促进,它要求外联人员按照旅行社的促销计划和任务,采取特殊手段对顾客实行强烈的刺激,如采用赠送礼品、发放优惠券、打折机票等来吸引购买者。

营业推广在作用对象方面。因对象不同,采用的方式也就不同。如:针对中间商主要以打折、让利和转让回扣等刺激中间商的促销热情;针对具体旅游消费者,最具吸引力则是让利优惠,也即采取对购买者在利益上的让步。让他们感到受惠从而成为本旅行社的忠实消费者。此外还有有奖销售、赠送及超值服务项目等。

3. 广告应用

广告策略前面已介绍很多,这里再着重探讨一下广告信息传递。

广告信息,首先要设计出好的广告内容。广告内容的创作有多种标准,但可简单地概括为讨人喜欢、独具特色和令人信服三个方面,达到这三个方面标准,即是好的广告。

讨人喜欢,就是广告信息首先要使人感兴趣,引人入胜,使人产生购买和享

受这种产品和服务的欲望。独具特色,是要人们了解本企业产品和服务与众不同之处。真实性是选择广告信息的一条极其重要原则。广告宣传必须从实际出发,要实事求是,不能夸大其词,让自己没有回旋余地。

案例:

中国西部太阳谷——得荣
Discovery!请跟我走——献给热爱大自然的朋友

得荣位于四川西南隅的川滇交界处,像一个半岛深深地嵌入香格里拉腹地。"得荣",藏语为"峡谷之地",因光照充足,故有"太阳谷"之称。这里雄奇美丽,千百年藏族文化令人神往。

西部太阳谷旅游公司,在以诚为本,效率第一,服务至上的宗旨上推出的"献给热爱大自然的朋友,西部太阳谷揭谜之旅",欢迎你跟我们一道去领略发现太阳谷。

我们推出几条最佳线路供您选择:

1. 成都 飞机 香格里拉 汽车 得荣太阳谷 汽车 香格里拉 飞机 成都(双飞五日游)

2. 成都 飞机 香格里拉 汽车 得荣太阳谷 汽车 丽江(单飞七日游)

3. 成都 汽车 康定 汽车 雅江 汽车 理塘 汽车 稻城 汽车 乡城 汽车 得荣太阳谷(双汽八日游)

旅游公司地址:××××××

电话:××××××

传真:××××××

http://www.xi-tai.com

E-mail:××××××

除上述文字外,该广告还配有精美图片,在报刊媒体上登载后,引起了旅游者极大的兴趣。

4. 公共关系促销

旅行社外联工作,实际就是公共关系工作,虽然它与人员推销、广告和营业推广等相比,表现得并不直接但它同样是以间接的方式为促销营造良好的条件,如与旅游消费者、中间商、客源单位、社区民众及新闻媒介在内的各方面进行沟通,建立良好的社会形象和人际关系,为营销创造一个有效的环境等。

开展公关活动方式很多,这里需再作补充的是目前国内旅行社比较忽略的方面,即形象管理——CI(企业识别系统)。CI强调以一种整体形象管理,形成一种将企业的理念、行为、视觉形象统一化、标准化、规范化,形成公众辨别与评判的整体形象,从而使企业达到一个参与市场竞争的最高点。

CI战略,要使旅行社在精神层面上,在组织使命(目标)、经营哲学、企业精神和行为准则上,均达到一种积极进取、团结协作的理念维系;在行为规范上,有一套表现企业精神和文化的统一行为活动方式,如专业训练、礼仪规范、作业制度、管理模式、人际沟通和经营决策;在视觉方面,须将企业精神、文化、理念通过公众容易接受的视觉形成,更准确、快捷、凝练地传达出来,如统一的企业名称、标志、色彩、图案、宣传资料、办公用品、包装、环境、广告、服装、展示布置等,让消费者和协作者能一目了然地掌握本旅行社的信息,产生认同感。这些都可以起到潜移默化的宣传促销作用。

案例:

广东"太阳神"集团巧占上海市场

上海市场是一个高度理智型的市场。每年,尽管市场上有几十种新型保健营养品先后精彩亮相,然而,消费公众的选择行为,却显得相当冷静和谨慎。针对上海这一目标市场的特点,该公司策划了一整套打入上海市场的营销方案。整个行为识别系统为:舆论、活动、广告。

在舆论上,着力打消上海消费者对内含"激素"保健营养品望而却步的顾虑,就是怎样才能让大众相信"太阳神"口服液不含任何激素?"太阳神"通过定期将产品送到市防疫站等权威检测中心,并不断公布检测结果,让舆论形成"太阳神"不带任何激素,可放心服用的导向。他们在活动上,以之作为公共营销的一种重要手段,成功地举行了两次独家赞助活动。一次是赞助"上海市首届少儿艺术节",一次是朱明瑛"艺术家之梦"演唱会,通过媒体宣传,使"太阳神"一下子闯入了大众印象里。在广告上,通过开展"关于太阳神企业形象和功能"有奖知识竞赛,和"当太阳升起的时候,我们的爱地久天长"的广告词以及一轮鲜红的太阳下站着一个顶天立地的巨人的画面,给观众留下了强烈的视听冲击力,并将企业理念、标志组合含义灌输给了社会大众。一年后,该公司华东上海市场部创造了售出1亿元,整个华东售出产品2.4亿元的佳绩。

二、外联促销计划的制订与预算

计划是为达到决策目标而进行的筹划活动及所制订的实施步骤与方法,它是实现外联目标的保障。就计划而言,其基本要素应有目标、机构、人员、财务、步骤、时间、方式等。按时间分,可分为短期、中期和长期计划;按内容分,可分为总体计划、转项计划等。

(一)外联促销计划的制订原则

(1)紧紧围绕旅行社市场营销策略。

(2)外联部大家共同参与,集思广益。

(3)积极进取,留有余地(脱离实际,急于求成,只能欲速而不达)。
(4)突出重点、统筹兼顾。

(二)制订促销计划的程序和方法

(1)确定任务——做什么

促销的任务是什么?这是首先要明确的。其次要明确目标市场在哪?也即顾客是哪些?顾客预想的价值是什么?这些需要在市场调研基础上获得,从而在促销中才能目标明确、任务明确。

(2)情况分析——为什么要采取这些行动

它包括背景分析(企业内部、外部经营环境)、经营状况、竞争对手及竞争方向、机会等。

(3)促销目标——达成的目标是什么

包括目标市场销售收入、销售量、市场占有率、信息传播覆盖范围,旅游者对本产品的了解兴趣程度等。

(4)促销策略——怎样实施这一计划

包括前面所述的推拉式、锥形辐射、创造需求等策略和广告、宣传品策略以及渠道等。

(5)组织和实施——由谁负责

谁来实施?何时完成?要将任务落实到个人,并有责任分工、奖罚,在时间上也有严格规定。要有行动计划表和成果检查评价。见表5-2所示。

表5-2 行动计划和成果检查评价表

目标	措施	时间	策略	责任人	检查
备注					

(6)预算——促销成本费用是多少

预算是计划的最好说明。在收入方面,是计划可实现的收入;在支出方面,它表明实施计划所需的支出。

[实操问答]

[问答1] 在促销组合策略中,什么情况下适用于哪种不同的促销手段?

答:不同的促销手段各有其特点;不同的企业、产品在不同的时间、空间等情况下,应选择适合需要的促销手段。

一是根据产品来确定相应的促销手段。如价格高、风险大的旅行社产品,旅游者往往不满足于一般广告所提供的信息,倾向于更加理智性购买,希望能得到更为直接可靠的信息来源,对这类产品,人员推销、公共关系往往就有更有效的促销手段。而对于购买频繁、价值不高以及季节性较强的产品,旅游者则有品牌偏好,因而可选择广告为最佳的促销手段。

二是根据旅行社产品的生命周期来确定相应的促销手段。如:当产品处于引入期,扩大产品的知名度是旅行社的主要任务,因广告的宣传覆盖面广,有可能在短时期形成较好的品牌效应。当产品处于成长期,旅行社要扩大销量,需调动各方面的力量促销,因此可采用多种促销手段并用的策略。当产品处于衰退期,此时旅行社应转移促销重点,可采取营业推广为主,以达到快销快转的目的。

三是根据促销环境来确定相应的促销手段。如:某些重大社会事件的发生、大型社会活动的举办等,旅行社外联就必须考虑选择应用与市场营销环境相互适应的促销手段,才能收到有针对性的效果。

[问答2] 人员推销的过程中,应突出哪些方面?

答:一是亲密感要强。推销人员与旅游购买者须直接进行面对面的对话,必须要有亲切感,才能较好的交流和沟通,在情感交流中培养双方友好、合作的关系。二是劝说力要强。推销人员应能当场回答问题,解释疑惑,针对不同购买者的要求,进行不同的介绍,易于使购买者信服。三是灵活性要强。推销人员应能根据时间、空间、环境及购买者的心理状况,及时调整具体的推销手法,有的放矢,才能提高销售效果。

[问答3] 怎样组织推销人员才能最有效率?

答:一是按区划来组织。即让推销员分管一个地区负责在该地的促销。二是按顾客型结构来组织。如按不同行业的客户、新客户、老客户、大客户、小客户,分别安排不同的推销员,这样可让推销员更加熟悉和了解自己的顾客,及时掌握其需求特点。

[问答4] 怎样才能有效地做好外联促销工作？

答：一是要熟悉本企业的情况，如企业的历史情况、组织结构、经营战略等；二是要熟悉本企业的产品，如旅游线路、行程、报价、旅游景点及各个服务项目和环节；三是要了解市场行情，如顾客的动机和行为特点、竞争者的策略；四是要具有推销技巧，如推销程序贸易规则、商业语言、人际关系等；五是要掌握相关的法律、技术知识等。

[问答5] 什么情况下采用何种广告促销策略？

答：按不同的目标，可将广告分为通知广告、劝说广告、提示广告三种。

通知广告适用于旅行社新推出的新产品，目的是通过产品介绍、解释和说明引起顾客的关注并产生兴趣，引起购买行为。

劝说广告适用于旅行社产品的成长期，如一条已为广大旅游消费者熟悉并有消费要求的线路，但这样的线路，虽有市场要求，但顾客可选择的同类产品较多，采用劝说广告，可通过突出特色和优于其他产品的劝说，促使顾客选择本企业的产品。

提示广告适用于已成熟的产品，提醒消费者不要忘了购买这种产品，通过不断提醒，使该产品继续保持品牌形象和知名度。

此外，在广告媒体类型的选择上，要与目标市场相结合，如对商务旅游者，以网络、报纸、杂志广告为好，对普通市民则以晚报、电视、电台广告为好等。

[问答6] 外联促销工具中哪些最为简便有效？

答：除广告和展示、推介会以外，最简便营销的是制作和发放旅游宣传品（包括文字和声像制品），如小册子、宣传折页、传单、光盘、网页等。此外，还有专用宣传品，以用于某特定客户和营销对象的宣传，如有纪念价值的礼品和包、帽、服装等。

[问答7] 外联人员应从哪些方面来开展公关促销活动？

答：公关促销是旅行社最常用的一种促销沟通手段。目的是促进企业与各界及旅游消费团体和个人的良好关系，树立企业的良好形象，以争取广大的潜在或实际消费者。外联人员可从媒体传播，如宣传文稿、声像和展示、公益活动来宣传展示自己的发展成就与公众形象；可大量开展交际活动，以此来广泛获得人与人之间的感情联络；可以通过举办各种具有社会性、文化性的赞助，特别是提高自己的社会知名度和声誉、信誉度。此外，最主要也是最根本的是在服务质量上下功夫，才能赢得公众的好感，通过旅游者的口碑效应达到扩大销售目的。

[经典案例]

[案例1] 旅游出新招　进城赶大集

案情：9亿农民的旅游市场，堪称"世界之最"的大市场，到农村去，到想进城的农家去，那里有广阔的客源，大连一家旅行社想出了"让农民进城赶大集"的促销点子，他们经过调研、精心策划出一套促销计划，并付诸实施。

进城赶大集，利用农民节前买年货、办礼品、赶大集的习俗，派大客车到乡下集镇，广为宣传，坐满就发车，进城后半日购物，半日游玩，中午提供便餐，当日返回家园，饱了农民"眼福"，且获利多多。

该旅行社推出此种旅游产品后，深受偏僻乡镇农民欢迎，最多一天曾租了30辆大客车进城赶集，每车50人，一人赚10元，一个月下来，收益也不小。

点评：促销一定要将产品和市场相结合，找准市场需求点，采用相应的促销手段，便能奏效。大连这家旅行社推出"让农民进城赶大集"之举，可谓独具匠心和智慧。虽然每个人仅赚10元，但客源广泛、需求众多、操作简便、成本低，采用直接推销的手段，方式灵活、针对性强，通过现场广播宣传和人员推销，易强化购买动机，及时促成交易。此方法还可以举一反三；如组织农村中小学生逛新城，组织郊区居民进城欣赏夜景等。

[案例2] 优质服务　名牌效应

案情：旅行社产品，是以服务为主的产品，产品的质量，便是服务的质量，产品的品牌，便是服务的品牌。旅行社外联的服务在哪里呢？成都某旅行社经过认真总结，竭力提高外联的服务水平，通过优秀的外联服务工作，不断赢得顾客，扩大销售。

首先，他们树立了"顾客至上，服务第一"是外联工作的准则，对外联人员进行了认真培训，使他们达到良好的素质、一流的品质、绝佳的促销口才、精湛的业务技能。其次，不做任何虚假宣传和与实际不符的承诺，严格遵守双方签订的旅游合同，坚持诚信、公开、公平的交易原则。第三，认真进行市场调查，定期回访老顾客，听取收集消费者意见，积极改进工作。第四，在所进行的营业推广中，严格履行各项诺言，如赠送、优惠、奖励等。第五，在公关营销中，做好每一次活动，绝不能只是虚伪的表演和做作等。总之，真诚、守信、热情、友好、周到、准确、快捷是每个外联人员的服务宗旨，通过不懈的努力，该旅行社扩大了促销，赢得了良好的信誉和知名度。

点评：外联是旅行社的窗口，是第一个跟消费者接触的形象大使，其一言一行关系着企业的社会影响。长期以来,人们只重视接待服务质量,而忽略了外联服务质量。殊不知没有外联销售的成果,没有顾客和市场,一切等于零。该旅行社将外联服务放在首位,因为这是一个旅行社不断发展的根本,抓好这个根本,旅行社就有前途和发展的依靠。

[案例3] 不怕失败的推销

案情: 某社一位外联用三四个月的时间到一家公司推销,遭到 13 次拒绝后才结识了一位开发区日资企业的中方工会主席。之后又多次"上门拜访",直到一年后,终于组成 127 人赴北京、青岛、大连的旅游,之后这位外联继续与该企业工会等保持良好的关系,每年该公司旅游活动都找她安排。

点评: 在实际推销中,被吃"闭门羹"或遭白眼的事是常见的,要有思想准备。做外联不要怕失败,做直接营销更要有不怕失败,不怕"跑断腿",不怕"磨破嘴"的勇气、毅力和精神。所谓"精诚所至,金石为开"正是这个道理。同时也要掌握推销技巧,懂得客源来自社会的不同层次、不同方面。企事业单位的"老干办""退管办""工会""团委""办公室"常常是组织旅游的主管部门。只要"撬开"这些大门,与其建立真诚的友谊,彼此信赖,日久天长就可以挖到客源。

[案例4] 营业推广

案情: 大连一家旅行社推出"成都、九寨沟、峨眉山、乐山"双飞 8 日包机游,并固定每周四发团。当时该线的市场价是 2580 元/人。为了完成该包机线的促销,该社外联部经过核算,如果包机每周发团团队人数达不到实际座位的 130 人是正常的。若组团人数少于 90～100 人就意味着亏损。于是他们在营业推广中,报出亲情价 1980 元/人,立即引起了消费者的强烈反应,购买踊跃,常常不到 24 小时就组成 130 人的团队。

点评: 亲情价虽是赔本招徕的"最低点",但却是减少包机损失最后的"爆发点"。只是不宜多用,除非面对急切促销的非常时刻。营业推广促销效果是及时的,易于较快地提升销售额,但由于过于急功近利,若使用不当,就可能损害所销售产品的形象。如会让顾客对你的产品质量产生疑问,动摇产品信任度并影响企业的品牌形象。

在决定采取营业推广之前,外联部应作出营业推广的具体方案,主要内容包括:奖励规模、奖励范围、奖励期限以及营业推广的总预算等。

[案例5] 山水旅行社春节自驾游促销计划

案情: 总体目标:开发自驾游市场,通过组织春节自驾游项目,树立本社又一品牌和产品,以获得新的营业收入。

情况分析:略

促销策略:媒体广告(电台、报纸) + 销售推广(针对旅游者的自制宣传品) + 直接营销(电话、网络)

组织和实施:旅行社领导负责,外联部经理具体实施,外联部人员分工执行,由社领导和外联部经理控制、监督和检查各项工作的落实、进展与效果。

预算:媒体广告租用费 + 自制宣传品费 + 人员工资 + 通信、交通 + 其他

效果预测:采取信息传播覆盖面达到目标市场的80%以上,受众面占目标市场居民数的10%,即占全部本地居民500万人口的10%为50万,争取实际购买者达其中0.1%,即500人左右,按成本利润预算,购买人数在60人以上即可将成本持平并产生利润。

点评:该案例促销目标明确,即开发自驾游市场,树立该社又一品牌和产品,以获得新的营业收入。促销达成的目标包括目标市场销售量(500人左右)、市场占有率、信息传播覆盖范围(80%以上)等。计划实施采用了辐射方式(广告、宣传品策略)。计划的组织和实施落实到个人,并有责任分工。促销成本费用也做了预算。这是一个比较好的促销计划,但也存在不足,如要有促销行动计划表和成果检查评价,并且在时间上有严格规定,奖罚是多少也应该明确。

[实践练习]

1. 外联促销组合要素有哪些?分别有什么特点?
2. 根据课文中所介绍的促销组织流程,制订一份外联促销策略方案。
3. 对"北京一地四日游"产品,设计一段有煽动效果的广告词,并提供一份促销计划。
4. 将CI战略引入旅行社,你认为应怎么做才有效?

第六章 旅游招徕和外联诀窍

[培训重点]

本部分主要讲述旅游招徕和外联的诀窍,通过本部分的学习,您将了解到旅行社外联在长期工作总结中的宝贵经验和诀窍,在这里整理为36计,具有通俗而可实际应用的价值和学习借鉴作用。这36计包括:业务洽谈 不打无准备之战,捕捉时机 发现客户,广而告之 形式多样,成功之路勤为先 本地客源是基础,广结善缘 扩大朋友领域,联手合作 增强实力,淡季出门直销 有的放矢,聚会交友 亲切自如,旧瓶装新酒 走俏全凭理念新,借名扬名 借时造势,借船下海 搭车远行,人所未想我想 人所未行我行,善始善终 销后服务,利小而为 客源滚滚,利益信誉是根源 商家顾客两头牵,借助别人的喉舌宣传自己,同行集会 邀请洽谈多参与,鸿雁传情 寓意深远,"勿失小节 方成大器",敏锐者生 麻木者死,智慧 机遇 技术 合作,合作与团队精神是胜利源泉,上门服务 现场销售,人际圈子有多大 生意圈子就有多大,促销 用好环比公式,欲得之 必先予之,引蛇出洞 点石成金,变则通 通则达,互惠互利 客户长久,满足需求 坦诚以待,不以衣貌取人 顾客皆上帝,多手准备 投其所好,成人心理 招徕沟通的关键,不愁货比货 更愿心贴心,网上招徕 客户无限,早策划 早耕耘 早收获等。

[专题论述]

一、外联招徕36计

客源是旅游业的生存之本。没有客源便没有旅游业,便没有旅行社的存在和发展。如何招徕客源,增大客源是每一个发展旅游的国家极为重视的首要问题。旅行社在整个旅游行业中主要充当着寻找、开拓、招徕客源排头兵的作用,而旅行社外联更是旅行社以招徕客源为主要任务的先行者。

如何才能发掘招徕客源,始终是旅行社的头等大事,是外联时时面对,不得不千方百计解决的问题。我国的旅行社,在多年的工作实践中,积累了不少丰富的经验,不乏很多鲜明、生动、巧妙的宣传与细腻、精心、具体的促销组织策划,给我们提供了丰富的素材和实际案例,其中许多学问和技巧,值得总结和借鉴。

(一)业务洽谈　不打无准备之战

业务洽谈是外联常见工作,它是与旅游中间商进行业务联系、商讨、讨价还价等谈判活动的主要形式,也是销售工作的主要方法之一。一个外联,可能每天都需要与各种各样的人进行洽谈,除中间商,对手可能是一个旅游购买者,也可能是团队代表,还可能是新客户或老客户,洽谈的成败取决于我们的谈判艺术、技巧和水平,洽谈的好坏,将直接决定某项业务的得失。

在业务洽谈前,应做好谈判前的各项具体细致的准备工作,一定要有备而来,不打无准备之战。

洽谈的形式多种多样,其技巧也是多样的。

1. 函件、信件洽谈

小小函件,关系重大,一定要有问必答、及时回复、礼貌热情、书写端正、格式规范、简洁明了、态度明确,这样才能给对方可信度,才能沟通联系,促进友谊,使业务进展顺利。

2. 电话洽谈

电话是最多的洽谈方式。但打电话也是有艺术的。讲话者的语音、语调和用词对听话者的感染力是其他方式不能代替的,同时,因时、因地、因人、因事不同还要有所不同。其技巧虽多,但重要的是应事先做好书面准备,即通话前列出提纲,然后通话。此外无论通话还是接听,都应随手记录,以免遗忘。

3. 面对面洽谈

在洽谈前对洽谈对象的了解至关重要(尽可能全面准确),这对洽谈内容和发展能事先作出判断,同时事先能有业务上的准备,如提供满足对方需求的线路编排和报价底线,这样才能促成交易。

(二)捕捉时机　发现客户

谁找到好的客户,建立起良好的合作关系,谁就可以获得稳定和增长的客源,谁就能生存、发展。发现客户,要善于捕捉时机。

1. 参加各种旅游博览会或展销会

国内外各种旅游展销会很多。展销会不只是旅行社推销产品的好时机,而且是旅游界人士重温旧谊、结交新友的好机会,因此应充分利用这个机会,找到客户,并建立良好的合作关系。

2. 向潜在客户寄发信件与资料

将准备好的各种资料(包括本旅行社概况、本地区旅游资源、本社组团线路报价等),寄往一个或数个地区的大量旅行社,即那些可能进行合作,提供客源的旅行社。要抓住本地举行重大旅游节日或活动的时机发放资料,此外,向客户寄资料的另一个好时机是本地有值得向外推荐的旅游设施、景点或参观项目。虽然发放资料属广种薄收,但旅行社外联部的人员都清楚,只要找到并建立起一两个或两三个稳定的客户,便可能带来可观的客源与财源。

3. 利用接团之机发现客户

有很多组团社,尤其是海外旅行社的经理,他们常作为旅行团的一名普通成员随团前来,以不暴露自己真实身份的方式,通过观察和考察,以物色新的合作伙伴,寻找理想的地接社,这就需要强化导游员的营销意识,让他们能不失时机地发现客户。

4. 派遣推销小组到客源地建立客户关系

推销小组可选定一个城市或地区,登门拜访,发放资料,或展开一些公关活动。这方面应注意选派合适人员,并在出发前制订好推销计划,明确拜访哪些客户,在哪里举行情况说明会,怎样争取新客户等。

5. 上门求助　借鸡生蛋

通过本地政府、协会和其他民间社团组织的活动,发放资料,宣传推销自己的产品。如与活动主办单位达成互惠互利合作共识,在会议或其他如展销会上推销自己的旅游产品。这就需要旅行社外联平时多与各种企事业单位和政府机关保持较好的联系,把其中经常举办活动的单位或部门及主办人培养成自己的客户,一旦这些部门和单位有活动,客源便会在预料不到的情况下出现在你面前。

(三) 广而告之　形式多样

广告煽情,成本虽大但效果良好。它用精彩的画面、凝练的语言、悦耳的音乐去"煽情",只要广告做得好,肯定会有收益的。

做广告是有学问的,选择什么样的媒体,以何种形式和内容体现主题都是值得研究的。除上一章谈到的广告策略外,这里还需强调的是户外广告。户外广告可以是路牌广告、电子彩屏广告、横幅和霓虹灯广告等。形式可多种多样,此种广告一般宜选择机场、车站、码头及市中心人流集中、游客较多的地方。如大连在北京火车站的巨大彩屏上,滚动发布大连旅游信息;在最繁华的王府井大街上,用灯箱形式向人们昼夜展示大连独特的山水风光和城建亮点,打出中国的

"浪漫之都"这一招牌,虽花了重金,但效果相当好。

云南康辉旅行社多年来选择当地畅销的《春城晚报》,每周三、五定期发布广告,使康辉旅行社的名声逐步深入人心,提高了企业知名度和品牌形象,加上其产品丰富多样,服务良好,几乎包揽了云南旅游的半壁江山。可见旅行社应肯于投资广告,善于宣传,才能招徕客源。

(四)成功之路勤为先　本地客源是基础

客源来自社会不同层次、不同方面,不能只局限于参加展销会或依赖外地旅行社给你发团,本地的客源也同样重要。实践证明,没有本地客源做支撑,光让别的组团社(外地旅行社)给你发团,而你却没有本地团队出省或出境给对方,没有相互的交流,合作也是不长久的。

组织本地客源,当地企事业单位的"老干办""退管办""工会""团委""办公室"等常常是组织旅游的主管部门,只要"撬开"这些大门,与其建立真诚友谊,彼此信赖,日久天长就可以挖到客源。但要建立关系,是需要付出艰苦努力的,因为市场竞争,向这些单位要团队的何止一家旅行社,经常吃"闭门羹",甚至被"轰出来"是常有的事,只要持之以恒、不怕失败,不惜跑断腿、磨破嘴,想在先、跑在先、干在先、勤在先,就能达到"精诚所至,金石为开"。

每一位成功的外联,无不是付出了艰辛的代价才赢得信赖、赢得客户的。一位女营销员,用了几个月的时间,30多次登门拜访,终于组成了一个企业上百人的旅游团队,之后该企业旅游仍找她,终于用自己的服务和真诚、勤劳赢得了客户。

(五)广结善缘　扩大朋友领域

旅游产品有其特殊性,看不见、摸不着,更需要外联面对面的直接营销。一个有经验的营销员,他(她)会善于利用一切机会,发现客户,并与之沟通,建立起良好的人际关系,在广大朋友中,扩大销售领域。

实践经验表明,无论是开会、出差、休假、学习或是平常生活中,我们都应以一种开放的心态主动与人相识,在交流中发现客户或潜在的旅游者,对扩大合作领域是十分有帮助的。旅游界有句名言:"不忘老友,结识新友,新朋老友,财富长久。"有一家旅行社,在参加任何活动中,都准备有自己的宣传材料,适时向各界人士介绍并结交、联络,很有人缘,朋友广泛,生意也做得红火。这就说明,广交朋友,做个有心人,关系多了路好走。

(六)联手合作　增强实力

在推线、包机等促销中,因宣传费用大,促销风险高,可邀请几家旅行社合作进行,相互携手才能共闯新天地。如共同组织、发布一个产品说明会、媒体记者考察活动等,往往在宣传促销上,可取得可靠、快捷、轰动的效果。

如云南旅游促销团在上海举办了一次"七彩云南,旅游天堂"的旅游说明会。这是一次由云南旅游局和几家旅行社组成的到外地促销的一次中等规模的旅游说明会,邀请了上海媒体和旅游企业相关人员参加,会上伴随着《云南印象》和大理、丽江、香格里拉等文艺节目的演出及云南风光的播放,给参加者留下了深刻印象,会上还散发了大量的招贴画、小册子、旅游纪念品及多种多样的宣传材料,掀起了一股"云南热"。

旅行社特别是中小旅行社,虽不可能举办大型的说明会、推介会,但几家联合共推几条线或与某一景点联手,进行市场推广同样是可行的。这样可获得公众对该旅行社的认同并确立自己的市场占有率和品牌形象。

(七)淡季出门直销　有的放矢

淡季是做促销工作的好时机,是巩固、开拓市场之必需。有的旅行社派出营销队伍,四处出击,方式多样,如派营销小组前往既定目标市场,登门拜访,联络感情;有的派出蹲点人员,普遍撒网,重点突击;有的参加各种展销会、说明会;有的走访工矿企业或机关,广而告之等。

淡季出门直销,一定要有既定计划和针对性。不能搞形式、走过场,要将岗位责任制与激励机制相结合,落到实处,求真务实才有收效。围绕促销计划,可创造性地做好预先策划和组织,目的是要确有成效。

如内蒙古有几家旅行社在一次促销活动中,独领风骚地组织了一个"大篷车队",出行了内蒙古以外周边数个省区,历时半月,访问行程3000多公里,长途招徕、联络旅游中间商100多家,宣传覆盖面波及500多万人。之后,在同一年内,这几家旅行社联合接待了上千名到内蒙古的游客,取得了良好效益,并为以后市场开拓打下了良好基础。

(八)聚会交友　亲切自如

外联人员应是"社会活动家",走到哪儿都要"三句话不离本行",要想方设法让所有的人认识你,让认识你的人知道你是具有专业水准的旅游服务工作者。

聚会交友,多多益善,尽量参加。在公众场所,要举止大方,温文尔雅,笑容可掬,给人以成熟谦虚,和蔼诚实,有知识、有教养之感。在各种热烈、亲切、友好、欢乐的交友、聚会气氛中向人们介绍你的旅游心得、旅游新线,自然真诚,宣传促销率很高。

一个外联人员,要善于交往,学会"自我推销",让人瞬间产生信任,为日后招徕打下基础。试想,客人对你印象不佳,怎可日后随你出游,因此个人素质的提高是成功的必备条件。

(九)旧瓶装新酒　走俏全凭理念新

有一则故事,说的是有人向和尚推销木梳,这本来是不可能的,因和尚无发,但他想出了一个法子,劝说大师道:可于木梳上刻上"积善"二字,赠予每位进香者,让其梳却"三千烦恼丝"以示我佛慈悲,普度众生。大师听后大喜过望,立即让他发木梳,按月供货。从此他的木梳生意兴隆,宝刹也名扬四海,多少善男信女专为求"积善梳"而来,宝刹香火也越发兴旺。

这个故事说明了一个道理:同一件事物注入了不同理念后,就有不同的价值取向。只要注入了品牌理念,普通的产品也会成为走俏的"品牌"。

做旅游,不可能天天都有吸引人的新线路、新景点介绍给消费者,就只有在理念上下功夫,但理念不是随心所欲提出的,需要提炼,要提炼就得突破常规,使旧瓶装上新酒或使新瓶装上已提炼的老酒,如上面被注入了"积善"品牌理念的木梳一样,开拓出一个市场。类似的做法,如"让农民到城里赶大集""让上海人看新上海""走村串寨,去农村过大年"等均是这个道理,这叫观念的更新。知识经济靠的是智力而不是单纯地拼体力。

(十)借名扬名　借时造势

韩国一家观光公社曾聘请本国总统金大中和中国歌手孙悦为其旅游形象大使,通过宣传品、广告、演唱会形式,借名人之名来提高韩国与自身的旅游产品知名度。

现在全国各地类似借名扬名,发展旅游业的情况十分多见,多便不以为奇,要匠心独运,举一反三。同样的道理,可用于旅行社可操作的方面,这就需要再加上借时造势。如桂林许多旅行社借美国总统克林顿来访之机,推出了"总统之旅",杭州一些旅行社推出"诗画江南,唐诗宋词"之旅,均是这个道理。

"名人效应"是消费者"从名""从众"或喜欢"扎堆""随大溜"心理决定的。"借时造势"同样是利用消费者"从众""随大溜""扎堆"心理,捕捉一切可能的机会造势,掀起"抢购风"。如春暖花开之际,是中国人踏青赏花的传统出游时间。可以精选一条线路,组织"莫辜负春光,赏花奇缘"之旅,是有吸引力的。而春节前不久,有的旅行社推出"到乡下赶年街,办年货"之旅同样也是这个道理。

(十一)借船下海　搭车远行

在市场经济中,一种产品与一种优势之间,如果某个结合点是存在的话,寻找时机和方式使二者结合,就会凭借这种形成的优势产品招徕到顾客。1999年昆明借"世博会"之机,使旅游业上了一个大台阶。1997年,云南丽江借地震恢复重建之机,使古城焕然一新都是这个道理。

旅行社外联招徕、营销可"借船下海,搭车远行"的方面很多,如借别人开会之机,搞观光考察游;借果园成熟之机,搞果园摘果休闲游。此外诸如借"疗养"之机,来个"踏春"或"秋游";借"医学进修"之机,来个医疗考察学习之旅;借"集体婚礼",来个"相约东方'夏威夷'三亚"等。

"搭车"以后,行得远、行得快,争取了时间和空间,为在竞争中取胜奠定了基础。

(十二)人所未想我想　人所未行我行

孙子兵法曰:"凡战者,以正合,以奇胜。""奇"就奇在"人所未想我想,人所未行我行"。"人所难言,我则易之",旅游招徕要谋定而后发,要眼疾手快有预见。

天津没有旅游王牌,2000年8月天津拆船公司将俄罗斯退役的海军中型航母"基辅号"买回来,准备拆掉利用废旧钢铁,这事被天津北洋航船游乐公司知道,突发奇想,认为作为旅游吸引物很有前景,于是花更多的钱买过来,搞成一个"最大军事主题公园",果然收到神奇之效,吸引了成千上万的参观者。

要"人所未想我想",就是要善于销售策划,从千万条道路中寻找一条最近的路。条条道路通北京,就看我们怎么做。

(十三)善始善终　销后服务

很多商家都懂得售后服务的重要性。现代市场竞争,不仅竞争产品质量,更竞争产品的延伸部分,即信誉和销后服务等。旅行社外联招徕就更重要,争取新顾客,拉住回头客是生意场上不变的法则。

每次旅游团队返程前,应做好回访活动,外联应前往饭店找到客人主动征求意见,改进工作才能加强今后的合作,体现我们认真和真诚。事情虽小,作用却大,可惜多数外联忽略了这一点。

"上海春秋"在中国百强旅行社中排名第一。但成立之初则起家于一间旧铁皮房里,刚起步时团队不多,但他们"逢团必保品质,结束必访客人和领队"逐步争取到不少客户,客户一传十,十传百,团队蜂拥而至,客源量不断攀升。他们的客户群50%是通过"回访"建立起来的。

回访还包括客人返家后,电话、信函、纪念宣传品的回访等,这种以诚恳待人、肯于弯腰、虚心讨教的精神,一定会感动"上帝",还怕没有回头客?

(十四)利小而为　客源滚滚

明显赚大钱的买卖,必然争抢者众;利小而为,竞争者少,小利也同样可成大利。

有一则故事讲以前一个美国人去苏联旅游,发现铅笔很贵,一看都是德国人制造,就知道苏联的制笔业很落后。于是他回国后就买了机器,从德国引进技术,当年投产铅笔,出口苏联,大赚了一笔。

昆明有家假日旅行社,专做别人不愿做的生意。几年来不断推出昆明周边一日游,将购物、泡温泉、逛新城、走乡村等集于一身,每人收费30~50元,虽被其他旅行社当做笑话,但深受市民欢迎,每天发好几个团,虽然每人只赚5~10

元,但客源兴旺,积少成多,不断发展壮大,成了昆明一家颇具规模和知名度的旅行社。参加过该社一日游的客人,以后自己或介绍亲友参加该社的长线旅游,出长线团的客人或客户也越来越多。

(十五)利益信誉是根源　商家顾客两头牵

做生意不能搞一锤子买卖,宰一个算一个。应该用服务和信誉拴住"回头客"。除了信誉外利益也很重要,承诺顾客的优惠、打折和奖励同样是牵住客人的绳子。

(十六)借助别人的喉舌宣传自己

自我吹嘘,难免有王婆卖瓜之嫌,要学会与舆论掌握者打交道,借助记者们的眼睛、镜头、文章来为自己宣传。

目前国内外旅游界常用的招徕手段之一便是组织国内外旅游商和媒体记者(尤其是旅游报刊、电视、电台记者)前来进行考察,使他们通过第一手的观察,了解并熟悉主办者的产品、主动撰文,进行宣传报道。组织记者邀请团,一定要精挑细选,最好是旅游专栏的负责人,活动组织一定要好,让大家觉得十分成功而有收获。要使考察活动组织成功,需做好规模适当控制(20~30人为宜),这样容易把邀请的活动组织得完美无缺,主客双方都满意。其次是主办者的意图一定要明确,让记者们知道报道宣传什么。

昆明曾有几家小旅行社联合推广一条新线,他们与景点经营者合作,共同邀请了20多人的记者参访团,踩线考察,由于活动组织得相当成功,记者们均以自己的眼光和判断,回来后从不同的角度撰文报道,一下子使这条新线和景点炒得沸沸扬扬,但遗憾的是由于几家旅行社对宣传的意图表现得不够明确,所有的报道均指向景点和活动内容,恰恰没有对旅行社的报道。结果人们仅仅知道有那么一个新旅游项目和景点,而不知道与旅行社沾边的事。几家旅行社虽花了人力物力和大笔费用,却收效甚微。因此,对活动的策划和达到什么样的预期效果,一定要有的放矢,控制好,才能"少花钱,多办事,办好事"。

(十七)同行集会　邀请洽谈多参与

在旅游行业,经常有很多大、中、小型活动。如酒店、景点开业,旅游餐饮、购物开张,或政府组织各类活动等,都少不了会邀请旅行社业内人士参加,也会邀请各种客户参加,会后组织会餐、游览等,业内同行在一起"同住、同吃、同游、同探讨",既增进了感情,交流了信息,又加强了联络。在业务合作上当面洽谈,可将一些设想和细节进行详细深入的研究,又会有许多新的开拓机会产生。

有条件的旅行社,也可以某个主题,举办活动,邀请业务客户前来;无条件的旅行社,可借本地政府组织的活动,邀请客户前来观光并进行合作交流,同样可收到效果。

大连国际服装节上，大连国际旅行社借机邀请了台北一家旅行社负责人来参加服装节，其间双方就今后合作发展进行了一系列探讨，彼此加深了理解，为后来开拓台湾市场迈出了第一步。

(十八) 鸿雁传情　寓意深远

逢年过节，是人们互相拜访，礼尚往来的好时机。对远在他乡的客户，也不要忘了慰问和致意。旅行社业务更是靠四面八方关系维系的，一个短信、一句问候、一封信函、一纸贺卡等，鸿雁传情，寓意深远。

人的感情，不一定要靠利益金钱才能维系，一张贺卡，虽寥寥数语，却能句句引起人旧梦重温，能让前嫌尽释。"情"会创造意想不到的奇迹，千万要在百忙之中，抽出时间，精心编织出真挚的话语，向新、老朋友传递你的情意。

(十九) "勿失小节　方成大器"

在人与人的交往中，我们每天都会碰到各种各样的礼节问题，仅一张小小名片，都透着很多学问。从互换名片中，可体现出一个人的修养品行。

自己比对方先拿出名片的人，是表示诚意。双手接过对方名片，是表示慎重、尊敬、温厚；接过对方名片，自己不递名片且无任何反应，则表示傲慢无礼和拒绝。在交换名片时，附记时间、地点的人，头脑灵活、兴趣广泛、能出主意，这类人心细、认真、能广交朋友。

经常以"名片用完了"之类的话表示歉意者，多对生活和事业缺乏长远计划，为人较为草率，会让人产生戒备心理。不分场合、对象，随便乱发名片的人，这种人常给人不踏实难信任之感。

名片虽小，却寓意丰富，怎样善用名片，可由上述而知。

印制名片，一定要有独特的风格，这不仅是企业的包装，也是自身的包装，如有的电话号码尾数为"000"，并注明"从零做起"，有尾数为"315"，并注明"天天315，质量有保证"。让结识他的人一下子就记住了他，赢得友好和合作。

恰到好处的礼节，加上让人印象深刻的交往方式和名片，可让你在招徕中脱颖而出。

(二十) 敏锐者生　麻木者死

有人做过实验，把一只青蛙放入冷水中煮，青蛙就会慢慢煮死。但如果把它扔进开水里，它会一下子反弹出来。这个"青蛙反应"的现象给人以警醒。

很多旅行社外联，在千篇一律的简单招徕方式中，逐步麻木不仁，尤其生意不好的情况下只会唉声叹气，力不从心。这就是在环境的慢慢适应中形成习惯。习惯可以麻醉神经导致反应迟钝，而迟钝就意味着死亡，敏锐则意味着生存和创新。

敏锐是一个人保持活力和创新精神的一种内在素质。工作中，常常会出现没有激情、没有点子,就说明你在习惯中麻木了,需要改变环境寻求新的刺激,需要结交新朋友寻求启迪,需要学习充电。千万记住:敏锐抗争者生,麻木背后,站着死神。

(二十一)智慧 机遇 技术 合作

当今商战,"智慧、机遇、技术与合作"已被奉为商战制胜的宝典。上述四个方面,简短8个字却内涵丰富,让人深思。

智慧排在第一,说明其重要。一个人的成功,往往是比别人多想了一招,多走出一步。

2000年,一位刚从郑州一所职业学校毕业名叫王菲的女孩,好不容易在上海开了一家花店,但生意并不好,在与朋友聊天时听说很多人把自己种花当作乐趣。她突然产生一个念头,何不经营花草籽呢?没想到这一改变,一年就为她赚了20多万。一天,她看到人们买花都挂一个纸片,如"生日快乐"等。她又突发奇想,如果能将字刻在天然的花茎上不就更好。于是她四下求索,在专家的帮助下终于培植出可以把字刻在豆上,并能长出清晰的"天天想你""嫁给我""I miss you"等字样。她给这种植物取名为"爱情魔豆",经过宣传推销后,一年就赚了上百万财富。

这样的故事不是神话,它说明智慧是首要的,有智慧,就能"种"出百万财富。

(二十二)合作与团队精神是胜利源泉

市场和竞争,让每个人都感到了生存和工作的压力,农耕文明和计划体制经济形成的人际关系规则,也正被属于市场经济的新型人际关系所替代。转型期的人们如何适应人际关系的新变化?新型的人际关系准则是什么样的?

对一个企业来说,好的工作氛围、好的人际和工作环境,是一个企业充满蓬勃发展朝气的生生不息的动力。旅行社由于独立操作性强、技术含量低的原因,大多缺少合作精神,尤其普遍的部门承包现象,更加剧了旅行社的小、散、弱状况。

就旅行社部门内部而言,几年来处于一种各自为战状态,竞争中冷冰冰的一面十分突出。员工感受到的大多是各种考核指标,集体的互助和温暖十分缺乏,有的甚至让员工赖以寄托的归宿感和安全感都全部消失,于是出现比任何一种行业都突出的频繁"跳槽"、辞职等。他(她)们走了,可能带走了客户,可能使原已有的外联基础丧失殆尽。因此,如何能容人、能用人、留住人成了旅行社管理的一大难题。

企业的成功取决于团队精神,取决于好的凝聚力,一个给全体成员"归宿感"的团队,才是最有竞争力的团队,这就需要企业营建出给职工的这种"归宿感",营造出合作与团队的精神。

(二十三)上门服务　现场销售

客源说到底是人,客源无处不在,就在于怎么去寻找。有一家旅行社外联,将他们的销售目标对准了社区居民。

他们是这样做的,他们将各种旅游资料整理成系统,图文并茂,带着手提电脑,在城市各个居民小区里"走东家,串西家",在居民小区里摆开摊子,向居民介绍旅游信息,提供出游咨询,或为其设计旅游专线,"现场办公"。此种上门服务、现场办公在保险业、电信业、医疗咨询中屡见不鲜,但旅游业中也这样做,倒是很新鲜,吸引了不少观众,他们依靠此法,坚持了一年,终于赢得信任,自组团源源不断。

这样将旅游产品现场推销,派专业人员推销的手段,需长期深入工作,实属不易,但有志者事竟成,成功往往是在别人做不到的情况下你做到了。

(二十四)人际圈子有多大　生意圈子就有多大

对于一般的人来说,人际圈子属于社会交往的圈子。这种圈子,按公共关系的理论,把之视为社会组织、群体组合和初级群体三类。每个人都离不开上述三类关系,从群体组合看,包括亲缘、地缘、业缘关系和泛业缘关系以及兴趣爱好或共同职业关系而形成的人群,如家庭、沙龙和某些协会等;初级群体则指因一时面临共同问题而聚集形成的人群。

任何一个人与上述三种社会群体都有着千丝万缕的联系,作为一个营销人员,结友织网,挖掘客源,就如同深山挖人参,挖出一棵就可带出一串,持续而挖,就越挖越多。

有个外联,经常翻查高中、大学的学友名册,主动打电话,与学友、朋友保持良好关系,组团成功率较高,靠的就是朋友帮忙,这就是生意经里所说的"人际圈子有多大,生意圈子就可做多大"。

(二十五)促销　用好环比公式

有一个公式,即客户 = 1∶25∶8∶1,这是小天鹅公司经过多次市场调查得出的环比公式。其意思是:服务好一个可以影响25个潜在消费者,这其中有8个人会有购买欲望。有欲望的8个人中会有1个实际购买。这个公式告诉我们,服务1个老客户,就会产生1个新客户,这中间不断产生25个潜在客户和8个准客户垫底,依次推进,往复循环,就会产生以倍数向前滚动发展的效应。

小天鹅依据这个调查,提出了"服务第一、销售第二"的经营方针,生意越做越大。用好"环比公式"充分说明既要重视新客户的培养,同样也要重视老客户的巩固。

（二十六）欲得之　必先予之

为抢占市场，商家们常用的方式是以低价入市，先亏后盈的做法，此已成为生意经之一。如餐厅开业，大请宾客饮宴。又如"康师傅方便面"刚问世时，为抢占市场，在天津等地举行过声势浩大的万人品尝大会等。"欲得之，必先予之"道理谁都懂，但旅行社外联该如何做呢？有几则案例可供参考：

大连一家旅行社，采取包机，逢周四发"成都、九寨、峨眉、乐山包机双飞8日游"，价格为2380元／人，这与正常市价3280元／人优惠近1000元，引来很多顾客，按实际核算，每人亏损在500元左右，每次包机亏损约5万元，一个月下来亏了20多万元。但如此低价，击败了竞争对手，垄断了大连客源，当控制了客源市场后，他们又逐步拉升价格，将价格控制在一个合理范围，由亏变盈。

贵州一家旅行社，推出几条探险游新线。一开始邀请探险者和记者组成首发团，费用全部由旅行社负责，成功后便正式向市场推广盈利。

上述两则案例用的都是"先予之"的办法，前者意在打败竞争对手，垄断市场和客源，后者在于推出新产品，抢先占领市场。两者之间其实都是为了抢夺客源，先亏后盈。

（二十七）引蛇出洞　点石成金

要招徕顾客，首先是要有具有特色和吸引力的产品。但旅游产品不易轻易改变，它牵涉了众多相关行业和产品，不是旅行社说改变就能改变的。此外旅游产品往往表现为初次购买率高，二次以上购买率低的特点，同一条线路，对已去过的游客来说很难再重复销售，而我们又不可能天天都是新产品，怎么办呢？请看：四川重庆一家旅行社十分关注三峡库区建设。虽然三峡游早已推出了十几年，但他们利用三峡的新变化，每隔一段时间，就增加或改变一些内容，巧妙利用三峡的变化，以此为契机进行招徕。在三峡工程刚开始时，他们便率先打出"告别长江三峡三日游"，之后是"三峡工程观光游"，接着是"即将沉没的三峡故景游"，还有"再见！丰都鬼城游"，再之后是"畅游新三峡，看长江新气象"，等等，常常引起轰动效应，不断以新、奇、特来吸引游客。可谓在利用人们的好奇心上做足了文章。他们通过主题的变化，在同一线路上不断吊足游客的胃口，"点石成金"，用特色来呼唤；"引蛇出洞"，使客源不断。这样的招徕方法，就是巧妙利用特色景区、景点和景观的产生，以特色或主题来提高老产品的重游率。

（二十八）变则通　通则达

有的旅行社，在产品服务及销售上，几年一贯制，使发展之路越走越窄，这是因为远离了游客越来越多样化的需求和市场竞争的变化环境。这时就必须重新整合自己的资源要素，使之与市场要素结合，转化为符合市场需求的产品或服务及销售。

2002年在深圳举办的"二十一世纪中国主题公园发展论坛"上，专家们一致认为当今旅游的趋势是"娱乐第一，追逐新奇，渴望参与"。

娱乐性、参与性、体验性、探险性越来越成为当今旅游者的时尚需求。时代在变，"变则通，通则达"，把握市场走向和脉搏，在上述时尚性方面多下功夫，就能产销对路，就会有受顾客欢迎的针对性需求销售。

（二十九）互惠互利　客户长久

争取新客户，留住老客户这谁都懂得，但在实际经营中，我们常常抱怨与客户合作的不愉快或矛盾，常常抱怨"谁偷走了我的客户"。

与客户长久而愉快的合作，这是人人都希望的事，但又是不容易的事，这就得从公共关系学的原理中去寻找答案。

公共关系重在社会或主客体之间的调节，其主要依靠互惠互利法则、主动法则和实力法则。

从根本上说，驱动双方合作的动力是双方的利益要求，合作长久而良好是建立在双方互相了解、互相合作的基础上使双方利益都得到满足，此外还需加上情感的交流和道义上的互相帮助，但这一切的基础必须是互惠互利的。

与客户的合作出了问题，首先是自我检查有否违反互惠互利法则，其次应主动沟通、协调。当然处于实力占优势的一方具有决定意义，而我们的客户总是处于势力优势的一方，这就需要我们更加主动地与之沟通，加深相互了解、理解，更多地主动进行情感和道义上的沟通，才能消除隔阂，让我们的客户不被"偷走"和流失。

（三十）满足需求　坦诚以待

在营销中，消费者的心理变化相当复杂，营销心理构成了销售中的一大法门。按照现代行为科学和心理学的观念，人的任何行为的产生皆出于他的个体需求。销量是以人的需要为作用对象，那我们的工作首先就要把满足消费者的需求作为一个基本准则。

当然人的需求是无限的、多样的。既有物质需求，又有精神需求；既有一般需求，又有特殊需求，而且，随着环境的改变，人的需求同样也会随之改变。在销售中，我们一方面既要发现其主要需求以便对症下药，可一方面在瞬间的变化中，我们又难以面面俱到满足其复杂多样的需求及变化，这时只能抓住根本的方面，这就是无论顾客的消费心理如何变化，但我们首先要做到坦诚相见，满足其知晓心理、独立人格心理和不断转移、升华的精神需求。

如有一位非常出色的业务人员，销售业绩出众，他的工作特点坦诚真挚，他以真实、客观、公正的态度和言语，将所推销旅游线路的好坏、利弊告诉顾客，并帮助他们一道分析，看似有家丑外扬、拆自己的台之嫌。其实给人以坦诚相待，实际下来，不但没有影响他的推销，反而增进了顾客的信任和理解。他"百问不厌，有问必答"，不弄虚作假，欺蒙吹骗，许多人成了他的老顾客，并主动给他介绍新顾客。

（三十一）不以衣貌取人　顾客皆上帝

招徕和外联工作中，人们常会犯的一个大忌是以衣貌取人，损害了一些顾客的人格需求。

一般来说，任何一个正常人都有独立自主的意识与需求，随着社会的日益进步，人们在社会交往、生活中则更普遍希望受到他人的尊重，并希望他的独立、自主、主动性获别人的认可，这同样是前边谈到的人的心理需求的又一普遍法则。

"顾客至上"谁都懂，但落实在外联工作具体的接待交往中却并不是人人做得到的，因为它会体现在与人交往的每一个（可能有的常被我们忽略）细小环节中。一位著名的美籍华人就因为在北京某商店购物时，受到售货员的不礼貌对待，而感到人格受辱，一气之下，直接上书我国最高领导机关。一个在上海旅游的美籍华人，因受导游的冷遇而中间退出，愤然回国。

尊重他人，尤其是顾客，满足其人格精神需求，是外联工作应时时注意的，它表现为热情周到，虚心征求顾客意见，尊重顾客自己的选择及习惯，不强人所难，夺人所好，那么可以肯定，他也必将获得顾客的赞扬和认可。

（三十二）多手准备　投其所好

外联招徕，应有多手准备，能适应不同层次消费者的需求，投其所好，事半功倍。

旅游产品，顾客买的就是一次经历，是一次旅游活动中满意的经历。推销中，首先就要让顾客在尚未开始旅游经历时，就已在你的介绍中获得了满意的经历联想。但难的是，与有形的物质产品需求不同，旅游产品更趋向于精神和文化方面，它一般较抽象；此外，人与人的精神需求更千奇百态，如享受欲、探险欲、好胜欲、表现欲、好奇欲、求知欲等等不一，没有一个定性或定量标准，这就需要业务人员去很好地了解你的顾客，去调查研究，并有充分的多手准备，以一种"理解、合作、支持"的态度，针对性地投其所好，采取相应的组织和方式去满足他们，就能找到打开招徕这扇门的钥匙。

（三十三）成人心理　招徕沟通的关键

心理学的一种理论认为，人是由 PAC 三种自我状态构成。其中 P 表示父母状态，A 表示成人状态，C 表示儿童状态。每个人身上都处于这三种状态变化中。当处于父母状态时，其表现为权威和优越感，其语言行为往往是支配性、评价性、批评性甚至是跋扈的；当处于成人状态时，是理智和稳重，是言语和行为上自信和理智、教养，具有分析、理解和平等的精神；处于儿童状态时，其表现是冲动和变化无常的,言行或任性粗暴、或事无主见、或感情冲动、或绝对盲从。

外联招徕,成功洽谈,必须处于 A 对 A,即双方均处于成人心理状态,才能进行理解、友好、有效的沟通。但实际工作中,我们发现顾客凭借其主动性或优越感,往往处于父母或儿童状态,这就需我们避开其父母或儿童心理状态,采用平衡理论去协调,即多用诉诸情感、增进情感的互动言行去进行思想交流,彼此认同,从而产生亲密感,达到关系的平衡。

(三十四)不愁货比货　更愿心贴心

这是一句有名的广告语,是上海市第一百货商店在 40 周年店庆之际,打出的广告词,在这之前他们曾构思出两类广告语:

①穿在一店,美在一店;

②不惑之年,赤诚之心。

前者有"自吹自擂"之嫌,给人一种主观认定式的单方面指向;后者又太局限,虽有顾客至上意识,但给人感觉似乎该店专卖中年人用品。最后他们终于构思出"不愁货比货,更愿心贴心"的广告语,这就不仅体现了"顾客至上"的意识,且让人感到该店是站在双方的一个共同利益的角度上,传递一种感情信息,其方式是通过自己对他人的奉献,来达到他人对自己的偏爱,让人听后感到亲切、温暖,增加了信任感。

这个例子告诉我们,在推销中要善用语言,运用情感沟通和理智相结合的方式,常常能产生即时效应,特别是在演讲中效果更佳。一般来说,在刚开始沟通时,应当诉诸情感,引起听众侧重于心理性说教,使听众进行较深的思考,以形成持久、系统的观点。

如:一位业务员,当向客户进行产品宣传时,他考虑了两种称呼:

①顾客朋友们;

②爱好旅游并有丰富旅游经验的朋友们。

由于他采用了第二种"称呼语",效果很好,再就是情感的号召常常比理性号召作用更大。

(三十五)网上招徕　客户无限

建立网站,利用网络平台和电子邮箱,形象生动、别开生面、一目了然、方便快捷。现代科技手段,冲击着传统的招徕方法,显示了强大的生命力。它不受国界、时间、天气的影响。

信息技术改变了产品与服务的传统分销渠道,一时间网络直销盛行,购买网站、建立网页成了新的经营手段,因为消费者运用信息技术可以提高获取旅游信息的能力,从而在购买产品时可以高效率并节约成本。此外,个性化也逐渐成为消费行为的主流模式。网上提供的旅游产品更符合个性化需求,旅游者可以自己利用互联网的有关旅游企业域名来查找目的地景观介绍、接待服务企业介绍等旅游相关信息,甚至可以在网上预订各种服务等。

(三十六)早策划　早耕耘　早收获

农谚说:"一天之计在于晨,一年之计在于春。"招徕客源同样要抓住时机,早耕耘早播种,才会有收获。

一年四季花开花落,斗转星移,对季节性特强的旅游业来说,皆可为,如每年三个黄金周,每年春秋两个旺季,每年两个学生假期,每年各种节庆,每年当地各种景观变化和重大会展活动等,都是抓好旅游经营的时机。要做好信息获得和市场调研,并在市场预测中有预见性,在精心策划中有创见性,在招徕中将计划落到实处。

如:学生暑假未到,就可推出"修学之旅"的主题,提前在6月初就开始宣传,突出素质教育,把学寓于旅游之中,行程为看名校、登名城、参观科技馆、拓展训练等。再如:在大学生新生入学前深入校园宣传,利用新生迫切想逛逛这座城市和景点的愿望,适时组织,应有成效。

只要主题好,目标好,时机当,再坚持不懈,每年抓住几次促销机会,同样也可成气候。

二、业务洽谈与合同签订诀窍

业务洽谈是外联工作的主要内容之一,是旅行社外联人员与旅游客户进行业务联系,商讨交易条件等,最终达成一项令双方都能满意的协议过程。

业务洽谈一般有两种形式,即面对面的洽谈和利用通信工具进行洽谈。无论哪种洽谈,目的都是为了建立业务关系或就某种产品达成购买意向。要达到目的,就需按一定的诀窍进行。

(一)准备充分

与客户的洽谈,关系重大,成败往往取决于一线之间,所以绝对马虎不得,事先一定要做好充分准备。首先是确定人员,一般应由我方直接面对该客户的外联经理或业务主管主持谈判,并准备好产品及报价等资料,按客户的预先要求做好几种谈判可能的实施方案。与客户谈判之前,应尽量从各个方面了解谈判对手。其次是要知己知彼。这种了解包括三个方面:一是了解谈判对手所代表的旅游产品的历史、现状、经济实力、组团能力、声誉、是否与自己的竞争对手合作等;二是了解谈判对手本人的经历、能力、权限、嗜好、惯用策略等情况;三是了解相关的国家法律、政策等方面的情况。尽可能做到知己知彼,才能掌握谈判过程的主动权,对谈判的内容和发展作出正确的判断。第三是制订方案。在做好上述两个方面工作的基础上,旅行社业务谈判人员要制订出谈判方案。根据对方市场需求、竞争状况、对方可能采取的谈判策略,谈判人员要制订出谈判中的上、中、下策方案以及在谈判中的进退幅度和交换条件。

(二)谈判方式

在谈判过程中,旅行社业务谈判人员应根据事先拟订的谈判方案,在互惠互利的前提下,通过友好、坦诚、认真的协商,争取达成产品购买协议。方式如下:

谈判开始后,我们应先将所编制的旅行社产品向对方作详细介绍。并就对方提出的问题作出细致的解答,使得对方能够在较短的时间内熟悉产品的内容、特点、销售价格、购买方式、付款条件等情况。

在介绍完产品之后,双方应就产品的细节、价格、购买和付款方式等具体问题逐一商讨,最终在双方均有所调整并达成一致的时候实现购买,此时我方要不失时机地与对方签约并收取预付金等。

(三)洽谈行为技巧

一是选择好洽谈的时间、地点。这一点对洽谈效果有很大影响。在时间上应避开身心处于低潮的时候,如中午或下午下班前,在连续紧张工作之后人们的思绪比较零乱;或在休息日后第一天早上,人们在心理上可能仍未进入工作状态;或在傍晚4~6时,此时人一天的疲劳在生理、心理上已达到顶峰,心情极为焦躁疲惫。

二是要有自信心理。洽谈不仅是实力的较量,同时也是心理的抗衡,自信是洽谈成功的关键因素。外联人员在业务洽谈中首先应有自信心理,给客人以可信赖的感觉,冷静地控制自己,分析形势,把握时机,善于应用各种谈判技巧达到目的。

三是认真观察分析。要积极倾听对方的发言,做到主动耐心,察言观色,并能注意细节,及时反馈。充分理解对方的要求和意愿,并有针对性地予以答复。善于倾听和思考,才能捕捉有益的信息,抓住对方的要领,正确得出观察分析结论,掌握主动权。

四是学会等待与沉默。洽谈中等待与沉默也是不可缺少的。随着洽谈的深入,对方的经验、风格等会显露得逐渐明晰,我们可有针对性地适当调整洽谈策略。而在一定的时候,等待与沉默也是洽谈中心理抗衡的一种表现,当对方承受不住时,就会妥协。当然也可以运用一定的技巧和礼仪,主动打破僵局以掌握谈判的主动权。

五是机智和风度。在洽谈中,要时刻注意冷静地控制自己的激动,尤其要尽量避免表现出愤怒或严厉指责对方的行为,机智、冷静、风趣、不失风度永远是谈判制胜的法宝。

(四)洽谈语言技巧

洽谈语言应当以协商性语气为主,适当运用礼貌以求达到风趣、得体的效果,具体表现在洽谈上就是提问、应答和拒绝的技巧。

1. 提问技巧

首先要注意提问的时机,提问前应先取得对方的同意,或是在对方发言的间隙之间与结束之后,或是在对方发言的前后。当要提出一些敏感性问题时应先说明提问理由,以示对对方的尊重。其次提问的语气和态度应表现得彬彬有礼、温文尔雅,避免使用威胁性、讽刺性、盘问式或审问的语气。三是可采取多种方式。一种可采取引导式,即指出答案具有强烈暗示性的问句,以此引导对方赞同自己的观点;一般以反义疑问句的形式出现。另一种是澄清式,即针对对方的答复重新措辞,使它得到进一步的证实或延伸,表现出提问者对对方答复的重视,或要求对方进行更确切的回答。还有一种是封闭式,即能带出一定答复的问句,多用于提问者想获得特定的结果或确切回答的场合,往往具有一定的强迫性。

2. 应答技巧

由于洽谈有很强的竞争性,冷场、对抗是常有的,这时需运用一些幽默风趣的语言来融洽气氛。因此要学会灵活用语,并能适时转移话题。此外,应答时还应先弄清对方的真正意图,如只需局部作答的问题,则无须和盘托出;如果是些不值得回答或不便回答的,也不要不作答,可以"顾左右而言他"。或用一些行得通的原因作借口。

3. 拒绝技巧

洽谈免不了拒绝。但拒绝应根据不同对象、不同要求作出不同的选择。如当对方的要求过分时,可用提问拒绝法;当面对过去合作不愉快,但现在纠缠不休的客人,可用借口拒绝法;当自己仍不能接受其全部条件时,可用赞赏拒绝法。总之,拒绝时不可使用教训、挖苦、嘲弄的语气,尽量不使用批判性的词汇,更不能勃然大怒。

[实操问答]

[问答1] 旅游网上冲浪者一般有哪几类需求特征?

答:一是直接寻找信息者;二是间接寻求信息者,这类人没有明确的信息要求目标,只想在网上获得令他们惊喜的信息等;三是免费品寻觅者;四是娱乐追求者等。

[问答2] 推销人员登门拜访时,最重要的心理准备是什么?

答:不怕失败,积极主动和想到就要做到。

[问答3] 在组织中间商考察时,应注意哪些方面?

答:①正确选择中间商;②考察团规模适中;③准备合理可行计划;④创造融洽的气氛,与中间商建立良好的私人关系。

[问答4] 外联人员应从哪些主要方面发现客户?

答:①参加各种展销会;②向异地组团社寄发产品报价资料;③派遣推销小组至客源地开展营销活动;④在本地宣传促销建立当地自组团客户。

[问答5] 旅游招徕为何要创新? 创新最首要的是什么?

答:随着旅游需求越来越多样化,就迫使我们不仅要在产品上创新,在管理上创新,在招徕营销上同样需要创新。只有创新才能使企业有发展活力,才能拓展新的目标市场和巩固已有的市场。

创新最首要的是观念上的创新。成功学第一代宗师安德鲁·卡内基的秘密口号是"一切财富,一切成就,最初就是一个念头而已"。只有观念创新,才能摆脱对传统的羁绊,才能在营销中有所突破。所以创新型营销是保持营销持久生命的最佳营销方式。

[问答6] 创新型营销包括哪些方面创新?

答:应从产品创新、市场创新、宣传促销创新和分销渠道创新等方面去创新。

[问答7] 怎样才能与客户保持良好而长久的合作关系?

答:与客户建立良好而长久的合作关系是外联工作中一个十分重要的方面。争取新顾客、留住老客户才能客源滚滚、财源不断。要留住老顾客首先要互惠互利,其次是主动沟通、协调,在情感上交流,及时消除产生的矛盾,在彼此不断加深了解、理解和相互信赖的基础上,才能更加长久而稳固地合作。

[经典案例]

[案例1] 一次成功的大篷车促销行动

案情: 中国旅游促销团赴美促销

"新世纪——中国赴美大型促销活动"于2001年6月14日至7月1日在美国芝加哥举行。

这次赴美促销团由国家旅游局组织,全国9个省市旅游局和14个省市包括20多家旅行社代表组成,随行还有一个15人的民族歌舞团。

宣传促销的方式为"大篷车巡游"。所有促销人员分乘4辆大巴,车身绘有中国长城、故宫、桂林山水、秦兵马俑、丝绸之路等景点。促销团从华盛顿开幕启程,经费城、里士满、赛兰多至纽约,形成一道充满活力的移动大广告。促销人员在各城市举办了一系列拜访,接受媒体采访和举办了9场大型活动。

此次以大篷车及公演式的形成促销,引起了美国及世界媒体的关注。当促销团在各地举办活动时,邀请到当地官员出席并致辞,宣布当日为"中国旅游日"并鼓励市民到中国旅游。据统计,有30余家媒体作了相关报道,普遍反映良好。促销团在美举办的一系列活动,吸引流动观众达数万人,通过媒体了解的不下百万人,为树立良好的中国旅游整体形象起到了促进作用。

点评: 该案例是对旅游目的地一次典型的形象促销战略,它既涵盖了整个中国旅游目的地及旅游产品,同时又涵盖了参加营销企业的形象和产品营销。在这次营销活动中,采用了"大篷车巡游",举办系列大型活动和系列拜访等促销方式,皆具有直接推销、广告推销和公关促销的方式,所以效果良好。

[案例2] 人走茶"热"

案情: 重视答复顾客意见

某假日旅行社,每次送团均由导游请客人填写意见书,并将所有的意见书上交给主管外联的周副总。一次周副总在仔细阅读"意见书"时发现了一份充满失望和不满的意见单。北京五环路外贸公司的一位陈先生在参加该社组织的东北哈尔滨旅游期间,随团队下榻于某饭店,退房时总台电脑显示陈先生曾在饭店歌舞厅消费过,但事实上这位陈先生并未进过歌舞厅。当时他坚持要求复查,但电脑都显示陈先生有此消费,由于地陪的不协调和其他团友的催促,他只得付了这笔冤枉钱。在此后的行程中,他一直心情不佳,所以在征求意见书中写道:"景点很美,但人心不佳,住店被宰,导游不管。"

周副总看了这份意见单后,将导游叫来核实,并亲自到某饭店要求核实。经过反复调查,发现原来是舞厅收银员记错了房号,于是他们立即联系陈先生,在电话里表示了歉意,并将他被冤枉的消费金额通过邮汇如数奉还。

点评: 旅行社的"客人意见单"实际是旅行社收集有关信息的重要手段,通过收集客人意见,更好地提高服务和管理水平,才能进一步巩固客户关系,争取更多的客源。但征求意见不难,难的是发现问题应及时处理。某假日旅行社重视答复"客人意见"并能纠正错误,才可能将原本已失去的客人变成"回头客"。

[案例3] 颜色之旅

案情: 有特色、有感召力的宣传

近年来,大连的旅游促销做得风生水起,各旅行社积极配合政府对外促销招徕,他们以"颜色之旅"进行的有特色、有感召力的宣传效果明显。他们在对内对外的宣传上,集中思路、统一作战、步调一致,打出"浪漫之都——多彩的大连"这一诱人招牌,即进行了颜色市场划分,如:针对老年人推出"银发之旅";针对青少年推出"金梦之旅";针对春季推出"红樱之旅";针对夏季游客推出"蓝海盛情之旅";针对秋季推出"金果之旅";针对度假休闲游客推出"绿茵环保之旅";针对品味海鲜者推出"七彩海鲜之旅"等。积极推出这些新颖、形象、生动、活泼、吸引力强、颇具感召力的项目和线路,目的只有一个:全民营销大连,请远方的客人来大连,在大连留下来。

点评:有特色、有感召力的宣传,能为增加消费者购买欲望,实现对旅游促销目的添翼;政府与企业和整个旅游行业的精诚团结、共同奋进,是能否促销自己的关键;宣传不可少,旅游更讲究宣传,要善于宣传,要提炼有特色的主题,必定会为提高促销效果和促进游客的逗留天数起到积极作用。

只要大家携手共同努力、互惠互利、加强对外招徕、统一市场开发,设计出新颖独到、优美可行、具有强烈地方色彩的旅游线路,勤于业务耕耘,坚持不懈地努力,那么,明天的旅游经济一定会开创一个更加崭新的局面,再上一个新的台阶。

[案例4] **做最有价值的广告**

案情:2002年五一黄金周,深圳首次直飞银川的包机满载130多位深圳游客徐徐起飞,直奔大西北。与此同时,负责该项目的国旅国内部经理也松了一口气!因为在此之前的一周,市场对这趟包机线还没什么反应,幸好最后一周形势急转直上,否则,损失不堪设想!转变的原因,除了游客临近报名的因素,很重要的一点是广告的改变。首先是产品名称由原来的"宁夏银川6日双飞团"改为"塞上江南行宁夏6日双飞团",引发读者对宁夏银川的向往,从而勾起出行的欲望;其次是广告设计由原来无主题变为"驼铃声声大漠行",给整条线路一个明确的定位与概括性的性质说明;还有就是他们对行程价值的提炼,具体表现为,原来是罗列旅游节目,现在突出"第一次"的独特体验:

第一次乘深圳包机直飞宁夏,

第一次骑骆驼观长河落日,

第一次,在沙漠绿洲万亩沙湖观鸟,

第一次,支持"治沙"亲手种下一棵树。

并且在广告图形、色彩及广告位的选择上也作了调整,把它从综合广告中提出来,而放成一个独立专题广告,色彩效果强烈,给人一个整体的深刻印象。而事实证明在作这些调整是多么的必要而有效。

点评:做广告是有学问的,选择什么样的媒体,以何种形式和内容体现主题都是值得研究的。除讲求广告策略等有关方面外,这里还需强调的是广告定位的选择。该案例从综合广告中提出来,而放成一个独立专题广告,色彩效果强烈,给人一个整体的深刻印象。同样的东西,不同包装,销售结果可能完全不一样!用"塞上江南行宁夏6日双飞团"替代"宁夏银川6日双飞团",可以让人明了该产品的基本特征,避免同新疆、西藏、甘肃等地点的混淆。同样,在沙漠浓厚的色彩和骆驼的突出形象下,配以"驼铃声声大漠行"的产品主题,给人很直观、强烈的印象。诸多的"第一次"增强了该团的独特性、差异性,让人有"物以稀为贵"之感。在众多的线路广告中,此广告无疑让人眼睛一亮,过目不忘!

当然,此种广告成本高但效果好,它用精彩的画面、凝练的语言、悦耳的音乐去"煽情"。只要广告做得好,就能招徕更多的客人,对旅行社而言是利大于弊的。

[实践练习]

1. 与客户在电话洽谈中有哪些技巧?
2. 洽谈业务中有哪些语言技巧?
3. 外联发现客户有哪些渠道或方式?
4. 对本地客源的营销有何意义?
5. 外联在旅游淡季应做哪些工作?
6. 外联售后服务体现在哪些方面?
7. 与客户的合作应注意哪些方面?
8. "当今社会,消费者要求越来越高,在众多的品牌中、在众多的商品中、在众多的信息中,消费者用审视的、挑剔的眼光,像上帝一样挑选着自己所爱,商家所能做的,就是发现其需求并充分满足他。"你同意此种说法吗? 为什么?
9. "当我们好不容易有了一个好的产品和好的价格,千万不要忽视'包装'和'推广'这临门一脚! 这一脚可能决定一场球赛的胜负!"你同意此种说法吗? 试举例说明。

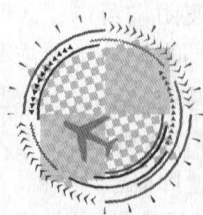

第七章 客户计划操作与销售渠道

[培训重点]

本部分主要讲述客户计划类型、外联客户计划工作的步骤、外联客户计划及管理原则、客户计划的内容和实际操作以及旅行社产品的销售渠道。

通过本部分学习,您将了解到客户计划的内容和制作,客户的发现筛选和培养;了解旅行社产品的销售渠道,包括海外销售渠道与旅游中间商、国内销售渠道与旅游中间商等内容。通过本部分学习,您还将了解到旅行社网络营销的优点以及如何开展网络营销。本部分重点强调客户计划与销售渠道,目的是让外联工作能直接而有效地按计划发现和培养客户,并完成旅行社的销售任务,通过培养顾客对产品的偏爱和忠诚度,达到外联营销的目的。

[专题论述]

一、客户计划

(一)客户计划的含义及分类

1. 客户计划的含义

计划工作包括选择任务和目标,以及完成任务和目标的行动。换言之,计划就是一个组织要做什么和怎么做的行动指南。

旅行社外联通过制定合理的计划并按照计划决定工作步骤与方法,可以减少资源浪费,更好地实现企业营销目标。旅行社在市场营销管理中,常会遇到很多不可控因素,因此,客户计划工作就显得十分必要。

2. 客户计划的分类

客户计划可分为很多种类,在企业不同的发展阶段,为了实现不同目标,企业需要制订不同的计划与之相配。

(1) 长期计划与短期计划

长期计划时间一般在3至5年以上,短期计划则一般在一年之内。长期计划是短期计划的汇总,而短期计划则是长期计划的分解。

(2) 客户战略计划与客户作业计划

客户战略计划指的是应用于整体组织,为组织设立总体客户目标和寻求组织在所对应的环境中确定客户地位的计划,客户作业计划则是规定总体客户目标如何实现的细节计划。在时间上,客户战略计划趋向于覆盖较长时间段,而客户作业计划则一般是在较短的时间的计划。在外联客户经营管理中,战略计划与作业计划都占据较重要的地位。战略计划决定旅行社客户的发展方向、发展目标与市场定位等根本性问题,而作业计划则保证旅行社客户的日常接待、营销等业务的正常进行。如旅行社外联工作中大量存在的日、周、月接待计划都是客户作业计划的一种。

(3) 客户指导性计划与客户具体计划

客户指导性计划只规定方针,不确定行动方案;客户具体计划有明确的目标,包括具体行动方案。指导性计划灵活性较强,一般是总体计划,具体到部门、个人,为了实现既定目标,就有必要制订详细的具体计划。

企业的计划是必不可少的,外联客户计划同样在外联工作中必不可少,而且是十分重要的,它同样有自己的具体内容和要求,这就是目的或使命、目标及实现的策略和手段、工作的实施和步骤、总体的规划和预算等。

(二) 外联客户计划工作的步骤

1. 描述宗旨

计划工作要正确理解并贯彻企业的宗旨,通过计划制订出行动方案以最终实现组织宗旨。因此在制订客户计划时,必须对旅行社营销使命与宗旨有一个清楚的了解,并作出准确描述,让参与计划制订与实施的外联人员都能理解企业精神,才能有利于计划的顺利制订与实施。

2. 评估状况

客户计划工作的另一要旨是一定要认清企业所处现实状况。现实状况是企业计划的起点,也是制订计划的重要依据。要通过分析本旅行社所处市场的内外部优势、劣势、机会、威胁(即SWTO),对企业状况作出准确定位。只有通过对主客观两方面的正确估计,才能制订出有效的客户计划。

3. 确定客户发展目标

这里指的是确定客户发展计划的目标。对组织宗旨、现状未来发展计划有了清楚的认识,就相当于清楚了前进的方向与起点,依据这两者就可以决定在某一阶段可以走到哪里,即希望通过计划实现哪些目标。多数情况下,目标不是单一的,而是由整体目标、部门目标等构成的目标体系,往往还包括产品、市场、人力资源、管理规范等具体方面的内容。

4. 制订方案计划

方案计划是企业的行动路线,要清楚地告诉实施者要什么、怎么做、由谁做、何时做、何处做等具体问题。在编制计划时,要确定几种可供选择的可行性方案。

5. 评价、挑选备选方案

就是依据一定的标准对几种备选方案进行评价,而后从中选择出最优的可行方案。在这一环节,尤为重要的是选择合适的评价标准。评价标准的差异会直接影响决策结果。此外,对不同要素所赋予的权数对结果也有明显影响。面临种种方案,决策者往往难以选择。有时分析与评估表明有两个或两个以上方案可供选择,在这种情况下,也可将一个方案确定为首选方案,其他方案确定为后备方案,这样可以增加未来工作中的弹性与主动性。

6. 编制预算

为实现客户计划目标,外联必须有相应投入,必须在计划开始时就对投入规模心中有数,作出资金准备。有的外联不重视预算,经常出现计划半途而废的情况。预算环节是计划工作的最后一步,也就是用数字方式来表现计划。

(三)外联客户计划及管理原则

1. 灵活性原则

在计划中加进灵活性,可以减少因市场变化或突发事件带来的风险。这个原则要求在制订计划时留有余地。这样,当意外事件出现时,可以根据现实状况及时进行调整。客户计划的灵活性原则必不可少,因市场和人事变化的不可控制因素太多,变数太大,因此灵活性要求就更强。

2. 限制因素原则

这一原则强调的是客户计划编制者要充分认识影响计划实现的主要限制因素,依据这一要素最终选择方案。根据限定因素原则,计划的最终实现状况往往是由最主要的限制因素决定的。这一原则也被称为"短边原理",即木桶的盛水量是由其最短边决定的。在旅游业涉及的诸要素中,也往往存在着"短边",如旅游旺季的交通就是制约的一个瓶颈,编制计划时一定要努力识别这些要素,努力解决限制问题。

3.许诺原则

许诺原则是指客户计划的期限应当延伸至适当远,以便在此期限内能够实现当前的许诺。根据许诺原则,计划时间的长短应取决于实现计划中许诺任务所需要的时间。计划时间太长或太短都是无效的。管理人员不是计划未来的决策,而是计划当前决策对未来的影响。因此,如果外联经理发现实现许诺所需的时间比合理的计划期还长,就要适当减少计划中的许诺内容。

(四)客户计划的内容和实际操作

1.客户战略计划(长期计划)的内容和实际操作

在明确企业总体市场目标或使命的基础上,客户战略计划就需要外联专门的组织机构和人员来围绕总体计划,进行客户计划制订并实施,这是达成具体目标的保证。外联部实施客户计划组织机构有分客户作业型结构、市场作业型机构、销售+计划作业型机构、产品分类型作业机构。

(1)分客户作业型机构

即在外联部经理下面设外联业务经理若干名,每个业务经理下又有业务员若干名,每个经理分管几个母系统客户,而每个业务员下面又分管若干个子客户,这样,就形成一个战略客户大网络。(如图7-1所示)

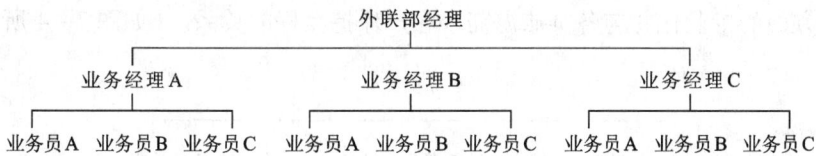

图7-1　分客户作业型机构

(2)市场作业型机构

即是把客源按客源国家或地区的目标市场来分成几块进行管理,如欧洲一块,美加一块,东南亚一块又分印尼、马来西亚、新加坡和泰国等,而每一个国家或地区又依据目标市场再接着按城市细分为如曼谷、清迈等。(如图7-2所示)

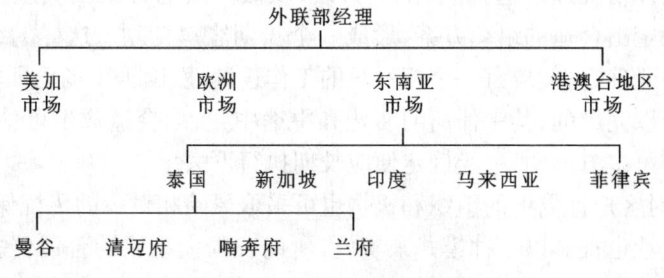

图7-2　市场作业型机构

(3) 销售 + 计划作业型机构

即把销售部分和团队计划作业部分分开，分设销售业务岗位和计划业务岗位，各司其职，销售业务员负责线路的制作推销工作，之后交计划业务员进行房、车预订及各地联络。(如图7-3所示)

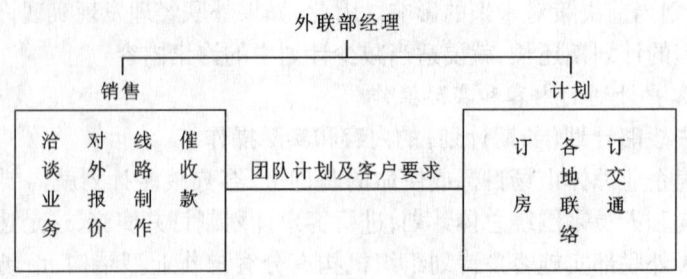

图7-3 销售 + 计划作业型机构

(4) 产品分类型作业机构

即按消费者需求和产品类型进行客户计划作业分类和管理。如观光类、度假类、探险类、科学考察类、商务和会议类等。这样有利于外联业务人员在客户计划方面的专业化并与各类旅游需求客户保持良好的关系。(如图7-4所示)

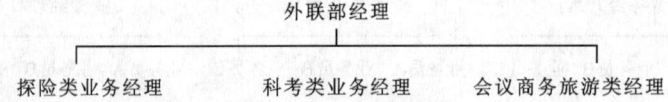

图7-4 产品分类型作业机构

以上四种客户计划组织机构，各有优缺点，它属于客户战略计划或客户长期计划在组织机构方面的一个部分，它只能围绕旅行社总体市场目标，并根据本企业主客观具体情况加以选择或补充、修改，以最有效的方案去实施整个客户计划，选择、确定出合适的组织方案，形成一个长期客户计划。这样的组织方案和客户计划一经确定，便应有一个相对长的工作连续性，因为市场也即客户培育不是短时间可以完成的，其中任何的变化和中途中止，均会造成不可估量的损失，所以确定前可多方斟酌，一经确定便应长期执行下去。

当然，对客户计划中的组织和机构也可采取风险相对少的传统保守做法，或者有的旅行社也很难以一种模式来实施，所以我国大型旅游公司更多的是将客户计划组织分为三大类，即市场一块、销售一块、计划一块。每一块又包含着各

自的具体内容。(如图7-5所示)

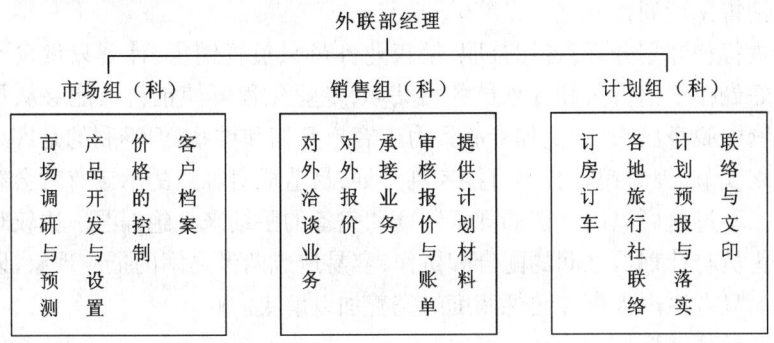

图7-5 大而全的组织机构

这种大而全的组织结构基本上将外联销售业务都列在其中了。各旅行社外联部只能根据本企业的具体情况,如企业规模、发展方向、客源对象及各方面的因素进行最合理、最有效的组合。

2. 客户作业计划(或短期计划)组织

前面谈到,作业计划组织是围绕战略计划总体目标如何实现的细节(具体落实到每个人)的计划。

(1)客户作业计划组织类型

①分客户作业计划

部门经理—业务经理—业务员,每个人各司其职,有自己分管的客户和业务范围,每人对自己的业务从客户开发、管理到业务洽谈、落实计划直至审核账单、催收款项等全部一手包揽。这种作业类型在组织上的好处是业务员与客户之间的联系紧密,互相配合比较默契。业务员组团,自己落实计划心中比较有数,差错率小。缺点是由于业务员各管一摊,各项工作"一手管",造成各自为政的状况,业务员集销售、计划作业和财务的部分工作于一身,别人帮不了忙也插不上手。部门经理难以管理,对于业务员来说因为所有事都要做,而其主要精力在团队的计划作业方面,整天被一些琐碎之事缠身,很难再去做市场和销售方面的工作,使客户计划难以有效实施。目前我国很多旅行社仍采用的外联组织结构基本属于这一类,这也是成为我国旅行社小、散、弱的原因之一。

②分市场作业计划

把市场按国家或地区分,其作业方式与前面分客户作业计划相同,故其利弊也大致相当,略有不同的是分市场的作业法,业务员对其负责的市场情况熟悉更专业化,缺点是在某一市场特别旺或淡时,易造成各块业务景气严重不平衡,各块之间互相不交流和互助的情况。

③销售+计划作业型

将销售和计划分开,各司其职,销售业务员只负责销售,计划只负责预订联络等。好处在于销售员和计划员各司其职,专业化程度使销售员能够从具体琐碎的事物中脱身出来,能更加专心致力于客户开拓和维系,但不利的是容易将销售与计划脱节,因为销售员不直接控制计划,易造成对客户的承诺有时会有出入的情况。不过这可以用严密的规章制度和完备的手续来杜绝漏洞。比较难解决的是销售员与计划员之间的配合和协作,容易造成两者之间的扯皮现象,以致影响工作。只有通过人事和奖惩制度的完善加以解决。

④产品分类型作业计划

按产品分类来确定外联人员岗位,好处在于专业化和利于开拓市场,建立更为紧密的客户关系。可把有产品偏好的客户联系在一起。但不利的是客户变动大,因任何一个消费者均不可能永久地只偏爱某种产品,容易造成客户计划的偏执和狭小等。

(2)客户作业计划人员的基本职能

①外联部经理

应全面掌握旅游市场动态,抓好新产品的开发与新产品市场开拓;努力扩大客户量;组织与重要客户的业务洽谈和参与重大的公关应酬;检查各业务员的工作效率与质量;协调各部门各科之间及本部门与其他部门之间的关系,搞好本部门的业务及思想工作;调动全部门的积极性,对本部门各个环节进行有效的管理。

②市场业务的职能

进行市场调研与预测,进行产品设计以及提供决策依据。负责价格的控制,一方面是本旅行社销售价,要求根据市场情况提出合理而有竞争力的价格;另一方面与各协作单位签订有关协议,以获得采购方面最优惠的价格。制作宣传册子和宣传广告,搜集国内外旅行社、饭店、交通、旅游其他设施的相关资料,并建立信息资料库,以便随时提供使用。

③销售业务的职能

积极推销本社的旅游产品,负责对外洽谈与报价业务,承接旅游业务。对客户进行有效的管理和密切的联系,向客户提供有关信息。对已销出的旅游线路以及客户订单,及时制作行程计划表和要求等,提供计划业务员落实。及时做好团费的结算工作,注意汇款和催款,建立客户档案等。

④计划业务的职能

负责对预报团队的吃、住、行、游、购、娱等计划给予具体落实。即根据销售人员交来的团队计划和要求,做好各种预订和变更处理,负责与客户(组团社)和接待社的各项联络,确认、建立团队联络档案、团队计划的变更联络等。

3. 客户计划管理

(1)客户的选择

选择与自己合作的客户(这里主要指异地旅行社及集团购买消费者),主要应该考虑以下三个因素:

一是客户实力。指合作旅行社的人力、物力与财力。我们所需寻找的合作伙伴(客户),虽然不是说经济实力越强越好,但也不能是"皮包公司"。这种公司没有固定的经营场所或无旅行社的合法经营手续,除了名片上的头衔外便是一无所有或所有极少,容易造成团队拖欠款的呆账和死账,这方面的教训是深刻的。

二是客户素质。这是合作旅行社负责人应该具备的良好基本素质,如为人可靠、开拓进取、合作谅解、善于经营等。寻找客户,但不能让个别投机钻营者利用我们急于求成的心理和一时的轻信造成不良后果,与信誉好的客户合作,才能产生良好的效果。

三是资金信誉。资金信誉指的是按时付款。作为海外旅行社,应当在团队抵达前半个月将团款汇到接团社的账户上。国内组团社应将团款提前十天汇到接团社账户上,这就是"先付款,后接团"的原则。但是近几年来组团社对接团社拖延付款的情况屡见不鲜,尤其有的组团社在与接团社建立合作初期,尚能按时付款,但之后便开始拖延欠款,这是需要引起注意和防范的。那些"重合同,讲信誉"的旅行社,是值得进一步加强合作的客户。资金信誉是与客户合作最重要的信誉,外联业务人员应该通过各种渠道对合作客户的情况尽可能地了解和掌握,以免处于被动境地。

(2)建立客户档案

了解客户,加强与客户的联系和合作是外联客户计划操作的重要内容,只有建立完整的客户档案,才能提高客户计划操作在市场开拓和营销上的效率。其作用表现为:

可以使外联无论在市场作业还是计划作业上随时了解客户的历史与现状,通过综合、分析、比较,了解问题,预测未来,探索扩大合作的可能性,并对不同的客户确定不同的对策。如对公共客户,应有公共客户的策略;对大的客户应有特殊的条件和优惠;对一些小客户,如认为有发展前途,可加以重点培养。

建立客户档案内容如下:

①姓名,年龄,简历情况,婚姻状况,家庭成员等;

②公司全称,起办时限,注册资金,经营方式,信誉;

③与我国旅游合作从何时开始,与哪些旅行社联系过;
④每年来华团队批数,团队等级,特点;
⑤曾几次来华,主要目的,与哪些旅行社联系过。

(3)及时向客户提供信息

与客户保持联系,首先就是要向客户及时提供信息,包括我方的新产品及报价,各相关产品的价格变动以及我方的情况变动等。其次是向客户了解其他各方面的信息,如对方的客源情况、市场需求、市场价格变动等。做好双方信息交流,从我方来说,可围绕新开放的游览区域、新增加的特殊项目、新的服务设施、新的交通情况(特别是飞机航班、铁路车次的改变)等及时向客户通报。对并非紧急的信息,可以用邮寄的方法传递,以降低经营成本,对有极高价值的信息,如价格的变化及交通的变化等,可用传真、电子邮件的形式。

(五)客户的维持巩固和发展策略

客户的发现、选择和培养,都不是容易的事,需要外联部的经理和人员用心和依靠客户工作计划来完成。同样,客户的维持、巩固和发展,更需要有客户计划的实施来保证,才能使旅行社获得固定的客源。对客户关系的维持、巩固和发展,可采用多种计划管理策略。

1. 客户分级制度策略

凡是和旅行社发生过交易关系的个人和组织都是旅行社的客户,根据他们对利润的贡献能力可以将其分为不同的等级,从而可给予不同的优惠政策。

分级标准为:消费量、消费者、消费额、消费频度、消费等级(经济等、标准等、豪华等),为旅行社创造的利润总额、利润率、顾客所在地区、推荐新顾客数量和结果等。

2. 维持客户策略

(1)定期研究客户消费情况的变化

可以通过对客户满意情况的定期询问和了解消费者市场,以获得客户满意度的变化情况,掌握市场动态,及时对自身经营作出调整。这样可及时解决双方合作中的矛盾,消除隔阂,以巩固合作基础。

(2)分析变化的主客观原因

客户情况的变化来自主、客观两方面的原因。主观方面,由于客户自身原因比如组织内部的变化、身体原因等;客观方面,有消费潮流的变化、其他旅行社的竞争、相关群体的影响等。外联人员了解到原因后应提出相应的解决方案。

(3)对流失客户再分析

外联人员应对那些停止与我社合作而转移去与竞争对手合作的客户进行访谈,了解其中原因,是因为价格还是服务?或者产品没有适应顾客需求的变化?

一种正在上升的流失率通常表明顾客满意率的下降。对流失客户除采取挽留措施外,还应当记录在案。包括原因、采取的手段和效果等,以便改进客户计划管理。

(4)重要客户的培育方法

重要客户是指知名度高,对我社有特殊贡献以及多次购买本社产品的回头客等。这些客户是旅行社的宝贵财富,除了要给予价格上的优惠外还可以提供一些特殊优待,对他们的建议和要求应充分重视,定期举行一些联谊活动,让他们感到受重视,这是推动他们继续作为本社客户的有效方法。此外,还可以采取下列三种方法:

①增加客户的财务利益。对某些忠诚的客户,支付相同的价格可享受更好的产品。最通常的做法是对经常性的顾客或大量购买的顾客给予优惠性奖励,包括累计优惠和数量优惠。这类做法可以建立起顾客对本社及产品的偏好。但是竞争对手同样也会以此方法争夺客户,所以我们应当运用增加公关销售和增加顾客良好印象的方法强化自己的竞争优势。

②增加顾客良好印象的方法。通过了解顾客的需求,提供专门化与个性化的产品与服务,以此建立与客户的良好关系。如由专门的外联业务经理对某些客户进行定期联系,详细了解他们各种需求信息,熟悉他们的名字与个人喜好等,并有针对性地保持与之良好的关系。

③与客户建立稳定的联系,如免收部分费用、免费提供通信设备、建立联系机构与客户进行长期而稳定的沟通等,从实体上加强与客户的关系。这种方式适用于公司、机构等自组团体市场。很多旅行社通过与大公司和政府部门等建立固定联系,使自己成为大公司旅行业务的代理,这是非常成功的做法。

3.顾客投诉处理策略

顾客在旅游活动中认为自己合法权益受到损害时,往往会采取行动来保护自己的利益,以求获得物质上和精神上的补偿。这种行动通常表现为投诉。对于客人投诉,是不能忽视的,很多回头客都是在投诉中得到满意答复之后成为忠诚的顾客。

投诉包括显性投诉和隐性投诉,表现形式不同因而处理方法也不同,处理的目的都是为了了解顾客的需求,改进自己的服务与管理。

(1)显性投诉的处理方法

当顾客以书面或口头等向旅行社和有关部门进行投诉时,是显性的方式。投诉的原因是多方面的,但投诉的心理不外乎三种:求补偿、求尊重、求发泄。只有了解顾客投诉的原因和心理,才能有针对性地进行处理。

旅行社外联在处理投诉时需注意:一是高度重视;二是仔细倾听,并保持冷静,做必要的记录;三是尊重客人,及时调查了解;四是迅速答复,采取相应的处理措施。若当场无法答复,则应向客人说明答复时间,不可拖延;五是记录在案,以备必要时核对;六是积极改进。旅游者投诉的地方,一般是旅行社管理相对薄弱的环节,旅行社应对旅游者投诉的方面及有关方面进行积极改进。

(2)隐性投诉的处理方法

相比较于显性投诉,更多的是隐性投诉。根据国外的调查,只有占不满意顾客总数的5%以下的人才会投诉,大多数人只是简单地转移到别的旅行社去,自己或者影响别的顾客不再回头或购买,因而隐性投诉的破坏力更大。对隐性投诉,一般企业不重视也无从了解顾客不满意的原因。

通常每次购买旅游产品后,消费者非常满意和极端不满意的人在所有人中都是少数,更多的人处于两者之间。非常满意的人一般会成为忠诚顾客和回头客,极端不满意的人容易产生显性投诉,而中间的人则会成为游移群体,即使不满意也不会成为显性投诉。对于他们,旅行社应当予以重视,了解他们的意见,努力争取他们能够继续成为回头客。可以通过顾客意见调查表和定期走访等多种方法主动与之接触。了解他们的意见,变隐性投诉为显性意见。也可以通过设立投诉电话,来了解这部分顾客的真实意图。

二、旅行社销售渠道

(一)旅行社销售渠道

旅行社销售渠道,是指旅行社将其产品提供给最终消费者的整个流通途径,也叫销售分配系统。一般而言,根据旅游产品在流通过程中是否经过中间商转卖来划分,可将旅游产品的销售渠道划分为直接销售渠道和间接销售渠道。

1. 直接销售渠道

直接销售渠道又称零层渠道,是指旅行社直接向旅游者出售其旅游产品,两者之间不存在任何中间环节介入,即达成旅游产品的流通与消费。我国经济发达的国内旅行社,目前大都采取零层渠道,就地招徕客源;而旅游资源相对丰富的地区,则通过横向联系获得旅游接待的机会。

2. 间接销售渠道

间接销售渠道,是指在旅行社和旅游产品的最终消费者之间,介入了中间环节的销售分配系统。如我国的国际旅行社通过国外的旅游批发商或旅游零售商销售其旅游产品时,采用的就是间接销售渠道。

(二)海外销售渠道与旅游中间商

目前,我国的国际旅行社在国际入境旅游业务中主要采取两种形式的间接销售渠道。

1. 通过旅游零售商向国外消费者销售产品

一般情况下,通过这种渠道销售的产品均为包价旅游,这类产品既适合零散消费者,也适合团体消费者。

2. 通过旅游批发商或经营商和零售商向国外消费者销售产品

此种形式主要用于销售量大、差异性小的某些入境旅游产品。在国外旅游市场上,国内旅行社在产品组合与销售上的主动权较小,如入境旅游产品操作程序基本上是由海外客户根据市场需求来进行组织并销售,往往是客户提出具体产品,问国内旅行社能不能做。国内旅行社的产品难以进入海外客户的产品小册子,就无法直接上市。在产品销售上,我方处于被动状态。我国国际旅行社在国际入境旅游业务中的销售渠道可概括为图7-6所示。

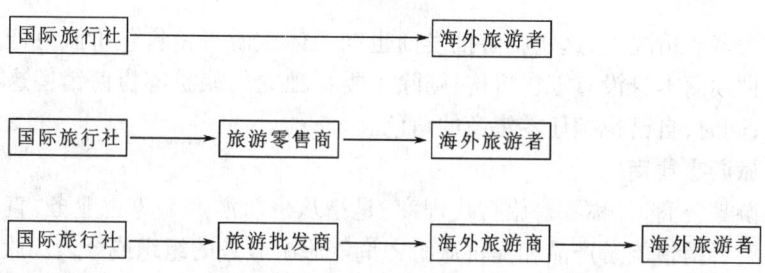

图7-6 我国国际旅行社在国际入境旅游业务中的销售渠道

除直接向海外客源地招徕客源外,许多国际旅行社还注重不断加强与其他组团社的关系,通过横向联系招徕、接待消费者,国内称之为地联业务。为使外地组团社对自己有充分的了解,开展地联业务的旅行社应及时向相关组团社提供信息。这些信息主要包括本旅行社的接待能力、旅游活动的安排情况、收费标准、各类附加费标准、当地饭店房价、当地旅游资源情况和当地交通状况等。

在出境旅游产品的销售方面,国际旅行社主要采取直接销售渠道方式,同时也采用通过其他旅行社代理销售的间接销售渠道方式。

(三)旅游中间商

旅游中间商是指介于旅游产品生产者与旅游消费者之间,专门从事销售旅游产品的组织或个人。它可以形象地理解为是旅游产品从生产者到消费者的分销链条上的连接环。

旅游中间商包括旅游批发商或经营商、旅游零售商等。

1. 旅游批发商

旅游批发商,是指专门从事各种旅游产品的组合,然后通过零售商网络或航空公司向公众进行推销的旅行社。国际官方旅游组织联合会指出:旅游批发商是一个销售企业。它在旅游消费主体提出要求之前,准备好旅游活动和度假地,组织好旅游交流,统计好各类客房,安排好各种活动及提供整套服务,并事先确定价格以及出发和返回日期,即事先做好完备的旅游产品,由其下属销售处或作为零售代理商的旅行社将旅游产品出售给团体或个体消费者。

旅游批发商的主要职能有:向目的地及中转地的外联社购买并组合包价旅游产品,然后通过旅游零售商销售出去。因此,国外旅游批发商经营我国包价旅游产品的主要办法是:由我国组团旅行社通过外联谈判将旅游线路卖给外国旅游批发商,由其印发产品宣传册分发给各地的旅游零售商,委托零售商向旅游消费者出售,然后将各地零售商招徕的旅游者汇集起来组成旅游团,送到目的地进行旅游。

在大多数情况下,这些旅游批发商也向团体旅游者销售包价旅游产品。如果旅游批发商本身没有零售机构,则除了委托独立的旅游零售商销售这些包价产品外,同时,自己也担任零售商的角色。

2. 旅游零售商

旅游零售商,又称零售旅行代理商,是指从事旅游产品零售业务,直接面向广大旅游者销售旅游产品和提供旅游咨询等旅游服务的组织或个人。旅游零售商是世界上旅游产品销售渠道的主要环节,它可以独立经营,也可以是某一批发商的下属机构,受其指导和控制。国际官方旅游组织联合会指出:旅游代理商属于服务性企业,它的主要特征是:作为旅游者的决策顾问,提供有关旅游产品的信息,向其出售所需的旅游产品;受各旅游产品供应商的委托,按照合同的约定条款出售旅游产品。旅游零售代理商起到交易中间人的作用,并不承担任何风险,接受旅游产品供应商的酬劳方式主要是按照合同,从旅游产品销售总额中提取一定比例的佣金。

旅游零售商的主要职能有:在其所在地区代理旅游批发商和提供行、宿、游等旅游服务的旅游企业,向其顾客销售旅游产品,接受预订后将旅游者介绍给批发商并索取佣金。

(四)旅游中间商的选择

如何事先进行中间商的质量评估,以选择合适的间接销售渠道呢?我国有的旅行社主动寻求中间商,通过查阅专业刊物、参加国际旅游博览会、派遣考察团、向中间商寄送信息资料或旅游接待服务,都可以找到许多旅游中间商。评估候选中间商的质量,至少应考虑中间商可能带来的经济效益等方面的因素。

1. 中间商可能带来的经济效益

旅行社选择中间商还应考虑到在对中间商提供一定的支持和援助后,能否获得最大的销售量或销售额。在这里,通过估测中间商的单位销售费用和销售总额,就可以基本衡量中间商的效果。如果对方是从事代理业务的中间商,所考虑的就是对方所要求的佣金率。当然,旅行社还应该根据自己的经营实力,在利润大小和风险高低之间进行均衡。因为,在利润相同的情况下,风险最小的销售渠道应是最理想的渠道,但利润和风险往往在很多情况下是成正比的。

2. 中间商目标市场与旅行社目标市场的一致性

中间商的目标市场或代理商所联系的旅游消费者必须与旅行社的目标市场相一致,而且在地理位置上应接近旅行社客源较为集中的地区。这样便于旅行社充分利用中间商的优势进行产品推销。例如,美国是我国国际旅行社的主要目标市场之一,而美国只是一个大的地理概念,其出国旅游市场并非均匀分布,而是相对集中地分布在有限的区域。据美国旅行与旅游局的统计,美国出国旅游的50%集中在加州、纽约、新泽西、佛罗里达、得克萨斯和伊利诺伊六个州,日本的出国旅游者相对集中在东京都、京阪神和东海三大城市圈,比例高达68%。在德国,北威州的杜塞尔多夫、多特蒙德等城市,巴伐利亚州的慕尼黑和斯图加特,以及北部的汉诺威、不来梅等都是出国旅游较集中的地带。英国出国旅游者的13%来自伦敦、27%来自英格兰东南部、12%来自西北部,亦即占总量的52%。因此,旅行社选择的旅游中间商,在地理位置上应接近这些客源相对集中的地区,并在此基础上考虑旅游中间商的目标市场与旅行社目标市场的一致性。

3. 中间商的商业信誉与经营实力

中间商应有良好的履行合同的信誉,这方面的情况一般可从有关银行或咨询调查机构中进行了解,摸清中间商在业务活动中是否守信用,有无长期拖欠应付款或无理拒付应付欠款的历史等。国外旅行社在考察与选择中间商时,一般根据ISO9001.4.6的采购要求,首先了解旅行社的资信和满足合同要求的能力。其次了解旅游中间商的人力、物力和财力状况、服务质量、销售速度及开展促销和推销工作的经验和实力等。经营实力不能完全以企业大小来判断,应依据相关的统计和调查资料进行综合分析、评估,并按评估结果排列有关中间商的顺序。

4. 中间商对旅行社的业务依赖性

有的国外旅游中间商专营或主要经营中国旅游业务,对中国比较了解,与我国旅行社合作紧密,对中国旅游产品的推销也很尽力,如英国促进旅行社、日中旅行社、日中和平观光公司等。这些专营中国业务的旅行社大都为中小规模,其中有许多旅行社经济实力不强,销售渠道不够宽,抵御风险的能力差。

有的海外旅游中间商经营多个旅游目的地的产品,对某个具体旅行社依赖较小,甚至不存在任何依赖性。这类旅游商一般经济实力雄厚,商业信誉好,经营方法比较正规,企业的规模也较大,销售渠道宽,抵御风险的能力比较强。

对我国旅行社而言,这两类中间商都有可取之处。通常许多旅行社与这两类中间商都发展业务关系,但专营中国业务的中小旅行社的发展潜力总不如大旅行社,因此开辟客户的重点应放在大旅行社上,要通过旅游宣传提高他们对中国旅游产品的兴趣。大旅行社一般注重长远发展战略,大规模经营也是其主要特点,所以我国旅行社应多设计有利于他们的价格策略,如数量折扣等,但最重要的问题始终在于产品质量保证,因为有影响的旅游中间商很珍视自己的商业信誉,只有在他认为所合作的旅行社质量高、信誉好、配合默契时,才会稳定地大批量输送客源。

5. 中间商的数量

旅行社在同一地区应选择适当数量的中间商。因为过多,会造成促销方面不必要的重复与浪费,而且中间商本身也会因粥少僧多而影响推销积极性;中间商过少有可能形成垄断性销售或销售不力的局面。

6. 中间商的合作意愿

旅行社和旅游中间商之间的合作关系实际上是一种双方情愿的关系,因此,旅行社在选择中间商时,所选取的对象必须有与我方合作的诚意。有些中间商是为多家同类旅游产品供应者代理零售业务,那么合作诚意就更为重要,否则无法保证其积极推销我方产品。总之,选择中间商是旅行社在开拓销售渠道工作中,必须加以认真对待的课题。它不仅需要有战略的眼光,而且需要有务实的精神。只有综合考虑上述因素,才有可能获得与条件理想的旅游中间商的合作。

(五)旅行社的销售渠道策略

旅行社在销售其旅游产品时,可供旅行社选择的销售渠道策略有直接销售渠道策略和间接销售渠道策略。

1. 直接销售渠道策略

我国旅行社的出境旅游和国内旅游产品一般采用直销方式销售,即直接在旅行社的门市部面向广大旅游消费者进行销售。因此,旅行社的直接销售渠道策略就包括了旅行社门市部的设立、销售人员的选择和销售工作的基本规范。

2. 间接销售渠道策略

(1)广泛性渠道策略

广泛性渠道策略是指旅行社对旅游中间商不加限制,通过众多的旅游批发商,把旅游产品广泛地散布给各个旅游零售商,以便及时满足旅游者需求的渠道策略。这一策略就是在某一市场上,凡是愿意推销本旅行社产品的批发商都可以和他建立业务关系,相应地我方旅行社也不禁止对方购买自己竞争对手的产品,彼此都没有约束。对经营国内旅游业务的旅行社来说,广泛性销售渠道策略是指广泛委托各地旅行社销售产品、招徕客源的一种渠道策略。

旅行社采取广泛性销售渠道策略的目的是建立一个由大量旅游中间商组成的松散网络,扩大产品的销售范围,提高经济效益。在旅行社开始向某一目标市场推销产品时,有利于寻找、发现理想的中间商。这种渠道策略的不利之处在于销售成本高,旅行社必须同大量的中间商联系,渠道费用多,控制难度大。

广泛性销售渠道策略,一般适用于旅行社开辟新市场时期和对客源比较分散的大众化观光旅游产品的销售。目前,我国旅游产品处于买方市场,即入境旅游市场处于供大于求的状况,国际旅行社普遍感到客源不足,都希望和更多的海外旅游中间商建立业务关系,故大多采用广泛性销售渠道策略。

(2)专营性渠道策略

专营性渠道策略是指旅行社在一定时期、一定地区内只选择经验丰富、信誉高的一家旅游中间商来推销旅游产品的渠道策略。通常是在一个客源市场内只找一家旅游批发商作为自己在当地的独家代理或总代理,也就是说,旅行社只向该旅游中间商提供本旅行社的产品,该中间商则只向本旅行社提供客源,双方均不得在当地同对方的竞争对手进行业务往来。例如英国的促进社、日本的日中旅行社、韩国的华丰旅行社分别只经销中国在该地区的旅游产品。

这种渠道策略的优点在于销售成本低。旅行社可以对中间商经销活动进行控制,降低渠道费用。这种渠道策略的不利之处在于市场覆盖面窄、风险大,若中间商选择不当,则可能影响相关市场的销售。

因此,专营性销售渠道策略适用于旅行社开辟新市场之初,推销某些客源层比较集中的特殊旅游产品以及品牌知名度和美誉度高的豪华型旅游产品。目前我国旅行社面向欧、美等地区国际旅游市场提供的包价旅游产品,基本上都是采用这一策略进行销售。

(3)选择性销售渠道策略

选择性销售渠道策略是指旅行社只在一定市场中选择少数几个信誉较好、推销能力较强、经营范围和自己又比较对口的旅游中间商进行产品销售的渠道策略。这是一种较理想的策略,该策略取上述两种策略之长而避其短。这种销售渠道策略的成败在很大程度上决定于对旅游中间商的考察。采用该策略的旅行社,往往是在最初投放产品时采用广泛性销售渠道策略;当销路稳定,利润增长时,便改用此策略。这种销售渠道策略的成败在很大程度上决定于对旅游中间商的考察。旅行社根据对旅游市场上不同旅游中间商的考察,发现那些在市场营销、组团能力、企业经济实力、信誉等方面具有一定优势,而且其经营的业务与本旅行社基本相同的旅游中间商,通过谈判与他们建立起比较稳定的业务关系,由他们充当本旅行社在当地的销售代理。

（六）旅行社网络营销

该部分内容在第十章专门论述。

三、旅行社产品的销售过程

旅行社产品的销售需要经过一个复杂的过程,而且不同产品交易的销售过程也不尽相同。但是,一般来说,旅行社的销售过程通常由以下步骤组成：

(1)旅行社销售人员通过不同方式向旅游者或旅游中间商推出其产品(线路、节目和价格),后者或全盘接受旅行社的产品及价格,或对旅行社的产品和价格提出修改意见,甚至放弃旅行社推出的产品而提出自己的产品要求。

(2)旅行社销售人员根据旅游者或旅游中间商的实际反应和具体要求,对产品作出必要的修订,编制旅行日程表,核定产品价格,反馈给旅游者或中间商,请客人确认。客人在确认购买后,向旅行社提供游客名单,通知入境时间和抵达的交通工具。这一步骤,有时需要反复多次才能完成。

(3)在向国外旅游者或中间商销售旅游产品时,旅行社在获得客人的最终确认后,将向我国驻外使领馆发出签证通知,客人凭此办理入境签证,并根据旅行社要求按期付款。

(4)旅行社销售人员将旅行日程表和相关资料移交给接待人员,由接待人员落实具体接待事宜。

[实操问答]

[问答1] 为什么会产生旅游投诉？

答：产生投诉的原因多种多样,大致可以归纳为三大类：一是旅行社接待人员的原因,如导游服务缺陷。二是协作部门方面的原因,如住宿、交通工具等不理想。三是旅行社顾客自身的原因,如心情恶劣等也会诱发投诉。

[问答2] 在计划操作中,用车有哪些规范要求？

答：一般车子的座位数应多于客人数,如11人可乘14座面包车,13人就应换19座现代车或者25座金龙车。对外入境团8人以下可自带行李,8人以上要配备行李车、行李员等。

[问答3] 在计划作业中,必不可少的"五订"是什么？

答："五订",即：订房、订票、订车、订导游员、订餐。此外,还有上下站的联络,计划变更等事项。

[问答4] 从哪些方面说服客人采取购买行动？

答：一是产品资料要准确充分，可按地区划分，整理出线路＋图片＋光盘成套材料，也可装订成册，以图文并茂的形式供客人翻阅或印刷成单页、活页让客人挑选。

二是对客人的询问要热情周到，耐心细致，谈话内容关键在于消除疑问、打消顾虑，如详细介绍价格与活动内容，帮助客人算一下账；还可同别家相同产品进行比较，进行对比分析。

总之，客人有疑问，这是正常的购物心理，不必大惊小怪，只要耐心地循循善诱，春风化雨，定能奏效。

[问答5] 对要求过分的客户该怎么办？

答：对客户一方应充分重视，对其要求和意见在重视、尊重的同时，也要有礼有节地处理，对过分和苛刻的要求，只能实事求是，绝不勉强，要婉言谢绝。当然有时也要视情况灵活处理，采取耐心解释，以情动人，以理服人加部分满足的方式来缓和僵持的谈判，但无论如何绝不能过于勉强。注意据理力争的同时，态度一定要和蔼可亲，彬彬有礼。

[问答6] 旅行社作为旅游中间商，要求营销人员应具有什么样的市场营销意识？

答：旅行社作为旅游中间商，要求营销人员应具有强烈的市场意识，能根据国内外旅游市场的需求变化，作出迅速反应，开发旅游资源，创新旅游产品，发展多种形式的旅游商品经营。

[问答7] 旅行社营销人员在和旅游中间商打交道时要具备哪些方面的素质？

答：(1) 具有较强的政策法规意识，了解党和国家有关的方针政策，熟悉经济法律知识，掌握对外方针政策，熟悉中外文化差异；

(2) 一般应具有中专毕业或同等学力水平，懂得市场预测、市场定位、市场竞争以及产品、价格、销售渠道和促销等营销知识；

(3) 具有较强的销售业务工作能力，懂得面对不同的旅游中间商，采用的形式和销售方法也不尽相同，但万变不离其宗，主要有：

①业务洽谈：具体方式有函件、电话、电报、传真以及面对面的谈判等，无论采取何种方式，旅行社营销人员都应具有较强的业务应用文体的写作能力和口头表达能力；

②报价核价：要具备综合应用各种定价方法的能力并将报价交专职财务核价；

③确认签约：确认签约是销售部门日常工作的一项主要组成部分，旅行社营销人员在和旅游中间商签订协议或合同时，要详细了解对方的经营实力、商业信誉和信用等级等，同时认真估计本公司实力，绝不信口开河，对签约应按法律程序办理。

[问答8] 如何有效地发现旅游中间商？

答：旅游交易会是发现旅游中间商的重要途径。参加国外和国内旅游交易会，是寻找发展的旅行社常采取的促销方法，主要是旅游交易会给了旅游业内人士一个彼此看见和被看见的交流与贸易的机会，届时业内关键人士齐集会场。这种交易会在旅行社界起着很重要的作用。但参加交易会要花费不少的费用，所以要有选择地参加并力争有效果。参加旅游交易会应注意的问题有：

（1）展前准备阶段。包括宣传材料、展台设计、大会资料索取、商务信件准备等。

（2）在参展期间。包括布置展台、熟悉环境；工作人员穿着打扮，言谈举止；人员安排；身份证件展示；信息咨询等。

（3）在展览结束后。包括建立客户档案；对参展成绩评估；及时分析最新需求信息，产品行情，推销手法；总结分析成绩与不足之处；强化客户记忆，及时跟踪调查等。

在旅游界，一次见面就成功的买卖是很少的。因而必须反复参加交易会，指定专人研究参加方式及策略，这样，才可能有效地强化客户记忆，提高知名度，巩固与客户的关系。

[问答9] 旅游行业今后的发展方向如何？

答：传统旅行社基于不同业务种类的水平分工体系，存在承包、挂靠等不符合现代服务业发展要求的经营管理模式，最终造成了旅游市场"散、弱、差、小"的顽症。旅行社如何能够完成从"小而全"向"大而专"的转变，必须要通过将电子商务引入管理系统，以减少成本，提高效率。如2003年10月锦江通过收购兼并整合了原上海中国国际旅行社股份有限公司、上海锦江旅游有限公司、上海华亭海外旅游公司、上海旅行社等上海最大、最知名的国际、国内旅行社。现在有自营和加盟的门店有64家。上海锦江国际旅游股份有限公司通过建设电子商务系统、整合分销平台，用有限人力支撑了三倍于以往规模的加盟店运作。但是，让传统旅行社转变、融入现代电子商务理念并不是一件容易的事。国内各家旅行社在多年发展过程中习惯于散兵作战，巨头级旅行社从业人员规模可以达到成百上千人，还不包括加盟店；而小型旅行社还在一边寻找客户，一边为散落纷杂的订单头痛不已。上海的"春秋"国旅去掉机票业务，大概能拿到20亿的营业额。整个旅游产业缺乏集中度。当中国一些有规模的旅行社分别达到50亿营业额时，才有可能比肩国外旅游企业。所以，我们需要在此基础上通过电子商务系统加以整合，推动传统旅行社向互联网方向发展。

［经典案例］

［案例1］ 作业细心，注意条理

案情：每一个外联业务经理的桌上，往往各种卷宗堆积如山，经常忙于各种琐碎事务的经理们忙得不亦乐乎，有时，为了查找一个电话号码或一份计划，浪费很多时间。这里提供了一个最简单的窍门，将客户分门别类进行细分，实施条理化管理即可。

将自己经常或需要联络的客户建立档案，分一、二、三类客户，将他们的姓名、地址、通信方式、企业情况及与我方合作情况等信息存入电脑，同时给每一位客户通过量体裁衣为其设计的产品陈列其后，注明"对×××社（公司）的报价及线路"。并将所有关于该客户的有关资料附于其中，做到一客户一档案，以便随时备查和调用。

点评：客户计划就是按规范化、标准化、程序化进行操作，只有熟练的客户计划操作，才能使琐碎的工作有序并提高效率。

［案例2］ 责任到人，制度作业

案情：工作中，往往出现销售与计划脱节的矛盾。销售不问计划，而计划不管销售，常互相扯皮，导致客户的不满意，如何改进值得思考。

某旅行社外联部实行销售与计划分开操作。这样可以使两块工作更专业化和提高两方面的业务效率，但在实际工作中经常发生很多脱节的情况，请看这则例子：计划业务经理称，已按客户要求将航班改签后延一天，但实际上是应该后延两天，可机票已出票了，再做必然带来困难，这是谁的错呢？销售业务经理说他通知计划说的是两天，可计划经理说他听到的是后延一天，两人扯皮不休，后来旅行社便作了一个新规定，凡旅行社内部之间业务来往，一律"责任到人，签字为凭"，此后再未出现过类似的问题。

点评：为防差错，销售与计划应良好配合。旅行社内部管理应有各种责任落实措施，在外联部应有一份"客户计划表"，销售应将客户要求——标明，而计划则应在表格中将各项计划落实情况——标明，落实一项，标明一项就可避免差错和工作遗漏。外联客户工作，应慎之又慎，对客户的意见要充分重视，只有加强内部管理，责任到人，制度化、标准化操作才可避免差错，赢得客户。

[案例3] 快且准是旅行社作业水平的体现和赢得客户的关键

案情: 对客户的询问是外联业务中常遇到的日常工作。每当电话铃响,应有人立即接听,在耐心周到的同时,还应做到快且准。

快,就是回复对方的询问和报价等,要凭借熟练的业务水平迅速答复,即使不能立即答复的,也不可超过24小时。速度往往代表旅行社的作业水平,一定要争分夺秒。

有这样一则例子:北京一家旅行社与客户商定至云南的旅行计划,但细节方面(景点情况、住宿、餐饮及价格)吃不准,于是立即打电话给云南合作的地接社询问,但接电话的业务员一时不能给北京方面准确回答。之后,该业务员仍不能及时回复,北京方面只好另打电话给云南别家旅行社。并将地接交给了这家旅行社。这样的事在旅行社业务工作中屡见不鲜。因为每一个客户,与之合作的竞争者不只你一个,谁动作慢,谁的客户就将丧失。

准,就是回复客户准确无误,不虚报,不放空,不变化无常。回答客户的询问,不能模棱两可,似是而非,如"大概""可能""差不多""也许"等,只会让客户对你失去信心。另外,承诺的事,不能随便改变。如:一个日本豪华团将启程前往中国扬州,日方旅行社将该团用餐等细节与扬州地接社进行了商定,并提出一系列要求,如第一餐为扬州菜,第二餐为鲁菜,第三餐为川菜,第四餐为安徽菜,第五餐为湘菜,最后告别为沪菜。对这样的菜式要求,扬州接团社外联经理不敢肯定答复。只说尽量满足,而日方坚持必须按其要求办。事后该外联部经理也未督促落实,弄得该旅游团怨声载道,对此,日本方面组团社决定今后再也不跟扬州这家接团社合作,好端端的客户竟如此失去。

点评: 商场如战场,必须争分夺秒,必须准确无误。想到没有做到,一切等于零;做到了却慢半拍同样功亏一篑。在激烈的市场竞争中,客户是上帝,是衣食父母,这点始终要牢牢记住,否则你将失去客户,失去市场。

[案例4] 没有门市部的旅行社

案情: 世界上绝大多数的旅行社都是通过门市部直接向旅游者销售旅游产品,但在20世纪90年代末的法国,出现了一家名叫德格利夫的旅行社,它的知名度和营业额位居全法国第二,然而,这个旅行社却有一个非常特别的地方——没有门市部。

没有门市部,旅行社该如何销售产品?原来,德格利夫旅行社是在充分调查旅游市场的情况下,利用因特网和各种媒体,通过市场营销组合来宣传销售其旅游产品。具体策略如下:

(1)广告策略。利用电子媒体开展业务,充分利用因特网的普及,建立自己的旅游网页,使每个上网的旅游者都能看到其产品。

(2)产品策略。推出多种旅游产品,并提供迅速、优质服务。

(3)价格策略。在产品价格上狠下功夫,确保价格优势,以保证对旅游者的吸引力。

(4)公关策略。加强与各种媒体的联系,注重宣传,使广大旅游者熟悉企业的形象。

点评:网络营销为旅行社树立市场形象、实现双向交流、开展在线交易提供了广阔的发展空间。在知识经济时代,信息就是旅行社营销的核心资源,没有信息,旅行社就没有方向,信息不灵,旅行社的方向就不明。而最快、最多、最全面的信息来源就是互联网络。因此,现代旅行社市场营销离不开电脑,离不开网络。可以预见,在新的时期,网络营销将给旅游业这一朝阳产业带来新的曙光,给旅行社企业带来机会和挑战。以电脑业发展为基础,信息产业的发展和网络的全球化,使旅行社可以一种全新的方式进行自己的营销活动,用较低的成本将活动范围扩展到全国、全球,参与国际市场竞争。

[案例5] 发展新的旅游地

案情:英国一个大的旅游批发商从研究和预测资料、旅行社代理商的反馈和竞争者小册子的信息中,分析出如下结果:同竞争者的业绩相比,该旅游批发商在长距离的市场份额方面落在了后面。批发商现有的长距离旅游集中在佛罗里达,该市场份额已从55%下降到38%。长距离市场的一揽子度假增长迅速,记录的数额增长44%。中南美洲是该批发商销售增长最快的目的地之一,在这一地区有竞争优势。同加勒比地区相比,批发商在中/南美洲的一揽子价格有很强的竞争力。批发商具有积累渠道的经验和购买力的机会,这已在墨西哥的度假地方面起到作用,其中许多还不为英国市场所知。墨西哥与美国之间新的自由贸易协议为墨西哥带来大量旅游基础设施投资的可能性。

鉴于以上的初始分析,该批发商决定实施进一步的详细计划,以决定引入这样一个新度假地的可行性。这个计划在参观了墨西哥的度假地并同旅游代理商、饭店和航空公司进一步讨论后被制订出来。

点评:该案例说明旅游批发商可以通过研究和预测资料、旅行社代理商的反馈和竞争者小册子的信息中了解自身所占的市场份额,通过分析实施引入新度假地的计划。而一份新的可行性计划应包括以下的详细信息:

(1)度假酒店和床位的可获得性;

(2)质量、服务标准和设施的可获得性;

(3)能和运输业者谈判的内容、成本、线路、起飞时间,出发日期等;

(4)批发商用不同方式开发度假酒店不同品牌的可能性;

(5)促销机会,包括与墨西哥旅游局的联合广告;
(6)推荐的价格和加价结构;
(7)计划的销售额和利润预测。

[实践练习]

1. 客户计划有哪几种分类,各有什么特点?
2. 一份客户计划应包含哪些内容?
3. 请拟订一份客户作业型计划。
4. 市场作业型计划有哪些优缺点?
5. 对顾客投诉有何处理方法?
6. 模拟一家旅行社,试制定一份销售渠道的选择报告。分析说明该企业为什么要选择某种营销渠道。
7. 分组各自扮演旅行社门市柜台的销售员和旅游者,尝试向旅游者销售旅游产品,从中体会直接销售渠道的优点、缺点。
8. 据美国旅游业协会1997年进行的调查显示,曾有1380万美国人在互联网帮助下安排旅行社,有630万人通过互联网进行预订。在我国,招商国际旅游总公司是第一家上网的旅行社,该社先期投入了约260万元人民币,租用了一条专线,申请了20多个访问地址,增加了相应的硬件设备。随后,一些大旅行社集团也开始自行开办、自行维护网站,如中国国际旅行社总部、中国青年旅行社、中国旅行社总社、上海国际旅行有限责任公司等在国际互联网上纷纷建立了自己的主页,以推销特色旅游产品,树立企业形象。一些中小旅行社则委托网络服务供应商建立并维护自己的网站。据不完全统计,目前我国已有300多家旅行社在网上开设了自己的网站。我国旅行社应用国际互联网促销尚处于初级阶段。许多旅行社对互联网促销的重要性缺乏必要认识,认为网上促销比较遥远,促销效果也不如传统手段。在实践中,不少旅行社仍依靠传统的通信手段做业务,电脑主要用于内部的文字处理、财务核算等工作,总体上我国旅行社入网比例不高。请结合以上资料谈谈你对互联网促销重要性的认识。

第八章 国际旅游市场与外联营销

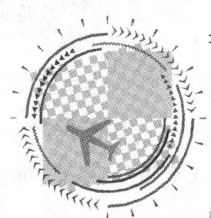

[培训重点]

本部分主要讲述国际旅游市场宏观环境(包括社会文化环境、经济环境、政治法律环境、技术环境、物质自然环境和金融环境等)、旅行社常用的国际市场营销方式(包括间接营销方式、直接营销方式和全球营销方式三种)、国际旅游市场营销组合策略,以及中国加入世界贸易组织后的营销对策等。

通过本部分的学习,您将掌握国际市场营销的概念,了解国际旅游市场营销方式和国际旅游市场的营销组合策略,掌握中国加入世界贸易组织后的营销对策,掌握其中的技巧和方法,并在此基础上应用于工作实务中。

[专题论述]

一、国际旅游市场与外联营销概述

(一)国际旅游市场营销概念

美国著名营销专家 Philip R. Cateora(《国际市场营销学》作者)认为:"国际市场营销是指在一国以上把企业生产的商品和劳务引导到消费者或用户中去的经营活动。"国际旅游市场营销,是国内市场营销的延伸与扩展,是指旅游企业在一国以上从事经营与销售的活动。

(二)国际旅游市场营销环境

营销方式要取决于它所处的环境条件。旅行社的国际市场营销环境包括微观环境和宏观环境。微观环境主要包括旅行社本身的状况、供应者、中间商、竞争者、顾客和公众等。市场营销不仅是一种经济活动,而且也是一种社会活动,因此要受到宏观环境中各种因素的制约和影响。宏观环境是指那些给旅行社带来营销机会和环境威胁的主要社会力量和社会条件,包括社会文化环境、经济环境、政治法律环境、技术环境、物质自然环境和金融环境等。这里主要介绍旅游市场营销的宏观环境。

1. 经济环境

经济环境是影响旅游营销的重要因素,直接关系到市场状况及其发展趋势。在国际旅游市场营销中,国际间的经济衰退、经济事件的发生、突发事件等,都会给旅游业带来严重的影响。

(1)经济规模。在进行国际旅游市场营销时,重要的问题是对目标旅游市场的潜力进行评估,这就要求营销人员必须了解目标市场经济发展的规模、变化速度和发展趋势。经济发展因素包括国民生产总值(GDP)、人均国民生产总值、收入分配、个人消费模式等各种因素。

①国民生产总值。国民生产总值是指一个国家(或一个地区)当年用货币表示的所有最终产品和服务价值的总和,它代表该国的经济发展水平。从营销角度来讲,国民生产总值是反映一国总需求规模的指标。

②人均国民生产总值和收入分配。人均国民生产总值是指一个国家(或一个地区)每人平均的国民生产总值。人均国民生产总值直接关系到消费者的购买习惯、购买力等。人均国民生产总值高,其购买力也高,旅游消费市场的潜力亦大。据权威研究表明,一般情况下,人均国民生产总值达到800美元就会产生国内旅游需求,人均国民生产总值达1000美元以上,就会产生国际旅游需求,达到1500美元以上,旅游需求就会迅猛增长。

③可支配收入。消费者个人收入包括工资、红利、保险费、退休金、赠予等收入。可支配收入指消费者扣除应缴纳款、生活必需品支出后,可自由支配的那部分收入。消费者的可支配收入增多,用于旅游或其他活动的开支随之增多。法国统计学家恩格尔(E. Engd)提出(也叫恩格尔定律):一个家庭收入越少,用于购买食物支出占家庭收入的比例就越大;国家越穷,公民平均用于购买食物费用占平均收入的比例越大;随着家庭收入的增加,用于购买食物费用占收入的比例就会下降。因此,只有当人们具有足够的可支配收入时,人们才会选择旅游消费。

(2)经济发展阶段。不同的国家,国情不同,经济发展状况也不同,人们对旅游的认识和认可程度就会存在差异。经济发达国家,交通便利、通信先进、设施完善、资金雄厚,其旅游的人数就多。同时,发达的经济本身使本国(或地区)吸引了更多的客人。相反,一个战火不断,设施落后的贫穷国家,即使旅游资源十分丰富,游人也会望而却步。旅游市场营销要想做到有的放矢,取得良好的效果,必须对各国各地区的经济发展状况进行分析。

(3)货币汇率。货币汇率是不同国家、不同货币之间的比价,它对国际旅游需求的变化起着十分重要的作用。当客源地货币升值,则居民用于旅游支出的货币就会减少,因而旅游需求就会增加;反之,货币贬值,居民用于旅游支出的货币就会增加,因而旅游需求就会减少。对旅游目的地国家(地区)来讲,货币升值,旅游减少;货币贬值,促进旅游。如1997年东南亚经济危机时,东南亚国家的货币贬值,人民币相应升值,于是我国兴起了一阵"新马泰"旅游热。

2. 社会文化环境

文化是人类在社会历史发展过程中所创造的物质财富和精神财富的总和,它包括价值观、伦理道德、宗教、美术、艺术、风尚习俗等。在旅游市场营销面对的诸多因素中,社会文化环境是最复杂的环境,它不像其他环境那样显而易见、易于理解,但却时刻影响着旅行社的营销活动。社会文化环境包括目标市场居民的文化程度、相关群体影响、民俗习惯、宗教差异等方面。

(1)文化程度。文化程度取决于教育的发展水平,而教育水平又反映人们的文化素养,影响他们的消费结构、购买行为和审美观念,从而影响旅行社的营销活动。受教育程度高的,思想比较开放,容易打破传统的束缚,追求生活的高质量,从而有强烈的旅游需求。

(2)相关群体影响。相关群体,就是能影响一个人态度、行为和价值观的群体,如家庭、邻居、亲友、周围环境等,他们受相同社会风尚的影响而形成相似消费倾向。就影响力而言,购买者的家庭成员对购买行为的影响最为强烈,因为每个人都会受到家庭成员(尤其是受到父母)的影响,包括宗教、政治、经济、价值观等观念的影响。因此,家庭促销的对象主要是家庭的核心成员。在相关群体的影响力中,除了家庭影响力外,由于人的社会属性,决定了个人购买行为还要受从众心理、所处社会阶层等因素的影响。因此,旅行社市场营销工作时刻要注意在相关群体中制造影响力,以此带动客源市场的拓展。

(3)民俗宗教。所谓风俗习惯是人们长期自发形成的习惯性的行为模式,是一个社会大多数人共同遵守的行为规范。风俗习惯涉及社会生活的方方面面,如婚嫁习俗、节日习俗、商业习俗等。世界上不同国家的风俗习惯千差万别,甚至在同一国家或同一地区里也有极不相同的习俗,正所谓"十里不同俗,百里改规矩"。宗教影响着人们的生活态度、价值观念、风俗习惯,从而影响人们的消费行为。旅行社要进入某一目标市场,必须了解当地教规、尊重当地的宗教信仰,并适当加以利用。

总之,旅行社市场营销要建立在对客源市场深入了解的基础上,从游客的角度入手,开展营销工作。社会文化影响遍及定价、促销、分销渠道、产品等各个环节,只有适应了当地的社会文化,市场营销活动才会取得成功。

3. 政治法律环境

无论何时何地,也不管何种制度,政治与法律对旅游市场营销活动都会起到强制的约束作用。旅游业的发展不仅与本国的政治法律相关,而且与客源国法律环境密切相关。政治法律环境主要包括:政策的稳定性、法律行政干预手段、国与国之间的关系等。

(1)政策的稳定性。从发展的眼光看,各国政府的政策始终处于不断的发展变化之中,这种变化只存在程度大小之分。如果这种变化是渐进的、有序的,通过分析其政策机制的变化是可以预见的,则说明政府的政策是稳定的,旅行社就有调整策略的空间。政治动荡不安,政策瞬息万变,突发性事件层出不穷,往往使旅行社无法调整策略去面对,必然会给市场营销造成一种不确定的、十分不利的影响。因此旅行社在进入目标市场之前,一定要充分考察当地政策的稳定性。

(2)行政法律干预手段。国家政府治理国家,主要是运用自己的法律手段,干预社会生活。因而,政府的法令条例,特别是关于旅游业的政策法规,对旅游市场需求的形成和实现具有不可忽视、不可替代的调节作用。这些法律、规定是旅行社无法改变的。

旅游市场及旅游产品同其他有形产品市场不同,它对各项政策的反映十分敏感。例如,从2008年开始,国家有关部门增加传统节日元旦、清明、端午、中秋为法定假日,形成元旦、清明、端午、中秋、五一、十一、春节传统节日的假期系统。允许周末上移下错,形成两个七天的"黄金周"和五个三天的"小长假",增加了假日次数,节假日的分布更加合理,将能够更好地满足居民对于长短途旅游的需要。从近两年新的假期系统试行来看,传统节日期间出游数量都在持续增长。随着游客越来越注重这些传统节日,旅行社也开始重视并设计出一些更体现传统文化、传统习俗的旅游产品。如中秋节前后,云南有的旅行社在昆明凤凰山举办"金秋揽月"等观星活动;端午节有赛龙舟的习俗,一些旅行社就推出"乘龙舟、赏夜景"等旅游产品,一些地方还特意举办龙舟大赛,以吸引更多游客。同样,河北石家庄的旅行社也抓住了相应的传统节日的旅游产品供给,积极开发周边的旅游景点,如清明小长假推出不少适合踏青游的产品,如到赵县看梨花、到栾城摘草莓、到温塘泡温泉,到洛阳看牡丹等,这些旅游产品是这个小长假期间最红火的。白鹿温泉首日接待踏青游客1300多人,景区甚至出现一票难求的情况。平山的各个宾馆,也住满了自驾游或单位组织的踏青游客。

除此之外,政府针对社会生活的政策干预还体现在一些具体行为之中,如禁止公费出游、娱乐业年龄限制、交通运输条件改变、鼓励或限制出入境旅游等政策,都会对旅游产生深刻的影响。市场营销必须针对政策法规等情况的变化,调整自己的营销策略,以适应市场的变化。

(3)国与国之间的关系。旅行社所属国与目标市场国之间的关系好坏,将直接影响到旅游市场营销的成效。按照国际惯例,当国与国通商时,双边的政治、文化、法律等都会影响到双边不同的经济关系。如两国关系友好时,政府间的关税减免、信誉担保、出入境手续减少、特殊旅游者兑汇的实行等方面的政策就会出台,两国的往来就会增多;当两国关系恶化时,两国间的游客往来就会大大减少。

除了上述因素之外,影响旅游市场的营销因素还有自然环境、科学技术环境等因素。总之,在进行旅行社营销活动时,一定要把握好宏观环境的变化,据此制定、调整市场营销的策略,实现市场营销的目的。

(三)国际旅游市场营销方式

国际旅游市场营销方式,是指旅行社对进入外国市场的旅游产品及管理进行的系统规划。旅行社常用的国际市场营销方式有:间接营销方式、直接营销方式和全球营销方式三种。

1. **间接营销方式**

间接营销方式,是指在选定国际旅游目标市场后,在目标市场国选择中间商,或委托中间商拓展市场,进行产品销售的方式。这种方式是旅行社初入国际市场时经常选择的方式。优点是:市场营销的中间商来自目标市场国,对市场、环境、国情相对熟悉,对市场竞争策略较为了解,容易取得初创的成功。但由于这一方式是间接的,在经营决策上容易受中间商的制约,目标市场因素一旦有变,不易及时调整策略。

2. **直接营销方式**

直接营销方式,是指旅行社在目标市场国内直接派员或设立分支机构,或与目标市场国的旅行社合作,直接进行营销的模式。现代不少旅行社大都采用这一方式。这种方式的优点是,在经营决策自主性强,对市场反应灵敏,利益分摊环节少,容易在已拓展的市场上开展多种经营。但这一方式对旅行社实力要求较高,在初创时期要花费较长的时间来了解市场,容易丧失发展的良好时机。

3. **全球营销方式**

全球营销方式,是指目前国际旅游营销中一种先进的营销方式,它是由跨国经营的旅行社创造出来的。由于跨国公司的目标市场包含很多国家,出于经营的综合考虑,它们把海外市场的营销活动,委托给设在各目标市场国的分支机构,由于这些分支机构受总公司所控制,使目标市场国之间的营销活动相互支持,成本相对较低,取得的效益十分明显。

二、国际旅游市场营销组合策略

(一)中外旅游市场营销比较

1. 中外旅行社营销管理比较

由于中外旅行社的市场不同、国情不同、分工不同、发展历程不同,因而在营销管理上也存在着一定的差异。

(1)旅行社营销观念比较

在营销观念上,中外旅行社之间受历史因素的影响,二者之间差异明显。西方旅行社的营销观念,深受其成熟的市场经济的影响,历经了市场营销的整个发展演进过程,已由传统的营销观念转变成现代营销观念,在市场竞争中,已牢固地树立了营销战略观念和全球营销观念,观念的进步有力地支持了它们在市场中的竞争力。我国旅行社受旅游业起步较晚的影响,尤其受计划经济的影响,进行市场营销尚处于初步发展阶段,虽然我国大量借鉴了西方营销理论和经验,但受市场发展不够完善等因素的影响,营销观念大多处于传统营销观念向新营销观念的转变过程之中,有些旅行社甚至连传统营销观念都不具备。比较而言,树立和更新营销观念,应是我国旅行社努力的方向之一。

(2)旅行社市场营销策略比较

①产品策略不同。在产品策略上,我国旅行社承担着产品生产职能,销售先国外后国内,产品种类单一;西方旅行社一般不承担产品生产职能,销售先国内后国外,产品种类品种繁多,既包括现成的系列旅游产品,又包括临时按旅游者要求而设计的产品甚至单项服务。

②渠道策略不同。西方主要是旅游代理商支持近90%的销量,旅游零售商连锁化、专业化、技术化。我国旅行社则既充当组织者又充当接待者(被形象地称为组团社和接待社),进入国际市场主要采用间接渠道。

③价格策略不同。中外旅行社在成本、竞争需求、汇率、通货膨胀的处理上基本相同,但在制定价格的技术上,差别很大,我国旅行社基本上采用成本加成法定价,而西方旅行社多根据市场供需情况的变化灵活定价。在政府对价格的影响上,我国与西方各国也存在较大差异。

④促销策略不同。西方旅行社的促销策略以顾客为中心,并采取有针对性的营销,鼓励全员营销;而我国旅行社的促销策略重国际、轻国内,重中间商、轻旅游者的倾向明显,传播手段靠广告,竞争靠削价,促销形式单一,促销水平较低。

由上述比较可以看出,中外旅行社在市场营销上虽有共同之处,亦存在很大差异,也显示了我国旅行社市场营销存在的较大不足,面对未来市场竞争,必须有效地提高自身的营销能力。

2. 中外旅游市场营销的发展比较

我国旅游业同西方旅游业相比,西方旅游业的发达水平高于我国旅游的发展水平,相应地,我国市场营销水平落后于西方市场营销水平,存在明显的差距。

西方旅游业快速发展中,经历了与物质产品行业相同的过程,从资本主义发展的初期至今,完整经历了生产观念、产品观念、推销观念、市场营销观念、社会营销观念等营销观念的演变过程,市场营销在其旅游业的运用,也发展到了较高水平。

我国旅游业的起步较晚,其全面发展始于 20 世纪 80 年代,进入 80 年代中期,出现了第一次发展高潮,由于国际旅游入境的大幅增加,使旅游业面临空前激烈的竞争局面。在这种背景下,旅行社自身的主动销售行为开始出现,市场营销被正式引进到旅游业。特别是进入 20 世纪 90 年代后期,旅游市场出现了供大于求的局面,旅行社的经营市场意识从觉醒走向成熟,全面的市场营销观点与方法开始为旅行社界所认可,传统的销售过渡到了比较成熟的市场营销,旅行社的市场行为也从简单的销售行为,开始转向了市场营销。旅行社开始调查、研究、预测市场需求,设计自己的产品,调整自己的产品结构,确定现实目标市场和促销策略,预测未来潜在市场,进行先期的市场培育,注重旅游者对旅游产品质量的反映和处理,抓好售后服务等。

3. 市场营销策略比较

西方旅游市场营销管理由于受完善的营销理论及市场环境影响,营销策略的发展已相当完善。表现在产品策略上,生产职能明确,产品主体清晰,发展模式由国内到国外,产品种类多种多样,产品的系列化、个性化特点突出;表现在渠道策略上,西方已形成完整的"四级系统",渠道间相互支持,网络间相互沟通;表现在价格策略上,定价基础牢固(根据市场供求而定),旅行社自主性强,干扰因素相对较少,对政策的依赖程度小,产品的价格形式多样化,顾客的选择空间大,价格竞争力强;表现在促销策略上,围绕顾客设计促销策略,对市场促销针对性强。加之促销中庞大的资金支持和全员营销的推动,促销已成为旅行社成功的推动器。

比较而言,我国的旅游市场营销,虽然起步较晚,但在成功借鉴西方进步营销理论和经验的基础上,近年来发展迅速,不论在国内、国际市场上都有不俗的表现,但从市场营销整体发展水平来说,与西方仍有较大差距。在产品上,生产、销售的职能不明,产品开发缓慢,缺乏创新,产品种类单一,观光旅游仍占据大半个产品市场。在产品价格上,决策的方法仍以成本加成法为主,受干扰因素较多,价格的调整与市场需求之间协调性不高。在渠道策略上,过重依赖中间商,直接营销渠道尚没有很好地利用和发展。促销上,形式单一,对广告促销手段过分依赖,削价竞争的倾向有待于进一步克服。

通过中外旅游市场营销比较分析,虽然我国旅游市场营销相对于西方仍存在一定的不足,但各方面已开始迅速发展。受我国旅游资源丰富,发展政策日趋宽松,以及人力资源充足等积极因素的支持,我国旅游市场营销乃至整个旅游业的腾飞是指日可待的。

(二)国际旅游市场营销组合策略

1. 国际旅游市场的产品策略

(1)同中求异

旅游产品的对象可分为国内旅游者和国际旅游者两大类型。由于这两种不同类型的旅游主体其文化传统和生活环境的差异,使他们在审美情趣、价值观念、思维方式和行为准则等方面存在很大差别。这些相对稳固的社会性观念渗透在他们各自的心理素质中,支配着他们的思想和行动,使他们在旅游产品的价值判断、消费偏好上存在着明显的差别。

旅游者之所以不惜花费巨资,不辞辛劳地到国外观光旅游,就是为了领略异国情调、体验异族风俗、观赏异地景观,以满足其求异的心理需求。因此,制定国际旅游市场的产品策略要突出"异"字。从形式到内容,民族特色越浓郁、文化差异越显著的旅游产品,就越能吸引外国旅游者。

(2)产品组合

搞好旅游产品组合是国际旅游市场上的一条重要的产品策略。开发国际旅游产品,很重要的一条是坚持以市场导向为原则,在不改变旅游产品的情况下,对旅游产品进行重新设计、规划、组合,以便更有效地满足旅游者的需求。方法有两种:一种是利用本国现有的基本景点,或将其中一些具有相同美学风格或类似性质的旅游景点(或项目)结合在一起,组合成某项专题旅游产品。如我国近年推出的新加坡、马来西亚、泰国三国旅游线就是运用这种组合方法。另一种方法是将其中一些特色反差较大的旅游景点或项目组合在一起,形成另一种富有吸引力的旅游产品。

(3)因地制宜

中国地域辽阔,在地理环境区域差异规律支配下,形成了多姿多彩的自然景观;中国又是一个具有5000年悠久历史的文化古国,具有十分丰富的文化遗产。秦始皇兵马俑、古长城等都是在国际上不可替代的旅游资源优势,开展国际旅游要因地制宜地利用这些资源优势。

(4)丰富多彩

近年来我国旅游产品结构仍以观光度假和商务旅游为主,两者占旅游产品总量 2/3 还多,其他旅游产品不到 1/3。旅游产品形式单一,大大制约了我国旅游产品的市场吸引力。并且观光度假和商务旅游也仅停留于资源的表层开发,影响了旅游产品的增值能力。因此,深层次发展观光度假和商务旅游,不断开发新的旅游产品成为当务之急。

  2010 年 5 月在上海举办的第七届上海世界旅游资源博览会,共吸引了 50 余个国家和地区 450 家参展商。从外国旅行社推出的旅游产品看,各国展商聚焦"主题游""深度游",肯尼亚旅游局带来颇有趣味的"动物大迁徙肯尼亚九、十日越野车"旅游系列产品;澳大利亚部分旅行社提供的沙漠之旅、原始之旅、花海之旅,更可定制墨尔本西式教堂婚礼之旅等,都体现出各国旅行社对深度旅游产品的重视。业内人士认为,目前中国拥有许多需要高质量旅游的成熟游客,各国旅行社都在提供这种资源上开发新的旅游产品和线路。

  中国目前每年的国际商务旅游支出约有 42 亿美元,约占亚洲商旅市场的 17%,若加上国内商务旅行支出,总的市场支出约为人民币 2000 亿元。资本的嗅觉无疑是最灵敏的。美国运通、罗森·布鲁斯等全球较大的专业商旅服务公司已经通过各种形式相继涉足中国商旅市场。我国目前在商务旅游领域急需解决的首要问题,就是培育专业的商务旅游公司。

  此外,应加大开发旅游新产品的力度,不断推出文化类、康体类、教育类、交通类、探险类、生态类、节庆类、养生类和主题类等旅游新产品,以增加我国旅游产品的市场吸引力。如,随着 2010 年上海世博会的举办,世博主题游也成为旅行社关注的亮点,大众国旅、春秋国旅、上航假期等旅行社,呈现出"最美就是芦苇荡——常熟沙家浜尚湖游""梯田云海赏花——诗画南尖岩国家金矿森林温泉之旅""兵法圣地探幽访古体验之旅"等 30 多条苏浙沪旅游经典线路;南浔、常州、舟山、盐城、宁波、西塘、崇明等旅游目的地,也积极推动世博游产品的开发。

2. 国际旅游市场的定价策略

(1) 国别定价策略

  在国际旅游市场营销的定价决策中,旅行社必须首先决定:产品价格是与世界各地保持一致,还是针对各国的不同情况制定不同的价格。旅行社实行统一定价,有利于在世界上树立产品的统一形象,作出统一的市场定位战略,便于控制整个营销活动。但由于各国价格竞争、汇率、税收等的差异情况,实行差别定价更适合各国的不同情况。旅行社究竟采取哪种定价策略,取决于以下情况:

  ①旅行社目标。如果旅行社在各国的营销目标一致,宜采用统一定价;但如果旅行社在各国的营销目标不同,宜采用差别定价。

  ②竞争条件。如果旅游产品在各国市场上的竞争地位一样,可采用统一定

价策略;反之,可采用差别定价策略。

③旅游产品的生命周期。如果旅游产品在各国都处于相同的生命周期阶段,旅行社宜采用统一定价策略;反之,应采用差别定价策略。

④销售渠道。各国销售渠道的结构和效率如果相同,则宜采用统一定价策略;如果不同,在销售渠道的结构和效率好的国家,价格宜定得低些,在销售渠道结构和效率差的国家,价格宜定得高些。

(2)汇率变动与价格策略

①汇率上升时的价格策略。人民币汇率上升意味着人民币升值,这相当于产品的外汇价格提高,从而销售收入增加;同时,人民币升值,会使旅游产品的成本降低,这两者综合影响,使旅游产品的销售利润增加。此时,我们既可选用人民币来报价以提高收入,又可通过降低产品的销售价格,以吸引更多的游客。

②汇率下跌时的价格策略。人民币汇率下跌意味着人民币贬值,意味着产品成本提高。这时,我们既可选用外币来报价以提高收入,也可使用人民币报价,以吸引更多的游客。

3.国际旅游市场的渠道策略

传统的销售渠道是旅游供应商、旅游批发商和旅游零售商组成的松散网络,渠道成员独立经营、自负盈亏,他们之间联系时主要是讨价还价,谈判买卖条件。近年来,销售渠道体系逐渐向联合化发展,由渠道某一成员领导、组织,并控制整个渠道体系,渠道成员之间通过加强合作,使整个渠道体系的利润得以提高。渠道联合可分为纵向联合和横向联合两种。

(1)纵向联合销售渠道

纵向联合销售渠道是由旅游供应商、旅游批发商和旅游零售商组成的完整、统一的渠道体系。纵向联合销售体系有三种类型:第一,法人型纵向联合销售体系。第二,契约型纵向联合销售体系。第三,管理型纵向联合销售体系。

(2)横向联合销售渠道

横向联合销售渠道是由两个或两个以上同一环节旅游供应商、旅游批发商或旅游零售商进行短期或长期的联合经营,或者联合起来成立一个新的经营单位,这种组织方式称为横向联合销售渠道。采取这种渠道,可提高广告、营销调研等工作的效率。

4.国际旅游市场的促销策略

(1)广告促销策略

旅行社在做国际旅游广告时一般有两种选择:一种是由旅行社内部的广告部门做广告业务;另一种是委托广告代理商代办广告业务。由于国际旅游广告存在语言文字、教育、文化水平、风俗习惯、政府法规的差异,委托当地广告代理

商代理,容易取得预期效果。选择广告代理商时,要考虑以下几个问题:

①广告代理商的背景。广告代理商的性质和经营广告业务的现状、发展历史和发展情况、公司人员及其顾客情况、经营宗旨和经营方式等。

②广告公司的能力经验。

③广告公司的声誉。它包括广告代理公司与其委托人之间合作的情况、公司人员的工作态度和精神面貌、委托人及公众对公司的印象和评价等。

(2) 销售促进策略

销售促进活动在某些国家会受到限制。有些国家的法律规定,销售促进活动只有获得许可才能开展,有些国家的法律对批零交易的折扣比率加以严格限制,等等。旅行社在国际旅游市场上开展销售促进时,应事先了解这些限制或规定。

(3) 营销公关策略

国际营销公关所面对的公众处于不同的国家和地区,有着不同的社会文化背景,其语言、风俗、生活方式都有很大差异,因此,制定国际旅游市场的营销策略时应注意以下问题:

①了解外国公众对旅行社及旅游产品的态度以及客源国有关的经济、政治和社会情况。

②了解并善用外国公众经常接触的新闻传播媒介。因为新闻传播媒介是营销公关传播最常用、最有效的一种方式。

③要使自己传播的信息从内容到形式符合外国公众的语言、文化、风俗习惯,以便他们接受。

④根据本旅行社的需要和可能,支持和赞助当地的社会发展计划、社会慈善事业、文化体育活动等。

⑤尊重当地的风俗习惯,参加当地的社交活动。

(4) 国际旅游市场的人员推销策略

国际旅游市场人员推销的环境比国内旅游市场人员推销的环境要复杂得多,因而对人员的要求也就高得多。在国际旅游市场营销中,推销人员可选用本国人员,也可以选用市场所在国和其他国家的推销人员。

①招聘

招聘是搞好人员推销的基础。从事国际旅游市场营销的推销人员除应具备国内推销人员的全部条件外,还须具备果断决策的能力、市场调研的才能、文化适应能力。

②培训

旅行社在推销人员的培训中,对本国推销人员和外籍推销人员的培训重点应有所不同。对本国推销人员培训重点应放在熟悉不同国家的文化背景上,加强外语、礼仪、生活习惯和商业风俗等的训练上。对外籍推销人员的培训,重点应放在让他们了解本产品特点、掌握必要的推销技巧上。

③激励

来自不同文化背景国家的人有着不同的需求和行为动机,旅行社应了解不同文化背景的推销人员的个人需求和行为动机,有针对性地使用激励措施,充分调动推销人员的积极性。

三、中国加入世界贸易组织后的营销对策

(一)中国加入世界贸易组织后,旅行社面临的新问题

1. 制度层次

制度是法律化的表现,建立完整的旅游业的法律和制度及相关规定将有利于应付中国加入世界贸易组织后在旅游方面遇到的问题。

2. 国际经济惯例的层次

政策不仅要有连贯性,而且中国加入世界贸易组织后除了旅游签证、海关、货币兑换等问题外,竞争将是中国旅游企业所面临的第一大问题。这种竞争是各种各样、形形色色的。国际通行的管理与服务标准在中国的旅游业中,尤其是旅游饭店业中已得到较长时间、较高水平的贯彻与实行,但在旅行社的管理与运作上与国际先进水平还有相当大的差距。了解并使旅行社的管理与运作符合国际经济惯例是我们必须解决的问题。国际经济惯例按照其在国际经济关系中的稳定性和普适性程度,可以把国际经济惯例的内在构成划分为市场层(核心层)、企业层、文化习俗层和政府行为层。

(1)市场层(核心层)。如前所述,国际经济惯例首先是在市场上进行的商品和劳务交易中逐渐形成并发展的。交易的复杂性、不确定性和无序性使人们认识到,交易活动必须遵循一定的"交易规则"。这些交易规则是由市场经济的自身架构、运行机制和内在规律所决定的,是市场经济活动从无序向有序转化所必需的,如等价交换的规则,始终在起作用。在当今世界经济中,协调各国之间经济往来的主要还是市场机制。

正是这些与市场机制的一般特征相联系的基本交易规则及其衍生体系构成国际经济惯例内在构成中的市场层(核心层)。这个层次所要求的是完全竞争、产权界定的自由主义市场经济。

(2)企业层。国际经济活动的主角是企业。随着跨国公司的崛起与发展,企业在国际经济活动中的作用日益突出。企业是市场经济最重要的主体,然而又正是企业第一个偏离市场机制原则。在国际市场竞争中,有力量的企业也绝

不会被动接受于己不利的交易规则,而是力图掌握规则确立的主导地位。如果说在国民经济时期,有实力的西方企业主导了交易规则或经济惯例的确立的话,那么"前势主导"和"实力主导"的双重优势,又会帮助它们将其国民经济惯例扩展为国际经济惯例,为主导新的规则或惯例的制定与形成。因此,国际经济惯例必然打上力量强大的企业,尤其是西方大企业的"印记",这就是国际经济惯例中的企业层。

(3)文化习俗层。文化本质上是一定的人群在特有的生存环境中长期交往而形成的生活模式。人一出生即生活在特定的文化氛围之中,是文化告诉他应该如何生活,如何与他人交往,当然也告诉他应该如何与他人发生交易关系,而交易关系是离不开交易规则的。一般说来,作为系统的一部分,交易关系、交易方式及交易规则必然与文化整体中的其他部分相协调。因此,不同文化或亚文化圈里形成的交易规则或经济惯例必定具有不同的文化特征,当其随着经济国际化进程而试图扩展为国际经济惯例时,除直接的利益、冲突与协调外,还会面临文化的冲突与协调。

国际经济惯例首先在世界的某个地方萌生、形成,然后与其他地方的交易规则相冲突、协调、发展而成,这就不可避免地受到那些地方的文化习俗的影响。这个因素构成了国际经济惯例的文化习俗层。

(4)政府行为层。现代经济的发展,充分展现了市场机制的巨大优越性,也暴露了市场机制的局限性和"失效"的一面。在当代国际经济关系中,作为国家利益代表与市场机制补充的政府的作用越来越重要。政府在国际经济关系中的干预或影响,主要表现在政府出于国家安全、政权稳定、文化延续所作的干预,出于国家整体经济利益所作的干预,以及因企业"寻租"行为而作出的干预。政府干预的手段有很多,但运用其力量直接或间接地影响国际经济活动中交易规则或国际经济惯例的制定,则是重要手段之一。显然,综合力量不同的国家对规则或惯例的制定或形成的影响力是不相同的,这就导致国际经济惯例的某种不平等性。

以上种种在国际经济活动中政府干预或影响的存在与增强,使得政府行为的因素进入国际经济惯例,从而形成了国际经济惯例的内在构成的政府行为层。

3. 组织层次

它是指无论国际组织、政府组织、行业组织、企业组织、外资组织,都有一个按国际惯例组织和按国际惯例运行的问题。

4. 经营层次

是指在具体交往和业务运行中任何采用国际惯例的问题,概括起来就是中国旅游业的体制改革、政策开发、组织层次及经营方式是中国旅游业入世的最主要问题。当然还有旅游服务的硬件与软件问题,以及整个社会的道德观念、文化修养、服务观念、环保意识等也是入世后亟待提高的问题。

对于旅行社来说重要的是将会遇到实力雄厚、网络遍布世界、管理与经营经验丰富的强大竞争对手进入中国的旅游市场。虽然中国加入世界贸易组织后可以到境外建立旅行社,开拓国际市场,但中国旅游业基本上还处于一个内向型的投资结构,无力参与海外尤其是旅游业发达国家国内市场的竞争。

(二) 中国加入世界贸易组织后,旅行社面临的具体竞争

(1) 外资旅行社开拓中国市场第一是靠高水准的服务。他们的服务意识、服务品种、服务方式将是吸引客源的重要手段之一。

(2) 外资旅行社在价格上不是以低价竞争,而是什么价格有什么样的服务,价格虽然高一些,但会获得优质的服务。老百姓会逐步向服务型方面转化,那种零团费的、靠买东西拿回扣来补团费的做法都会败下阵来。

(3) 高科技的应用以及建立网络,即建立代理商制会逐步形成气候,在把触角伸向社会各个阶层的时候,如果我们还墨守成规而不能自己解放自己时,将直接影响旅行社网点的经营。

(4) 由于外资旅行社实力雄厚,为开拓中国市场,将会用优厚的待遇吸引国内旅行社的精英。旅行社很多人才将会流失,造成国内旅行社骨干队伍受损,直接影响到旅行社的经营。

(5) 出境旅游将会逐步被外资旅行社垄断。由于外资旅行社在境外网点多,服务好,价格适中,国内旅行社无法竞争,出境游的游客将会涌入到外资旅行社中。

(三) 中国加入世界贸易组织后的营销对策

1. 转变政府职能,为旅行社的发展创造良好环境

政府主管部门对旅行社业的管理开始从直接管理向行业管理转变。各级旅游部门则要充分发挥行业管理职能,抓紧修订加入世界贸易组织后新形势下的有关政策法规,尽快填补旅游法制的空白区,完善旅游标准化体系;旅游部门要及时介入旅游新兴领域的管理;要抓紧健全有关出境游管理的制度和办法,保证出境旅游按照有计划、有步骤地适度发展的方针健康、有序地发展。

2. 中国加入世界贸易组织必须全面采用国际贸易规则和国民待遇原则

国民待遇原则是指外资旅行社进入中国国内市场后,要享受与内资旅行社相同的政策,今后旅行社的发展只能靠市场竞争来实现。旅行社行业在未来的几年之内要面临一个大动荡、大分化、大改组的局面。

国有经济只需控制少量大型国际旅行社,特别是67家具有经营中国公民出境旅游业务资格的国际旅行社,为数众多的中小旅行社可通过拍卖、租赁、股份

合作制等多种形式民营化,用3年到5年的时间形成合理的所有制结构。

3. 深化旅行社产权制度改革,推动旅行社向集团化、信息化发展

(1)旅行社向集团化发展

旅行社应抓住产权改革这个大好时机,打破行业和地区界限,组建和培育一批具有竞争能力的旅行社集团。增强紧迫感,抓紧进行旅行社制度的改革和创新,加强内部管理,提高市场竞争力;有实力的旅行社抓紧向集团化、网络化发展,这是迎接挑战、占领市场和扩大市场的根本出路。深化旅行社产权制度改革,同时在行业内部加快建立现代企业制度。从战略层面分析,旅行社产权制度改革和行业的结构调整是影响旅行社未来发展的关键。深化旅行社产权制度改革,就要实现投资主体多元化,组织形式多样化,一切以"产权清晰,政企分开,权责明确,管理科学"为依据,通过兼并、持股、控股等资本运作,逐步形成以资本为纽带而紧密联系在一起的大旅行社集团。

(2)旅行社向信息化发展

世界经济已进入信息化时代,信息革命将使包括旅游业在内的服务业经营方式发生巨大变革。旅游业作为直接面对消费者的行业,是一个开放性的大系统,信息贯穿了旅游活动的全过程,是决定旅行社生存发展的关键所在。从消费者角度看,随着生活水平的提高和旅游经验的丰富,其需求的本质性特征日益明显,从而对信息提出了更高的要求。对于旅游行业,从景点规划开发、旅游信息统计,到确定目标市场、制定市场竞争策略,都需要强大的信息后盾。网络化将促使旅行社专业化分工进程加快,大量的中小旅行社会进一步明确其在旅游业分工体系中的地位和作用,即充当旅行社集团的接待社和代理社,逐步形成与完善旅行社网络。

总之,信息技术的使用已渗透到现代旅游业的各个环节。中国加入世界贸易组织将为国内旅行社带来更多的国际合作机会,而旅行社自身的信息化建设水平将直接影响到旅行社在未来旅游市场中的地位和竞争力。

4. 加强旅行社无形资产的管理工作,创造旅行社的品牌,全面提高竞争力

旅行社经营的产品不是物质产品,很大程度上是信息性产品,这种信息性的产品特点对旅行社的无形资产要求特别高,旅行社在市场上树立形象的主要途径就是旅行社的品牌。旅行社在创造旅行社的品牌过程中,要注意下列两点:

(1)大品牌多产品。即旅行社有一个大的品牌或若干品牌,每个品牌下都包含许多产品。这种做法在国外已是看得到的经营方式,如日本交通公社的品牌"看世界",其中就包含上百条甚至几百条线路。英国的皮克福德兄弟旅行社和托马斯·库克旅行社曾向旅游经营商大批购买旅游产品,然后再以自己的品牌进行推销。

(2) 加深旅行社经营中的文化内涵

旅行社可以通过导入 CI 设计，形成旅行社统一的标志、统一的装修、统一的品牌、统一的服装、统一的旅行社精神和理念；可以通过个性化服务，来强化门市服务、接待服务的文化性；可以通过提高线路设计、导游讲解水平，来深化旅游产品的文化内涵。

总之，旅行社必须树立自身的品牌，推行大品牌多产品，创造自己独特的旅行社文化，促使文化性竞争意识的形成，这样就把握了旅行社经营品牌化的优势。

[实操问答]

[问答1] 中国加入世界贸易组织后，大、中、小旅行社应如何应对？

答：中国加入世界贸易组织对大旅行社冲击最大。因为大旅行社主要依靠外联市场的份额，从旅行社角度看，大旅行社应集团化，不是单体规模化，而是指网点的发展。日本交通公社一年的营业额 100 亿美元，相当于我们全行业营业额的 4 倍，它的总部也只有 60 多人。而中国国际旅行社总社 900 人，目前是全国第一大旅行社。中旅行社应专业化，即专门来做特定的市场、特定的产品；小旅行社应网络（经营网点）化，小旅行社依附于大集团，成为大集团的网络。

[问答2] 制定国际旅游市场销售渠道策略时要考虑哪几个问题？

答：(1) 提高旅行社销售人员的素质。旅行社销售人员必须具备相应的专业知识，娴熟的外语技能，处理商业函电、谈判和销售的经验，才有条件直接与国外旅行社、商社联系，甚至直接到国外推销。

(2) 要多参加旅游商交易型展览会。旅游中间商的选择是渠道策略的一个重要组成部分。通过国际旅游贸易展销会选择中间商是一个好办法。国际旅游贸易展销会一般有两大类，即招徕型和交易型。招徕型展销会是面向目标宾客，重点吸引的对象是展销会举办地的旅游者。交易型展销会的参展者都是世界各地旅行社的代表，参观者为来自世界各地的旅游产品买家（代理商）及旅游专家。交易型展览会是面对旅游中间商的。

(3) 要充分考虑新技术对国际旅游销售渠道的影响。新技术的成果对国际旅游销售渠道产生深刻的影响。国际旅游业已开始使用图像数据系统来传递信息。使用图像数据系统，旅行社可以将旅游信息迅速地传递到旅游者那里，使他们了解飞机机票价格、飞行时间、航空公司是否还有剩票、饭店是否还有空房，等等。

[问答3] 你是如何看待中国旅游业的发展潜力的？

答：随着人们生活水平的提高、可自由支配收入比重的增大，节假日的延长，闲暇时间的增多，必然会极大地促进国内旅游的发展。假日旅游的火爆就充分证明了这一点。发达国家发展旅游业的经验表明，在人均 GDP 达到 1000 美元以后，旅游的大众化、普遍化便开始迅猛发展，我国已经接近于这一临界值，说明我国的大众旅游时代很快就要到来。按国际惯例，国际旅游收入与国内收入的比例为 1：8 或 1：9，我国目前仅达到了 1：2.35，潜力很大。中国的国际旅游与发达国家相比差距很大，入境过夜旅游人数只及法国的一半，国际旅游收入还不到美国的 1/5。由此可见，中国旅游业的发展潜力巨大。

[问答4] 如何确定旅游品牌名称？

答：品牌直观的说是消费者对公司产品的一种联想、体验和感受，基于这个理由，品牌名称必须有助于传达产品的定位及其对消费者的功能和贡献。品牌的实质是公司、消费者发生各种关系的总和。品牌的策划也就是对理想关系的创建、深化、维护及活化的管理控制过程，品牌是一种资产，公司的宣传都应落在品牌上，这样才不会浪费，所以基于品牌战略的旅游营销对广大旅游企业是有相当价值的。

[问答5] 某旅行社在国外市场推介一项旅游项目时，顾客反应热烈，提出了不少问题，对此，该旅行社推销人员应如何应答？

答：旅游人员推销是旅游企业利用人员所进行的直接的促销活动。它有个性化、人情味、双向沟通、成本较高等特点。本题要求推销人员应尽可能体现"人性化、人情味、双向沟通"的特征，利用推介会顾客反应热烈的难得机会，深入了解顾客需求，解答顾客疑虑，为企业争取最大利益。

[经典案例]

[案例1] 旅行社新营销时代的到来

案情：2004 年 11 月 10 日，国旅总社与中国免税品总公司合并重组成立中国国旅集团公司，成为中国最大的旅游集团。国旅集团公司注册资金为 3.9 亿元，总资产 50 亿元。11 月 24 日下午，中国中旅集团在上海召开新闻发布会，宣布国务院国有资产监督管理委员会已经正式批准中国中旅（集团）公司与中国旅游商贸服务总公司合并重组。重组后，中旅集团成为中国最大的旅游企业集团之一。在中国按照 WTO 规则承诺即将兑现的时候，国旅集团和中旅集团相继重组，标志着中国入世后和国外旅行社共同竞争的旅行社新营销时代的到来。

点评：市场经济条件下的旅行社若缺乏一定规模，就难以参与国际竞争，同时世界上占主导地位的大旅游商多数未与中国旅行社建立业务联系，极少数有联系的大公司只是维持一个相当小的业务，数量无发展。为迎接中国入世后前景无限的机遇和迫在眉睫的挑战，促进旅行社产业集约化、网络化经营，提升旅行社经营管理水平，向广大消费者提供更优质的旅游服务。旅行社之间进行重组"变脸"整合也是大势所趋，预计未来10年内整合将是中国旅游行业的主要话题。

[案例2] **广之旅探索出境游新路**

案情：2004年7月18日，国家旅游局宣布取消出国旅游代办点，将经营出国旅游业务的组团社从原来的67家增加到528家。组团社激增、市场扩容，新老组团社都在积极探索组团社业务的新路，一场"大变阵"正在酝酿之中。

面对竞争日趋激烈的出境游市场，国家旅游局提出了出国旅游组团社互为代理的市场运作设想。旅游界权威人士称，由于出国游业务操作的复杂性，新审核、批准的出国游组团社，不可能每家都具有独立操作团队的能力，这样将会有更多的旅行社走向联合，在同一平台上既合作又竞争，互为代理。广州最大的旅行社"广之旅"日前在广州鸣泉居召开的"出境游组团社质量达标暨互为代理业务研讨会"，正是为了积极联络全国的出境游组团社，共同构建互为代理的网络联盟。

点评：1. 互为代理的竞争优势

不少组团社认为，"互为代理"将为合作旅行社带来双赢的局面，其竞争优势，主要体现在以下两方面：

（1）规模化经营带来的价格优势和质量优势，依靠单体旅行社有限的客源很难取得价格优势，容易遇到旺季拿不到机票、淡季价格偏高抓不住客人的尴尬。而大家联合起来以后，可以利用量的优势在向航空、酒店等采购时获得更多折扣，从而降低成本，使价格更具竞争力。

老组团社，尤其是其中一些知名大社在多年的出境游业务经营中积累了丰富的经验，摸索出了一套行之有效的质量管理体系，从组织架构、管理制度等方面建立了对本旅行社及分销商服务质量的监控体系。在互为代理的平台上，合作双方将共享这一资源，有利于形成产品的质量竞争优势。以广之旅为例，该社顺利通过了 ISO9001 质量体系认证，为出境游业务各环节的运作和衔接提供了规范的作业指导，实现了质量管理与国际接轨。另外，广之旅在泰国、马来西亚、香港、澳门的分支机构均被当地旅游主管部门批准为接待中国公民出境游的地接社,该社可为互为代理合作方提供港澳、东南亚及其他国家和地区中国公民出境旅游团队一条龙无缝隙服务,进一步保证了互为代理双方在质量和价格方面获得优势。

（2）网络化将为游客带来更多方便,组团社间的互为代理将形成全国范围内的拼团网络,形成散客集聚优势,大大提高收客量和成团率,缓解淡季成团困难、出境游游客不得不一再修改出团日期的难题,为游客带来更多方便。互为代理双方将其优势旅游产品及证照、签证、团队出入境等优质的服务,以优惠的价格提供给对方,这样各地的游客都将享受到全国范围内最具竞争力的旅游产品和价格。

2. 互为代理双翼齐飞

为了保证出国游互为代理的顺利运行,必须借助中性联合品牌和电脑网络的支撑。早期无视服务质量的"卖猪仔"现象,使游客对拼团产生了一些拒绝心理,因此借助大社的品牌经营经验和影响力,打造强势中性联合品牌则显得尤其重要。广之旅此次推出"名家之旅"出国游联合品牌,所有出国游互为代理团队,出发时都将统一以这一品牌出团。

电脑网络则解决了互为代理的实时信息交流问题。互为代理双方必须能随时查到对方的团队计划,了解其线路及报名情况,才能提高出团率。为了适应旅行社同行间互为代理的需要,广之旅已开发出旅行社同行间的网上协作平台——"商旅在线",大家可以在这个网络平台上进行信息交流和实时交易,实现同行业务网上协作。目前,"商旅在线"已与中航信、银行、邮政以及部分酒店等合作伙伴进行了网上对接,可以实现机票、酒店及旅游产品的单项或组合预订。"商旅在线"不仅可以实现旅游产品的在线实时分销,而且可以形成异地联网的批发零售体系,为旅游业同行的业务协作及网上结算提供低成本、高效率的协作平台。

[案例3] 放眼世界　注重质量　优化产品

案情：长沙"国旅"立足长沙,放眼世界,注重质量,优化产品,积极拓展销售渠道,全面推行品牌战略,收到了良好的经济效益和社会效益。该社继1993年成为湖南省两家最早进入全国双百强的旅行社后,1998年再次进入全国国际旅行社百强。

长沙"国旅"重视旅游产品的开发、设计、包装、促销,先后向海内外推出"伟人故里之旅""走向红太阳升起的地方""仙山奇景——张家界之旅"等系列产品,在东南亚、日韩、港台市场上取得了丰硕的成果。长沙"国旅"先后派业务骨干赴日本、韩国、新加坡、马来西亚、泰国、印度尼西亚、中国香港、中国台湾等国家和地区进行产品推介,使这些国家和地区认识和熟悉了湖南,不断推出湖南的旅游产品。随着湖南旅游环境的不断完善,知名度的进一步提高,长沙"国旅"把眼光投向欧美市场,并在人才引进、资金投入方面予以相应的配套支持。针对欧美客人参与性强、富于探险精神,以及专业性强等特点,长沙"国旅"针对长沙地理位置和在历史上的作用,突出其历史文化名城的特色、湖湘经济中心的特殊性和张家界独具魅力的自然特色,采用新技术制作张家界风光 VCD,运用互联网第一时间发布旅游信息,介绍湖南旅游产品的特色,近年来已见成效。1999 年 1 月至 8 月,组织接待欧美客人 80 多个团队,人数近 2000 人。

长沙"国旅"已在全国建立了自己的经营、销售、接待网络,全面实行规范化管理,旅行社内部实行总经理、部门经理持证上岗考核制,导游人员实行资格等级认证制。该社高效务实的管理机制曾先后受到省市旅游局的肯定,并多次被授予"先进单位""最佳旅行社"等荣誉称号。

他们视旅游为先导性产业,与南方航空公司联合成立长沙"国旅"机票营运部,实现了旅行社与交通部门的跨行业强强联合,在"大旅游、大产业、大市场"上做大文章,与长沙市 30 多家酒店、汽车公司、景区管理机构结成松散性的联合体,极大地提高了自身的竞争能力。

长沙"国旅"积极引导市民正确消费,推出"欢乐假期"品牌,设计开发出"今天桃李芬芳,明天祖国栋梁,追寻革命历程,成就明天主人"的夏令营活动,取得了良好的社会效益和经济效益。1999 年仅 7 月至 8 月,就组织夏令营团队 20 多个,组接客人 1000 余人。

点评:1.针对不同细分市场的需求特征,采用差异化营销策略突出产品特色,并在营销渠道上有创新

湖南长沙要在强手如林、竞争空前白热化的国际旅游市场上争得一席之地,应该说是有一定难度的。因为国际旅游市场的竞争是全球性的竞争,各大洲内旅游在与洲际旅游争客源,同时,周边国家旅游业不约而同地超前发展也在相互争客源,而同一性或者具有相互取代性的旅游目的地之间的竞争就更加空前激烈。本例中"走向红太阳升起的地方""仙山奇景——张家界之旅"都是旨在强调"差异化",强调特色,当然取得了丰硕成果。可以说:特色是立身之本,是竞争之剑。同时他们先后派业务骨干(传统营销渠道)赴国外进行推销,并通过互联网(现代营销渠道)向世界发布产品信息,将传统营销方式和现代营销方式结合在一起,积极开拓国际客源市场。这体现了长沙"国旅"不断扩展、不断寻求新市场、不断占领新的细分市场、不断培育潜在市场的精神。

2.中国加入世界贸易组织后,营销要借鉴国际的成功经验率先走向现代化

中国加入世界贸易组织后,强者不仅可以稳定并扩大目前的市场,而且还可

以在国际市场上赢得更大的市场份额,正所谓"强者恒强",弱者则必然走向衰败。所以,抓紧练内功,首先营销要借鉴国际的成功经验率先走向现代化。本例中,我们注意到"经营、销售、接待网络""规范化管理""在大旅游、大产业、大市场上做大文章"等观点和做法,是值得肯定的,是不断锤炼"强者"的举措,既是目前旅行社发展的需要,又是适应未来竞争的"未雨绸缪"。

3. 产品策略的运用上有创新,同时旅行社的营销要能够引导消费

从理论上讲,产品的设计和营销有两层含义:一是发现消费者的现实需求,推出产品满足这种需求并做好每一个环节,力求尽善尽美;二是研究或发现消费者的潜在需求,推出产品将消费者的潜在需求引导为现实的需求。在第二种情形下,旅行社更具有产品的原创性和对产品的垄断性,在营销中的位置也就更有利。本例中的"欢乐假期"品牌设计与项目推出,就有此种含义在其中。应该说,能够引导消费需求,尤其是善于把潜在旅游需求变为现实旅游需求的旅行社,才称得上成熟的旅行社。

[案例4] 我国旅行社现状:企业实力不足,缺乏国际竞争能力

案情: 从旅游外汇收入和旅游接待人数来看,中国无疑是一个旅游大国。1998年,中国的旅游外汇收入居世界第七位,旅游接待人数是世界第六位。但是,中国还没有一个可以和旅游大国地位相匹配的旅行社企业,1998年中国总共有6222家旅行社,一年的总营业额为250亿人民币,而美国运通公司同年的营业额为150亿美元,相当于1200多亿人民币,中国所有旅行社的营业额加在一起,才相当于运通公司的五分之一。日本交通公社一年营业额也是上百亿美元。只有这样的大旅行社、大集团才足以和旅游大国相匹配。而且,旅行社的"大"并不体现在单体上,主要体现在像伦恩—波利旅行社和托马斯·库克旅行社那样的网络的"大"。中国现有的一些单体规模大的旅行社,严格来说,是计划经济时代、垄断经营条件下形成的,绝不是市场经济条件下的旅行社规模,缺乏实力就难以参与国际竞争,世界上占主导地位的大旅游商多数未与中国旅行社建立业务联系,极少数有联系的大公司只是维持一个相当小的业务,数量无发展。

点评: 旅行社经营的产品不是物质产品,很大程度上是信息性产品,这种信息性的产品特点使旅行社经营对企业的无形资产要求特别高,在市场上树立形象的主要途径就是企业的品牌。在今后的发展中,旅行社要在激烈的市场竞争中取胜,并立于不败之地,依靠的就是企业自身的无形资产,依靠的是企业经过自身努力树立起来的良好声誉。

在树立企业形象,创造企业品牌的过程中,有一些具体做法会成为趋势:一是大品牌多产品,即旅行社有一个大的品牌或推行若干品牌,每个品牌下都包含

许多产品。这种做法在国外已是看得到的经营方式,如日本交通公社的品牌"看世界",其中就包含上百条甚至几百条线路。英国的皮克福德兄弟旅行社和托马斯·库克旅行社曾向旅游经营商大批购买旅游产品,然后再以自己的品牌进行推销。二是加深旅行社经营中的文化内涵。旅行社可以通过导入 CI 设计,形成旅行社统一的标志、统一的装修、统一的品牌、统一的服装、统一的企业精神和理念;可以通过个性化服务,来强化门市服务、接待服务的文化性;可以通过提高线路设计、导游讲解水平,来深化旅游产品的文化内涵。

总之,旅行社必须树立企业品牌,推行大品牌多产品,创造自己独特的企业文化,促使文化性竞争意识的形成,这样就把握了旅行社经营品牌化的优势。

[实践练习]

1. 奈斯比特在《大趋势》中预言:"电信通信、信息技术和旅游业将成为 21 世纪服务行业中经济发展的原动力。"这三者的结合即旅游业信息化将成为一种更大的驱动力,不仅给电信通信、信息技术等提供更广阔的舞台,同时更赋予旅游业发展以无限的生机和活力。你同意这种说法吗?

2. 脱胎于 100 多年前工业设计运动的企业形象识别系统 CIS(Corporate Identity System)自 1956 年在美国诞生以来,已在 20 世纪 90 年代传入中国,进而形成热潮。1993 年元旦,广东太阳神全面推出 CIS 视觉形象:地平线上,一轮红日勃然升腾,照耀环宇。这个由 O、A 构成的图案,让观者精神振奋,过目难忘。虽然它被指责为抄袭之作,但取得了极大的成功。随后,海尔、康佳、健力宝等企业相继导入 CIS,国内企业界在注重抓好产品质量和服务的同时开始关注产品和企业的形象,并有意识地将生产经营活动从理念(MI)、行为(BI)和视觉(VI)三方面围绕"创造品牌"这一中心任务展开。中国的市场竞争也开始从产品竞争(质量竞争、价格竞争)、服务竞争时代进入形象竞争时代。在旅游界,广东"广之旅"旅行社在 1994 年成功导入 CIS,推出了"广之旅,无限风光带给你"的广告口号。以"广之旅"为开端,佛山华侨大厦、深圳世界之窗等企业相继导入 CIS,取得了不同程度的效果。其中"广之旅"从默默无闻的"广州市旅游公司"一跃成为全国旅行社十强之一,知名度和品牌认知度在广东名列第一。请以此说明旅行社树立品牌的重要性。

3. 案例讨论:困境中的欧洲迪斯尼

1993 年新年前夕,沃特·迪斯尼公司的主席迈克尔·艾斯纳(Michael Eisner)却仍在洛杉矶的办公室中,焦虑地等待着世界上最有权威的战略管理和咨询公司顾问们的到来,欧洲迪斯尼已是岌岌可危,希望这些来自纽约和巴黎的财务、营销及战略专家能够力挽狂澜。

四月初,顾问小组带着他们的研究结果回到艾斯纳的办公室。对于欧洲迪斯尼的问题,他们提出了六个关键要点:管理自大、文化差异、环境和地方因素、法国劳动力问题、财务和最初业务计划、美国迪斯尼的竞争。他们认为,尽管这些要点不是可以全部修正的,但深刻理解欧洲迪斯尼的失败原因,有助于管理人员保持清醒的头脑,不至于在以后的经营中重蹈覆辙。

(一)管理自大

"BigMais,Coke 及好莱坞在欧洲的成功,使迪斯尼决心建立欧洲迪斯尼,他们认为欧洲公众对美国进口产品的需求是没有限制的"。然而,它却忽略了事实上"法国人排斥美国文化","封闭的乐园使法国人不能留下自己的印迹。而迪斯尼正以一种轻弃、不敏感,难以令人忍受的管理风格'出口'美国的管理体制、经验及价值"。美国人真是很有野心,并且认为:因为他们是迪斯尼,就一定会成功,好像他们过去一贯如此似的。在这种前提下,欧洲迪斯尼很快以"Cutual Chernoby"闻名,并引起了法国人的敌视。美国管理层傲慢的管理作风与方式使员工士气低落,也是造成了游客减少的原因之一。

(二)文化差异和营销问题

顾问团队中的营销战略专家提出了欧洲迪斯尼与美国迪斯尼在文化及营销方面存在的差异:

(1)平均逗留时间的差异。

(2)高度季节性的游客。

(3)国内食品饮食不尽如人意。

(4)纪念品价格低。

欧洲迪斯尼乐园的纪念品销售收入大大低于美国的两个和东京迪斯尼乐园,尤其是东京迪斯尼乐园。最主要的原因是欧洲人对购买纪念品毫无兴趣,而不像日本人热衷于购买纪念品作为礼物赠给亲朋好友。

(5)交通运输设施不足。

欧洲迪斯尼的交通设施由于初期大大低估了学校、团体的集体旅游而明显不足。

(三)环境及定位

环境方面的专家就欧洲迪斯尼存在的问题提出两点看法:

(1)迪斯尼选择设在北欧中部,这一地区一年中仅有六个月适合户外活动。欧洲迪斯尼为此建设了大量房间,并为了吸引游客在淡季大打折扣,然而这从另一个侧面反映出定位的错误。而且,在淡季为增加游客量,究竟是采取价格变动,还是运用其他的营销促销工具还有待研究。

(2) 错误的地理位置选择。欧洲迪斯尼建在巴黎西郊,虽然现在大部分的巴黎游客居住在城西,但长期来看,人口增长将集中在巴黎东部。虽然最初研究项目时,法国一方曾提出这一问题,但美方人员的盲目自信,视为耳旁风,造成了今天难以改变的局面。

(四)法国劳动力问题

法国劳动力经济学家指出,对法国有关劳动力法律的无知是造成欧洲迪斯尼劳动力成本大大高于美国迪斯尼的主要原因。在美国,针对迪斯尼的季节性,管理人员采用星期工作制及年度工作制来安排员工。这样即保证人员配套的高度灵活性,以满足高峰时期游客的需求,又具有相当的经济性。然而,法国有关的法律对此却缺乏灵活性的规定。对这一法律方面差异的忽视造成了欧洲迪斯尼过高的劳动力成本。

(五)财务和最初业务计划问题

(1)最初的财务计划方案过于乐观和复杂。这一计划主要依赖于迪斯尼周围的写字楼和旅馆而不是乐园自身来获利,但严重的欧洲经济衰退、法国房地产市场滑坡及欧洲货币对法郎的重估价,使得最初计划得以实施的基本条件全部丧失。

(2)严重的定价错误。随着各项成本的增加,为了完成预期的目标,欧洲迪斯尼盲目提价。

(3)来自美国迪斯尼乐园的竞争。

法郎的坚挺,美元的虚弱,使得去美国,尤其是去佛罗里达旅行的费用对欧洲游客来说并不十分昂贵。结果美国迪斯尼乐园反倒成为欧洲迪斯尼乐园强有力的竞争对手。

讨论问题:
(1)迪斯尼公司在整个欧洲迪斯尼计划中,犯了哪些错误?
(2)你对解决欧洲迪斯尼的问题有何建议?
(3)从欧洲迪斯尼的惨淡经营中,我们应吸取哪些教训?

参考思路:
(1)深刻认识不同行业和领域的环境差异与企业制定国际旅游市场营销组合策略的关系;
(2)从本案例中,学会对大型跨国公司进行营销分析诊断的思路与技术。

4. 国家旅游局最近发布的《关于鼓励和引导民间资本投资旅游业的实施意见》(简称《意见》),明确指出将向民间资本全方位开放旅游企业,鼓励民间资本进入从风景名胜、海岛海洋旅游开发到旅游装备制造、旅游公共服务在内的所有旅游服务业链条。

讨论问题：

(1)《意见》的出台消解了民间资本进入旅游业的限制和约束，问如何加强对民间资本的服务与管理？

(2)如何指导和规范民间旅游投资？

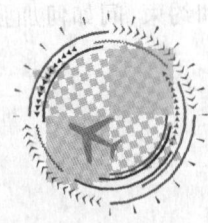

第九章 外联部的管理

[培训重点]

本部分主要讲述外联部各种工作计划的制订与操作、部门业务管理、客户管理和旅行社产品质量管理。

通过本部分的学习,您将掌握计划、计划管理、计划操作的概念,了解到如何制订和执行部门的工作计划、如何反馈与分析执行计划的各项信息,并在此基础上应用于工作实务中。

通过本部分的学习,您将对旅行社产品质量管理和内部管理创新有所认识,通过本部分案例分析的启迪,能够在自己的工作中勇于开拓和创新,作出更加出色的成绩。

通过本部分的学习,您将对旅行社客户的概念、客户档案的设计与使用有所认识,掌握其中的基本技巧和方法,能够在自己的工作中结合实践创新应用。

通过本部分的学习,您将对外联部员工能力的标准与考评方法、外联部与旅行社内外其他相关部门或单位的关系有所认识,能够开阔思路,对实际工作有所启发,形成自己工作的独特风格。

[专题论述]

一、计划操作和管理

(一)计划操作的重要性

1. 基本概念

万事"预"则立,而"预"就是计划,有计划才有明确的奋斗目标。面对日趋成熟的旅游市场,制定有效的经营战略和实施计划管理,是旅行社立于不败之地的有效法宝。作为旅行社的重要业务部门,外联部根据旅行社的经营战略,确立自己的工作计划,并采取相应的行为执行计划,是保障旅行社经营战略实现的前提条件。

计划,是旅行社外联管理的重要组成部分,从静态的角度看,是指对未来一定时期内市场经营活动的预见和设想;从动态角度看,是指在进行市场调查的基础上,结合科学的预测手段,对一定时期内的经营行动作出全面决策的一系列活动。

计划管理,是按照旅游市场客观规律的发展要求,通过编制计划、组织计划的执行和控制、保证完成企业预先制定的发展任务,不断提高企业的经营效益,是实现管理目标的一种科学方法。

计划操作,是根据计划的内容和计划管理的要求去有步骤、有准备地执行计划,以达到顺利完成工作任务的一系列活动过程。

2. 计划操作的重要性

计划的重要性不言而喻,为每一个经营者所重视,但是有好的计划,没有好的执行,计划也只能是一纸空文。作为旅行社,必须时刻关注市场动态和游客消费结构的变化,及时作出反应,才能够在市场竞争中生存发展,计划的制订,特别是工作计划的制订难度大、动态性强、要求执行迅速,这些都使得计划操作的重要性更加突出:

(1)计划操作是旅行社企业经济健康发展的重要保证。旅行社的各部门只有按照企业整体计划的各项要求,按质、按量、按时完成,才能保证整体计划的圆满完成。计划操作正是保证按质、按量、按时完成计划的前提和基础。

(2)计划操作是发挥企业员工主动性、积极性的重要手段。计划的制订不仅仅是旅行社少数上层决策人员的事,而计划操作则更需要全员参与,通过明确的分工与协作,计划操作可以保证每一个员工都能够积极主动地按计划要求完成本职工作。

(二)工作计划的制订与执行

1. 工作计划的制订

工作计划是外联部日常工作的基本大纲,是在未来一定时期内部门内部管理和外部营销的基本预测和设想。工作计划的制订是一个严肃科学的过程。作为日常工作的指导和经营管理的参考,工作计划制订的水平如何,不仅关系到部门能否顺利实现经营指标,而且直接影响到旅行社的企业经济发展。

(1)制订工作计划必须考虑的相关因素

①计划的相关性

首先,外联部作为旅行社的业务部门,其工作计划与其他部门计划、与旅行社整体经营计划有着密不可分的联系,必须与之统一协调;其次,相关性也反映旅行社必须在国家有关旅游行业的政策、法规的指导下进行经营服务活动;第三,外联部的工作计划的制订,还涉及同行业或相关行业的协作与交往,从业务的角度看,必须顾及这些相关行业的相关部门的工作容量。

②计划的连续性

事物的发展运动,都有其自身运动的规律,同一事物的过去、现在和未来,一般说其共同规律和本质是在不同条件、不同形式下具有相互连接、延续的性质,工作计划的连续性,一方面为制订旅行社的发展计划提供了科学预测的依据;另一方面,也使外联部的日常工作保持持续健康的发展状态。

③计划的市场适应性

市场经济条件下,一切都要按照市场规律来办事,旅行社在制订计划的时候,关键是要进行市场调查,掌握大量的市场信息,制订开拓旅游新产品的发展策略,并采取促进产品销售的广告、公关、价格、竞争等有效手段,而了解、掌握旅游者的新需求,及时推出新产品,则是制订工作计划、参与市场竞争的一个重要方面。

④计划的可行性

外联部的工作计划,应该反映企业科学决策的预见性和企业员工的拼搏精神,还应建立在企业人、财、物现状,上一次工作计划完成情况和市场变化的客观实际的基础上,既考虑到计划目标是否可以达到,又要避免不能科学预测员工的潜在能力而把指标定得过低。

⑤计划的时效性

国家旅游局规定各地旅行社不能经营异地旅游业务,外联部作为旅行社的出游服务中心,工作计划的主要内容之一是制订组团接待服务计划,即根据自己编制的销售计划组织客源,然后根据日程安排,向各地接待社通报客源情况,由其他地方接待社组织接待,组团社向地方接待社报接待计划一般为年度、季度、月度预报,预报时间越长,其准确性就越低,所以,外联部也应该充分考虑到与地方接待社接待计划的协调统一,按年度、季度制订相应的工作计划,按月度调整和修改工作计划,尽可能准确、及时、高效、全面地预测和反映组团接待服务情况。

(2)外联部的工作计划的构成

外联部的工作计划由服务采购计划、市场销售计划、接待服务计划、作业控制计划、质量监督计划等内容构成。

①服务采购计划

服务采购,一般是指旅行社为组合旅游产品,而以一定的价格向其他旅游企业,或与旅游业相关的其他服务行业和部门购买相关服务项目的市场经营行为。

旅行社产品是一种特殊性的服务产品,是为了满足旅游者在旅游过程中的所有需要而提供的各种有偿性服务。在旅行社产品中,除了诸如导游服务等少数服务项目是由旅行社直接提供外,其余的与旅游"吃、住、行、游、购、娱"六大要素有关的多数服务项目,均来自其他旅游部门或服务行业。从某种意义上讲,旅行社产品质量的高低直接取决于上游供应商单项服务产品的质量。因此,旅行社往往通过选择一定数量的供应商并与之建立战略合作关系,以期保证其服务质量的稳定。通常情况下,服务采购工作是旅行社计调部门的一项重要业务,但是,计调部门的服务采购计划往往全面涉及旅游六大要素,外联部为了突出产品特色,加强产品销售能力,完成市场销售计划,也应该有所侧重地制订相应的服务采购计划。通常情况下,根据工作计划的需要,外联部服务采购计划主要反映包机计划(专列计划)、广告宣传计划等对销售影响较大的内容。

② 市场销售计划

外联部市场销售计划是为了用于市场开发、组织客源和产品销售,是旅行社接待服务活动的基础。销售计划的主要内容包括各种旅游产品和服务项目。在确定销售价格的基础上,通过各种渠道确定销售对象,预测销售及所需费用、销售收入和销售利润。其作用是规定计划期间内的经营目标,掌握所需耗费的资金,确定具体销售策略,为旅行社的接待安排提供可靠的依据。

③ 接待服务计划

旅行社的接待服务计划包括地方接待服务计划和组团接待服务计划。外联部作为出游服务中心,主要制订的是组团服务计划。外联部的接待服务计划着重从接待人员的安排、餐厅用餐、饭店住宿、景点游览、行程交通、安全对策等方面进行设计,通过出团通知书的形式表现出来。

④ 作业控制计划

作业控制计划是对旅行社各部门、各工种工作人员在贯彻执行业务计划的过程中,进行执行性、操作性控制的计划,在发达国家的旅游企业早已普遍应用,被认为是企业管理不可缺少的一项计划内容。由于我国计划管理起步较晚,水平较低,许多旅行社对作业计划制订还不够重视。外联部的作业控制计划主要是针对门市销售人员、外联业务员、客户档案管理员的操作控制计划。

⑤ 质量监督计划

服务质量工作是旅游业的生命线,是旅游业发展的关键,特别是我国加入WTO后,旅游业竞争日趋激烈,服务质量已成为企业竞争的主要阵地。国内外的实践经验证明,运用质量管理的基本理论和方法结合旅行社工作的特点进行综合治理,是旅行社切实提高服务质量的有效途径。

旅行社的质量就是旅行社提供的产品质量,主要表现为旅游服务在使用价值方面适合并满足旅游者的物质和精神方面需要的程度。

旅行社的质量包含三个方面:一是旅行社产品设计质量,即最主要的是要求旅行社设计出能满足不同层次旅游者需求的线路和节目,吃、住、行、游、购、娱等项目供应标准要质价相符;二是旅行社人员的实际接待服务质量,即旅行社的门市和导游要通过热情周到、谦和礼貌、舒适方便和迅速及时的服务,使旅游者得到物质和精神方面的满足;三是旅行社的环境质量,即主要是旅行社的业务、采购、接待和财务部门,以及景点、饭店、餐厅和车队等协作单位的工作质量。

外联部的质量监督计划必须涉及旅行社质量的全部内容,体现旅行社全面质量管理思想,对游前、游中、游后三个阶段以及部门全体员工工作态度、工作语言、工作技术、工作项目等内容进行质量监督,结合国家有关法律、法规和ISO 9000质量体系在旅行社质量管理中的应用,围绕突出质量教育、加强信息反馈、完善合同制度、主动规避风险几个方面建立科学、系统、可持续的质量监督计划。

(3) 编制外联部工作计划的方法

编制外联部工作计划必须运用科学的方法,考虑到PDCA循环的同时,还可以采用综合平衡法、定额法、比例法和动态法等方法。

PDCA循环是由美国管理学家戴明最早应用于企业计划管理,所以又被称为戴明环,其中P是Plan(计划)、D是Do(执行)、C是Cheek(检查)、A是Action(总结处理),基本原理是做任何一项工作,首先要有个设想,根据设想提出一个计划,然后根据计划去执行、检查和总结,最后通过"四个水平、八个阶段"的工作循环,一步一步地提高水平,把工作越做越好。(如图9-1所示)

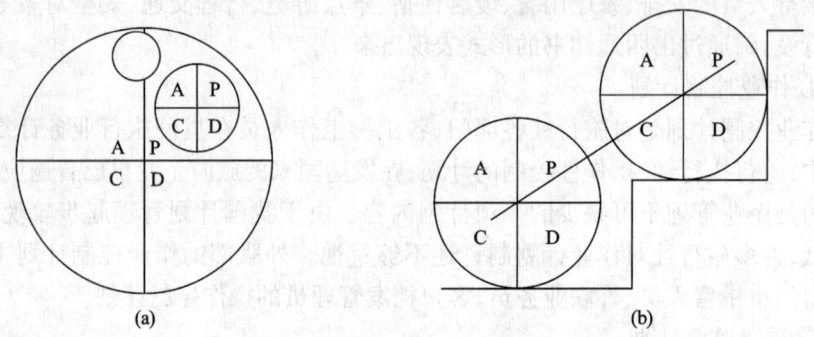

图9-1 PDCA循环

同时,在编制外联部工作计划时,还可以采用综合平衡法等方法。

① 综合平衡法,就是外联部在制订工作计划的过程中,要充分考虑与旅行

社各部门、其他相关部门各项计划指标之间,在数量上确定一个合理的比例关系,使外联部的工作计划涉及的指标能够建立在稳定可靠的基础上。需要指出的是,在运用综合平衡法制订计划时,必须考虑到整个市场是处于一个动态变化的复杂环境中,而且需要平衡的各种比例关系也很多。在这种时候,首先要分清主次,把握先后。同时,还要看到,在旅行社日常经营活动中,不平衡的现象是经常出现的,是绝对的,而平衡是暂时的,是相对的。因此,对工作计划的平衡只能是力求各项指标最大限度地接近临界点,但绝不能满打满算,不留余地;否则一旦出现特殊情况,引起市场的波动,则很容易造成部门工作的被动。

② 定额法,就是在确定市场经营指标的时候,以某一数额为基数指标,然后以此为基础,并按照一定的递增比例进行推算,最终确定一项新的计划指标的方法。例如,外联部在确定组团数量的时候,可以根据部门原有的定额水平,通过市场分析和科学预测推算出来,并成为实现新的经营目标的衡量标准。

③ 比例法,就是以旅行社业务经营史上某一个比较稳定时期的各项指标间的关系为基础,结合计划编制过程中所产生的各项变动因素,来推算工作计划执行期内各有关计划指标的一种方法。例如,按照历年在第一季度组织散客团出游的人次占全年总人次的比例,并根据计划初期已经完成的散客组团人次,可以比较准确地推算出到该年计划期末时,可能达到的散客组团总人数的规模。

④ 动态法,就是以某项计划指标在历年发展变化的基本趋势或平均增长的速度为基础,确定工作计划期内该项计划指标增长速度或预测其变化趋势的一种方法。例如,根据旅行社历年组团出游目的地的接待人次变化情况,结合实际经营的获利水平和游客意见反馈,确定主要的组团旅游目的地,并设定通过组团到该目的地出游在经营计划期末应该达到的利润指标值。

(4) 外联部工作计划样式参考

① 外联部工作计划(内部管理文件样式参考)

××国际旅行社有限公司

出游中心(外联部)2004～2005 年度工作计划

一、计划期:2004 年 1 月～2004 年 12 月

二、计划内容

(一)产品开发

2004～2005 年度在继续进行×××、××××、××××等传统产品的市场挖掘的同时,根据市场调研和客户座谈信息反馈,计划开发×××、×××、×××等新产品,具体开发事项由×××负责,需要网络中心、导游部、包机部的协助。同时根据市场情况和 2003～2004 年度经营情况,对经营有下降趋势的×××产品进行创新,计划从几个方面调整,力求使该产品重新成为公司的主要

产品,如果在创新后达不到预期目标,则计划取消该产品的销售。该项工作由×××负责。(后略)

(二) 市场销售

2004~2005年年底计划完成销售×××万元,其中,×××、××××、××××等产品各计划销售×××元。(后略)

(三) 接待服务

2004~2005年年底计划完成组团×××个,其中:黄金周组团××个,大型团队××个,力争组织××人以上散客团××个。(后略)

(四) 质量监督:(略)

(五) 员工管理:(略)

三、执行与检查

计划经批准后于批准日执行,同时按照要求制订阶段性的季度工作计划,由总经理办公室×××检查执行情况并及时通报修改。(后略)

××国际旅行社有限公司

出游中心(外联部)

2004年1月

② 外联部接待计划(与地接社联系文件样式参考)

表9-1 接待计划书

团接待计划

( )—联字第 号

社:

由我公司组织的　　　团一行　　人,将于　月　日至　月　日访问(所访问城市按先后顺序排列)　　,请协助接待。

请提供　　　　　　等综合服务。综合服务费和城市间交通费向我社结算。出境机票由　　自理,请代为确认。

(各地游览、住房及特殊要求列在此处)

(该团无全陪,请上下站加强联系)。

全程陪同:请　　　社为全陪订购　　月　　日返程机票　　张。

联系人:　　　　　电话:

旅游公司(加盖公章)

年　月　日

附：日程、名单
抄：本公司部、财务部、计调部、总经理、办公室、各地公安局、安全局

接待计划主要由旅游团（者）的基本情况和要求、旅游日程表和团员名单三部分组成。拟写接待计划首先要核实以下项目：①团号、团名、海外组团社名称；②旅游团人数及要求的旅游服务等级和方式；③入出境口岸、日期、航班、车次或船次时间；④旅游线路及游览城市；⑤住房及早餐安排要求；⑥城市间交通工具安排要求；⑦旅游团名单，最后确认人数及成员的性别、年龄、职业、国籍、护照号码等；⑧特殊参观要求。

在以上事项得到确认后，可以按以下内容拟写接待计划：①按旅游线路所经城市的先后，排列出各地接待单位，并注明印发份数（每份送单位一式三份）；②注明旅游线路；③注明旅游团的类别（游览团、参观团、学习团、考察团、专业团、重点团等）；④注明服务等级（团体标准 A 等或 B 等、10 人以下标准 A 等或 B 等）；⑤注明住房的预订方式（游客自订、本社代订、委托接待社代订或其他），用早餐情况（饭店及早餐结算方式）；⑥注明风味标准、次数；⑦注明旅游团（者）出境机票情况（OK/OPEN）；⑧注明全程导游人数、姓名、性别及返程票的日期、航班、车次等，如无全陪人员注明"该团无全陪，请上下站接待社加强联系"字样；⑨注明旅游团（者）的航班、车次、船次的抵离时间；⑩注明加收费用的服务项目，如超公里、特种门票、游江游湖、风味标准、次数、专业活动及次数等；⑪注明旅游团（者）详细名单，包括姓名、性别、年龄、职业、国籍及护照号码等；⑫注明组团社名称、地址、电话、传真及联系人姓名。

表 9-2　接待计划回执

正面

收件单位地址：(收回执人)	邮票
中国　　　　旅游公司 　　　　　　　部	
电话：　　　　　传真：	
寄件单位(发回执人)	

表9-2　接待计划回执

反面

团名：
回执接待通知已收到（　　　）
指定饭店已确认（　　）现改为：
指定航班已确认（　　）现改为：
指定车次已确认（　　）现改为：
其他可确认项目　　　请（　　）中画√
变更项目　　　　　　请（　　）中画×
无关项目　　　　　　请（　　）中画○
请在接到接待通知后,速将此回执寄出。
谢谢合作！

2. 工作计划的执行

工作计划制订后,如何加强计划的执行力度,不仅关系到外联部能否全面落实计划内容、顺利实现计划目标,而且直接影响旅行社的企业部署和经营战略。采取科学有效的方法来执行计划,也是部门计划管理的一项重要内容。

(1) 责任到人,归口管理

加强计划执行过程中的归口管理,是实现计划目标的根本途径。计划管理主要有全程控制法等方法。

①全程控制法

企业计划的制订,仅仅是计划工作整个过程的开始。计划制订后的关键是执行控制。执行控制的重点应该放在:一是通过思想政治教育,把部门全体员工的心凝聚起来,围绕企业计划这个共同的奋斗目标,正确处理好国家、集体、个人三者的利害关系,这是创造效益的无穷力量。二是通过各项规章制度,把员工的工作规范、行为规范都纳入工作计划的轨道,严格做到企业规范的要求。三是通过计划管理与经济责任制的紧密结合,把计划指标分解到个人,层层以经济责任制度保证企业总体计划的实现。四是通过会议汇报研究、现场视察指导和反馈信息等控制手段,及时掌握工作计划实施的进程,并对计划执行中出现的问题予以及时解决。

②定额管理法

计划管理中所实行的定额,亦即计划定额,是指在一定条件下所投入的人力、物力、财力和消耗上所规定的数额和标准。这是工作计划管理中十分重要的基础工作。外联部定额的名目,有投入服务的劳动定额,有服务质量的达标定额,有各种物资的消耗定额,有营业收入款项定期到位定额,等等。企业的总体计划目标确定后,必须层层实施分解后的总体计划,量化定额到部门。部门工作计划实施的整个过程,就是对量化定额随时进行检查,加以督促的过程。定额管理是保证总体计划实现的一个重要措施。

③比例确定法

外联部工作计划设定的组团接待人数、营业收入和利润收益等指标之间一般是有一定规律可循、成一定比例的。根据这个比例,可以随时从统计数字中了解到部门业务发展的情况是否正常,哪些地方失常了,可以及时注意纠偏。比例法是保证外联部工作计划完整顺利实施的一个重要方法。

④原始记录和定期统计报表工作法

旅行社各项业务活动都应该按规定做好原始资料记录工作,外联部业务繁杂琐碎、涉及旅行社内外的方方面面,更需要有健全完善的原始资料记录随时备查,这是统计工作的基础和依据。统计报表工作是一定时间内对各项经营服务在数量上的综合计算工作,它所形成的报表是经营服务的重要信息反馈,是管理者调节、指导和控制计划实施的重要依据。原始记录和统计报表应该做到完全真实和高度准确性,违反这个要求,必然会给管理者决策带来严重的后果。

(2)健全规章制度,保障计划实施

没有规矩,不成方圆,外联部工作计划的完成,必须依靠各项规章制度来保证。一般情况下,旅行社都会有一系列的规章制度,这些规章制度的制定和完善是用于保证经营工作顺利进行的。其中,旅行社用于保障工作计划实施的规章制度有考勤制度、定额管理制度、劳动管理制度、责任考核制度、成绩评估制度、奖惩制度、统计分析制度等。计划的执行是计划管理的主体,这关系到旅行社制订的经营目标和计划的实现。工作计划一经确定通过后,就要按岗位职能和部门的内部分工,将各项计划指标逐级落实到个人。并要求部门每个人都要根据部门工作计划制订出自己完成工作计划的具体有效措施,把工作计划变成每个职工的行动纲领和奋斗目标。在工作计划执行中,外联部的管理者要用细致的思想工作和强有力的组织措施来保证各项制度的落实,真正使制度起到保证工作计划执行的作用,同时还要把执行计划和个人的责、权、利结合起来,运用经济杠杆充分调动广大职工的积极性、主动性和创造性,推动各项计划指标的完成。外联部应该建立健全的规章制度包括:

①建立健全员工的考勤、考核、奖惩制度和各项业务操作规程。

②开展上岗前的业务培训、新进人员由老同志带教实习、合格上岗、淡季培训安排。

③确定业务人员的职责:广告宣传、咨询接待、业务洽谈等;明确业务人员必

须要掌握的业务技能；了解各条线路、景点、餐饮、住宿、交通和风土人情；加强横向关系的交流，及时掌握最新信息；完善专线产品，扩大新的旅游线路。

④协助财务做好往来账款登记清理入账工作，必须一团一清，杜绝欠款现象。

⑤制定工作程序及服务规范；树立服务意识，宾客至上，信誉第一的宗旨；团队结束后，团队资料集中归档。

⑥召开服务质量座谈会，做好跟踪服务和信息反馈，必要时请主要客户代表定期参加；建立客户档案。

（三）督促与反馈

外联部对工作计划的实施进行检查、监督与信息反馈，是计划管理的职能之一，也是全面计划管理的重要组成部分。是检验各项工作是否符合计划规定的要求和目标，并可以及时采取有效措施，保证计划工作顺利进行的重要手段和方法。通过对计划执行情况的督促和信息反馈，管理人员可以对计划执行情况进行分析、总结和评比，同时还可以判断计划是否符合实际情况，作为以后调整和修改的一项依据。监督计划实施最好的方法就是检查计划执行是否按照规定的时间完成、完成的质量如何，检查各项计划指标和历史同期相比较增减情况和原因，计划执行中是否采取过有效的措施以及所取得的效果。督促与反馈的方法可以通过会议检查等形式实行。

1. 会议检查

通过定期或不定期召开部门的各种会议，了解部门工作人员的各种工作情况，或不定期地召开各类座谈会、进行重点客户回访，听取来自客户的意见，研究分析计划的执行情况和存在的缺陷，及时解决执行计划中所出现的问题。

2. 统计报表检查

即通过对企业各种统计报表进行监督、检查计划执行情况的方法。这种方法以数据资料为依据，可以精确地反映计划执行的进度，能够充分暴露在计划执行过程中的各项指标之间是否失调或存在问题，但是数据资料有时候会受到市场宣传、游客偏好、员工的工作态度、业务水平、产品设计等情况的影响产生波动，统计报表检查方法不能够准确反映出其变化的主要原因，还需要配合应用其他方法进一步分析原因。

3. 管理信息系统（MIS）实时监控

管理信息系统是为管理者提供所需信息的各种信息传递方式的总称。时至今日，计算机技术已经被广泛地应用于企业经营与管理领域，并发挥着重要的作用。管理信息系统作为计算机科学、管理科学、系统科学和现代通信技术的综合，除了具有数据处理功能，还具备特有的预测、计划、控制和辅助决策的功能。

通过其将企业经营中的部门管理要素(人、财、物、信息)按照逻辑方式组合的职能子系统的集成,形成了企业管理的虚拟环境,即通过各种数学方法、数学模型和存储在计算机中的大量企业管理数据,管理者可以及时推导出有关问题的满意解答,为管理决策提供辅助参考。同时,由于现代通信技术的应用,特别是网络技术的推广普及,计划指标和日常经营数据可以通过管理信息系统的处理,在企业内部管理网络系统中传递,这样任何一个得到授权的管理者都可以随时随地检查计划执行情况,监测和分析经营状态,实现对计划执行的实时监控,并且可以通过计算机发出指令,指导经营工作、修改经营计划、处理管理事务、进行信息分析和整理。

通过这些形式的督促与反馈,可以保证计划的顺利执行和及时修改,当然,所有检查的情况必须都形成文字,写出检查报告。这样外联部的工作计划通过执行、检查、反馈和总结,才能够顺利达到预定的目标,同时也进一步提高了旅行社的计划管理水平。

二、产品质量管理

质量管理是旅行社经营管理的一项重要内容,也是提高旅行社市场竞争力、保证旅行社健康经营的根本手段。从旅行社整体来说,质量管理就是对旅行社产品质量、旅行社服务质量和旅游环境质量实施管理。而对于外联部来说,则主要是确保旅行社产品质量,因此,外联部的质量管理主要围绕产品质量进行。

旅行社的产品质量,主要表现在两个方面:一是旅游线路安排的节目是否合理,是否齐全多样,符合多层次多方面旅游者的需求;二是质价是否相符,游客是否感到安全、方便。

为了加强旅行社产品质量的管理,必须注意解决产品服务等方面的问题。

(一)信誉至上

信誉是交易双方遵守诺言、对交易的产品或服务与支付方式和金额均表示认可或满意的能力。信誉是企业经营的基础,信誉至上,也就是要在经营中坚持诚实守信、公平公正的原则,从旅行社的持续经营和旅游者的角度出发去考虑,恰当地应用经营策略和手段、建立信用行为、规范旅行社经营活动。

社会的发展需要稳定,发展市场经济不仅需要一个安定和谐、健康有序的环境,更需要个人与企业、企业与企业、企业与社会之间相互依赖、相互诚信。旅行社作为提供旅游产品和服务的企业,在满足旅游者心理和精神愉悦的同时,注重信誉对企业本身也是一种良好的企业文化和公共形象,对企业的市场竞争具有重要的辅助作用。

1. 把保证质量和满足顾客要求放在第一位,建立以质量和服务为依托,规范科学和制度化的产品服务管理体系

在产品设计方面,应注意在原有线路的基础上,不断开拓新的景点,避免旅游线路中的不必要的重复和往返,以减少旅游者因过多的线路重复或往返而产生的厌倦情绪;要设计出符合旅游者各种需求、适销对路的高质量产品。做到人无我有,人有我特,不断推出旅游业的名、特、优、新产品。同时,在产品的宣传和营销中,避免不切实际地夸大宣传和只顾揽客不顾服务的问题。

2. 建立相应的产品服务控制系统,控制好吃、住、行、游、购、娱等各个环节,保证旅游产品质量

旅行社产品质量主要体现在每条线路上的若干具体服务工作,但是这些服务工作不是由旅行社本身直接提供,而是广泛依赖风景区(点)、饭店、餐馆、交通部门,以及金融、通信、保险等各个协作单位。因此,与这些单位处理好关系,通过档案管理来及时了解与各方面的合作情况,建立售前、售中、售后的全方位服务体系。

(二) *产品服务*

产品服务是旅行社围绕其产品所进行的一系列物化劳动和活劳动的统称。在现代旅游市场竞争中,旅行社也许难以控制产品销售价总额、物价上涨率、广告花费成本等变量,但是相对而言,产品服务则是企业的可控因素。只要紧紧把握住与旅游者接触的每一个环节,成功处理与旅游者每一次正面接触,旅行社就抓住了产品服务质量管理的关键。

1. 建立旅游服务圈概念,创新思维模式,用旅游者眼光去理解、分析产品服务质量的内涵

所谓旅游服务圈,是指旅游者经历关键时刻的一个圈。这里的关键时刻,是指旅游者光顾旅行社的任何一个部门的那一个瞬间。对旅游者来说,一个完整的旅游服务圈必然包括自己有可能与旅行社的一线服务人员发生正面接触的所有瞬间,但并一定都有旅行社的一线员工的参与。必须说明的是,就是在关键时刻的这些节点上,旅游者对旅行社所提供的产品与服务,进行了解、消费与评价。

从产品服务质量管理的角度看,引入旅游服务圈概念的意义在于,提供一种逆向思维的方式,帮助外联部每个员工跳出固有的思维模式,站在旅游者的立场上,用旅游者的眼光去理解、分析旅行社产品服务的种类与内容,以便更深刻地了解旅游者在各个关键时刻对旅游活动期望的反映,改进旅游产品服务管理方式,促使旅行社产品服务进一步贴近旅游者的实际需求。旅游者每光顾旅行社一次,旅游服务圈就会运转一次,当然,这种运转并不一定都是从开始到结束形成一个完善的过程。这是因为每一个旅游者从产生旅游动机到付诸消费行为都

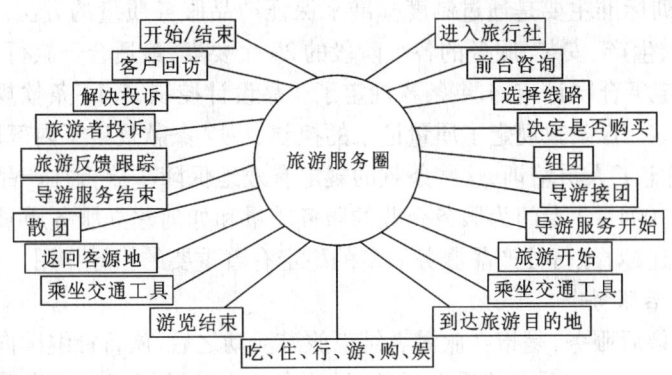

图 9-2　旅游服务圈

会有很大的差异,绝不会是一个完全相同的模式。反映在旅游服务圈中,有的旅游者可能会中途结束,有的会在某一个或几个环节上重复,还有的会省略某些服务环节。但不论怎样,旅游服务圈概念对提升产品服务质量管理水平,尤其是加强外联部业务人员的服务意识是大有作用的。

2. 引入 ISO 9000 质量体系,建立健全标准化产品服务质量管理模型

众所周知,ISO 9000 质量体系主要是通过制度标准来保证服务质量的方法。在制造业中已被广泛地运用,而旅行社业运用 ISO 9000 质量体系还在起步阶段。随着中国加入 WTO,中国的旅行社企业进入国际市场,旅行社迅速接纳 ISO 9000 系列标准,运用 ISO 9000 质量标准对企业进行系统化、程序化、标准化的管理已刻不容缓。

ISO 9000 系列标准,是国际标准化组织在总结过去传统的产品检验、测试及质量控制工作的基础上,从根本上改变了过去的传统做法,对企业产品的设计、开发、生产、安装、服务和管理全过程实行标准化质量检验的控制体系。

ISO 9000 系列标准具体包括:

ISO 9000-1《质量管理和质量保证标准　第一部分:选择和使用指南》

ISO 9001《质量体系——设计、生产、安装、服务的质量保证模式》

ISO 9002《质量体系——生产、安装、服务的质量保证模式》

ISO 9003《质量体系——最终检验和试验的质量保证模式》

ISO 9004-1《质量管理和质量体系要素　第一部分:指南》

ISO 9004-2《质量管理和质量体系要素　第二部分:服务指南》

通过运用 ISO 9000 系列标准可以有效提高旅行社产品服务的质量信誉,促进旅行社按照国际标准建立和完善质量体系,更好地保护消费者的利益。

ISO 9000系列标准主要是通过制度标准来保证产品服务质量的方法。ISO 9001包含了设计、生产、安装、服务的各个阶段的20个要素,最适合于旅行采用,其中4.3条款规定了合同评审、4.4条款规定了产品设计控制、4.14条款规定了纠正和预防措施、4.16条款规定了质量记录的控制、4.17条款规定了内部质量审核、4.18条款规定了人员培训,这些条款的规定有效地保障了旅行社产品服务的质量。而ISO 9004-2专门为服务企业的服务质量和如何建立服务质量体系进行了科学的阐述,对旅行社产品服务质量的稳定有着重要的指导作用。

(三)售后服务

所谓的售后服务,是指在旅游者结束旅游活动之后,旅行社继续向参加过旅游活动的客人提供一系列的后续服务,目的在于主动了解客人对旅游活动组织和安排的反映,解决客人在旅途中可能遇到的问题,以及加强同客人的联系。

售后服务对旅行社建立一定数量的具有忠诚度的老顾客群以及吸引潜在顾客都是极为重要的。美国《旅游代理人》杂志曾经就一些旅行社的常客不再光顾原来旅行社的原因作过一次系统的市场调查分析,其市场调查的结果令人深思。

表9-3 旅游者不再光顾原旅行社的原因

旅游者不再光顾原旅行社的原因	所占比例
客人投诉没有得到处理或没有得到令人满意的处理	14
其他旅行社提供了价格更低、服务更好的旅游	9
经朋友建议,转而订购其他旅行社组织的旅游	5
居住地迁移	3
由于年老多病、丧偶等原因而放弃旅游	1
旅行社缺乏售后服务,顾客觉得是否订购该旅行社的旅行对旅行社来说是无所谓的	68

从调查结果可以得知,总共有82%的游客是因为投诉和缺乏良好的售后服务原因,直接导致他们离开原来的旅行社,转而寻找新的旅行社进行旅游服务的购买活动。旅行社售后服务的重要性在此已得到明确的印证。基于这样的认识,加强旅行社的售后服务管理将是我国旅行社现阶段极为重要的任务。

与世界上发达国家的旅行社售后服务相比,我国旅行社的售后服务活动还处在刚刚初步的发展阶段上,无论在售后服务的理念上,还是在售后服务的手段上,都还在摸索之中。通过借鉴其他国家旅行社售后服务的具体方法,我们可以将旅行社的售后服务管理工作进一步细分为反馈跟踪、客户联络和投诉处理三个方面。

1. 反馈跟踪

从理论上讲,旅游服务圈的运转应该是一个不断重复循环的过程,但是,在现实环境中,有相当一部分旅游者并不选择同一家旅行社,除了旅行社产品供应能力的限制外,还存在旅游者潜在需求没有得到满足的问题,也就是说,旅行社没有能够及时把握旅游者对产品的反馈信息并及时调整。从旅游者消费行为的角度分析,旅游者的再次购买决策取决于上一次其在旅游消费中所获得的满意程度,进行反馈跟踪服务,可以向旅游者提供延伸服务,了解旅游者的需求变化并寻找产品开发的突破口。

2. 客户联络

据哈佛大学商业杂志的一项研究报告指出,再次光临的顾客可以为企业带来24%～80%的利润,而满意的顾客会带来8笔潜在的生意,其中至少成交一笔;一个不满意的顾客会影响25个人的购买愿望;争取一个新顾客的市场成本是留住一个老顾客成本的6倍。加强客户联系可以通过即时性服务、问候性服务、推介性服务、沟通性服务等方式来进行。

3. 投诉处理

投诉是旅游者对旅游产品供给表示不满的行为。根据国家旅游局于1991年6月发布的《旅游投诉暂行条例》规定,旅游者的投诉权利是受到国家法律保护的。从时间上看,投诉的处理属于旅行社系列服务工作的收尾阶段,是对所有服务缺陷进行"补台"的最后机会。对投诉的处理主要有了解投诉者的目的、分清投诉对象、设定解决策略、调查了解、迅速答复、记录在案等一些做法,在处理投诉时要提高员工的工作责任感、通过培训使之掌握必要的处理技巧,才能够确保投诉获得满意解决,挽回旅行社的声誉。

三、客户的管理

客户是旅行社重要的经营基础和生产资源,狭义的客户是指旅行社的客源,即旅游者。广义的客户是指与旅行社有经济和业务来往的供应商、其他服务机构和旅游者。旅游业是一个高关联度的产业,旅行社作为提供旅游产品的企业,它所提供的产品又必定受到其他部门或企业的影响,离开交通运输、餐饮、景区(点)、宾馆饭店,甚至气象预报等,旅行社的产品就什么都不是,旅行社也无法正常经营,我们有时候也戏称旅行社为"全求人",从另一个角度也反映了旅行社的这一特性。因此,如何选择运输工具、选择哪些景区(点)组成线路、选择什么饭店合作等一系列的问题在旅行社经营中就显得十分重要。外联部承担着旅行社对外活动的重要职能,选择与谁合作共同完成旅游经营活动是其重要的业务工作,用广义客户的概念去进行市场开发、产品设计、市场营销、创新产品可以使旅行社时时处处处于主动的位置,当然,科学的客户管理程序是保障实现这一目的的基础。

(一)建立客户档案

档案是旅行社经营的历史记录和经营管理资料的综合,客户档案是旅行社经营过程中与供应商、分销商、旅游者、其他相关部门或企业发生各种业务关系的历史记录。建立客户档案,就是坚持科学、系统、延续、客观的原则,将与旅行社经营有密切联系的企业或个人的基本情况,以及与旅行社所发生的业务关系情况,采用一定的方法记录并整理的过程。通过客户档案的建立,旅行社可以从中分析并选择稳定的合作伙伴、建立独特的合作模式,形成一定的企业族群。同时,通过建立客户档案,旅行社也可以从中分析出市场发展趋势和旅游者消费偏好的变化情况,从而及时、有效地调整经营策略,规避经营风险,降低经营成本。

1. 分门别类建立客户档案

与旅行社经营业务发生关系的客户有很多,如景区景点、宾馆酒店等是为旅行社提供产品基本要素的供应商,广告公司、新闻媒体则是对市场营销构成重要影响的传播途径,机关、企事业单位、社区甚至个人是重要的客源市场,不同类型的客户对旅行社经营起到不同的作用,对客户进行分类是建立客户档案的基础。可以按照供应商、分销商、传媒、消费者来进行分类建立客户档案,也可以按照旅游产品生产的工艺流程建立上游企业、水平合作伙伴、下游企业或消费者建立客户档案。但不论采取哪种方式,准确界定合作性质和一户一册是基本原则。

2. 按照一定的顺序排列客户档案

随着经营的持续,与旅行社发生业务关系的企事业单位会越来越多,客户档案的规模也会越来越大,记录内容会越来越多,查阅起来也会越来越有难度。这就要求在建立客户档案的初期充分预见到这一情况,按照一定顺序科学排列客户档案,否则可能会形成客户档案混乱、查找困难的情况。可以采用客户名称字头的英文字母排列顺序,第一位字母相同则选择第二位进行排列,以此类推;也可以采用先分区,即根据客户类型先划分大类,再细分,即在大类内按照一定方式排列。不论采取哪种方式,在排列的同时建立一个快捷查寻的客户档案目录都是必要的。

3. 选择重要客户建立 VIP 客户档案

与旅行社发生业务关系的企事业单位有很多,如果逐一建立客户档案,既费时费力又给查阅带来很大的困难,而其中很多客户可能是一次性客户,为其建立客户档案意义不大又使得管理成本上升,因此选择重要客户建立客户档案是十分关键的。那些信誉度高、规模较大的供应商、具有丰富的旅游新产品宣传经验的传媒、有稳定支付能力热爱旅游的旅游者和企事业单位应该是客户档案中的主体,而那些信誉度不高或者是虽然信誉度高但没有合作愿望的供应商、传媒和偶尔参加旅游活动的消费者就没有必要为其建立客户档案。同时,在客户档案中对客户也要区别对待,为那些对旅行社经营构成重大影响(一般以对经营利润的影响比例来确定,对年度经营利润影响达到5%~15%的为一般重要客户、超过15%的为重要客户)的客户,建立 VIP 客户档案,其档案要尽可能详细并及时更新,以确保与其合作的针对性和高效性。

(二)客户关系巩固

单纯建立客户档案对旅行社经营仅仅能够具有一定的参考作用,客户关系的巩固对旅行社的经营起到了更加重要的作用。良好的客户关系是建立在真诚合作、及时沟通的基础上,通过程序化的客户关系巩固,不仅可以使客户档案保持不断更新的状态,而且可能使与客户之间的联系越来越紧密,甚至形成战略合作伙伴的关系。

1. 及时回访客户

关系的巩固是建立在密切的联系和信息沟通的基础上,及时采取电话沟通、上门拜访、邀请座谈等形式与客户加强联系,可以有效巩固客户关系。当然,过于频繁的联系有时候也会影响到客户正常的工作和生活,起到适得其反的作用。选择合适的时机和一定的频率是非常重要的,可以选择一些重大节日、每隔一到两个月与客户进行一次联系,上门拜访前一定要事先电话预约。

2. 通过邮寄印刷品保持客户关系

对于旅行社不断创新的旅游产品,客户不可能都会及时了解到,通过印刷新产品说明并在第一时间投递给客户,可以帮助客户了解产品情况,也可以使客户意识到旅行社时刻都在关注他。这种方法也是其他类型企业经常采用的一种巩固客户关系的方法。当然在邮寄印刷品时,要注意:①客户单位名称与联系人或客户姓名、地址一定要书写准确。②印刷品要印制精美,内容言简意赅,附有一定的优惠条件。③一次投递的印刷品数量不宜太多。

3. 组织联谊会或答谢会巩固客户关系

在一定时间选择一些 VIP 客户组织联谊会或答谢会,或以旅行社为龙头、外联部工作人员为主要承办人员组织一些联谊活动,一方面可以联络感情、巩固客户关系;另一方面也可以了解客户需求的变化,有针对性地及时调整产品。在组织联谊会或答谢会的过程中,要事先对客户进行认真分析,有针对性地制定活动内容,活动时间和场地要安排得当,活动方式要轻松、高雅、令人回味,可以采用冷餐会或鸡尾酒会+文艺节目+参与性趣味活动+抽奖或赠送纪念品的形式。

4. 设立年度奖励积分强化客户关系

对在一年内为旅行社提供服务或购买旅行社产品达到一定金额的供应商和

旅游者提供年度奖励,可以奖励在一定时间内免费享用一定数量的特色旅游产品,以此来强化与客户的关系。

(三)客户的评估

随着旅行社业务的发展,与客户的关系也会随之发生变化和调整,与旅行社协调一致、共同发展的客户会被保留下来,其他的客户可能会被重新选择继续保持还是终止客户关系。对客户的评估可以帮助旅行社客观分析客户情况,进而决定客户关系的发展方向。

对客户的评估首先是建立在旅行社经营业务需要的基础上,评价客户对旅行社经营利润的影响程度。那些对旅行社经营业绩构成重要影响的客户无疑是要被重点关注的,与这些客户的合作关系如何是评估的主要内容。

其次,客户是否与旅行社经营发展方向协调一致也应该是客户评估的内容之一,随着时间的推移,原来合作密切的供应商可能会由于其自身业务发展与旅行社发展方向不一致而使合作内容越来越少,甚至停止合作;旅游者也会因为消费偏好的转移而选择其他旅行社的旅游产品。对这些客户的评估可以帮助旅行社决定是否调整经营策略和产品方向以便保持继续与之合作。当然,旅行社也会根据自身需要不断寻找和挖掘新的合作伙伴和消费者。对这些客户的评估可以让旅行社了解他们在旅行社经营中所处的地位如何,从而决定采取什么方法更好地处理与他们的关系。

第三,对客户的评估必须有统一的标准,将评估内容设计成表格,采取项目打分法进行评估。尽量要参考历史资料和客户档案获得分析数据,避免由于个人偏好而决定与客户的关系发展方向上的错误,克服客户评估中的盲目性。同时,由专业人员集体进行客户评估,克服非专业人员或个人在评估中对数据资料和分析方法不熟悉造成的误差。

四、部门内部的管理

(一)业务员考评要注意的问题

业务员是外联部日常工作的执行者和操作者,也是外联部工作最重要的环节,业务员工作的态度、工作的效率、工作的方法直接影响到旅行社的经营和发展,必须对业务员进行科学有效的管理,一方面,建立合理的考评制度是非常重要的;另一方面,在考评时还要注意以下问题,以确保考评工作的公正、客观、科学、有效。

1. 防止哈罗效应

哈罗效应就是在考评中,考评者凭主观印象而产生的误差。例如,由于整体印象而影响个别特性的倾向(比如根据被考评者姿容端庄的印象,认为其责任感和合作性也很强的考评倾向);根据某一特殊的局部印象而得出整体印象的倾向(这与前一倾向正相反);考评者特别看重某种特殊性,所以当被考评者具备这一特性时就推断其他特性也优秀的倾向等。克服哈罗效应的办法是在选择考评要素时,不选择易观察、不便于单独抽出或不能明确加以定义的要素。克服这种误差,应让考评者认识哈罗效应对考评的影响;应理解各考评要素间的相互关系;对各考评要素应分别考评,不要同时进行考评;对每一考评要素,应考评所有的被考评者以后再转向下一项考评要素。

2. 防止中心化倾向

即考评者对下一级被考评者所作的结论相差不多,或是都集中在考评尺度的中心附近,致使被参评者成绩拉不开距离。造成中心化倾向原因有:考评者不愿意作出"极好"、"极差"之类的极端评价;考评者对被考评者不了解;考评者对考评工作没信心;考评要素不完整或方法不明确。应采取的调整法有:明确考评要素的等级定义;考评者与被考评者接触时间太短以致对其了解不够时,延期考评;加强考评者的信心。

3. 防止宽大化

即考评者对被考评者所作的评价往往高于其实际成绩的倾向,产生这种倾向的原因有:考评者不愿意严格地评价部下;考评者往往不希望自己部下的成绩优于其他部门员工的成绩;考评要素的评价标准不明确;考评者本身对考评工作缺乏自信心。克服这种倾向的措施有:明确规定考评的内容和考评标准并认真执行;加强对考评者的训练。

4. 防止评价标准主观性太强

没有绩效评价标准,就无法得到客观的工作绩效评价结果,而只能得出一种主观的印象或感觉。

工作绩效评价标准应当建立在对工作进行分析的基础之上,只有这样才能确保绩效评价标准是与工作密切相关的。

5. 防止考评标准好高骛远

工作绩效评价如要具有客观性和可比性,就必须使实际上绩效相对于标准的进展程度或者标准化的完成情况是可以衡量的。可以衡量的绩效标准既包括数量上的标准,也包括质量上的标准。

6. 防止评价者的失误

评价者失误包括评价者个人的偏见、晕轮效应、经常性误差、居中趋势以及害怕出现敌对情绪等。

7. 防止反馈失误

为了使工作绩效真正有效,必须就绩效评价标准或绩效评价工作与员工进行沟通。另外,评价过程也会因评价者持有消极态度(如丝毫不能变通的心态、防御心理以及非建设性的方法等),造成与被评价者进行沟通而受到阻碍。

8. 防止工作绩效评价数据的使用有误

工作绩效评价结果在人力决策和人力资源开发方面的使用不当,也是工作绩效评价中经常会出现的一些问题。

(二)业务员考评的措施

要想完全消除以上问题几乎是不可能的,但可以通过一些措施将评价者个人偏见和居中趋势等因素对绩效评价结果的影响量降低。

1. 工作成绩考核

俗话说"言必信,行必果",对工作成绩的考核,就是对员工行为的结果进行评价认定,也就是考核员工在一定期间内对企业的贡献和价值。

通常情况下,工作成绩考核可以从工作成绩等方面入手。

(1)工作成绩

①工作量的大小,即工作成绩的数量结果。

②工作效果如何,即工作成绩的质量状况。

③对下属的指导教育作用。

④对本职工作中自我努力的改进与提高等。

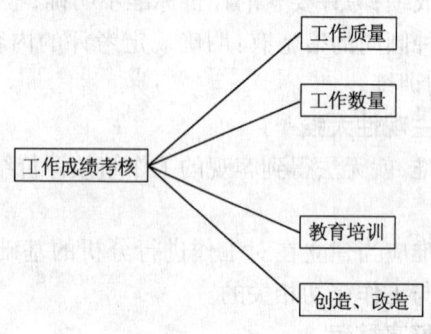

图9-3 工作成绩考核的内容

(2)考核的程序

①明确任务目标标准。在每一考核周期的开始,上级与部下就任务目标进行面谈商定,作为当期的成绩评价标准。

②制订任务完成计划。按照确认的任务目标,制订出具体的完成计划,从工作质量、员工教育和业务改善几个方面落实计划目标。

③进行自我评价。员工根据预定的任务目标和完成计划,对工作任务的完

成情况和结果进行自我评价,同时也对自己的自我开发计划的进展情况作出自我评价。

④观察结果的反馈。直接上级(考评者)把在工作过程中自己对部下(被考评者)的观察结果通过面谈形式告知部下本人(其中有工作任务的完成情况、工作态度、表现等),与部下的自我评价结果相对照,以便对部下进行指导和教育。

⑤确定考评评语。直接上级根据与部下面谈的结果,填写成绩评价表,通过间接上级和人事部门的调整平衡,最终形成成绩考评评语。

2. 能力评价

员工的能力包括三个方面,即基础能力、业务能力和素质能力。其中,前两种属于能力评价范围,素质能力主要通过适应性考查来评价。

表9-4 能力的构成

能力	基础能力	知识	基础知识
			专业知识
			实务知识
		技能技巧	
	业务能力	理解力、判断力、决策力	
		应用力、规划力、开发力	
		表达力、交涉力、协调力	
		指导力、监督力、统率力	
	素质能力	智力素质	
		体力素质	
		性格个性	

基础能力或技能高低,主要通过书面测验、旅行社内训练科目的成绩、技术职称或专业资格称号的取得等方面了解,评价较为容易。业务能力则较为抽象,评价时可能掺入较多的主观性。为了尽量客观地评价业务能力,只能通过评价工作成绩间接进行。

通过工作成绩考评业务能力的通常做法是:观察过去连续两次或三次工作成绩考评的评语,对于成绩相同或成绩上升的情况,能力评定以工作成绩中较好评语为准,成绩评语有下降倾向的,则参考下述因素予以调整:

(1)是否有本人之外的客观原因影响了工作成绩。

(2)是否因调动工作导致对新工作不熟悉等情况。

(3)除工作成绩之外,企业内外研究、自我开发等方面表现如何。

3. 工作态度评价

工作态度包括工作积极性、热情、责任感、自我开发热情等较抽象的因素。评定这些因素,除了主观性评价之外,没有其他办法可想。员工的工作态度只能由直接上级根据平时的观察予以评价。考评项目见表9-5所示。

表9-5 工作态度评价

工作态度	纪律性
	协调性
	积极性
	责任感
	自我开发热情

在确定了评价项目后,接下来就该是对各评价因素的定义了。旅行社内规定并公布评价标准,既可以提高员工对人力考评客观性、公正性的认识,又可以作为员工日常工作主观努力的目标。

（三）管理制度和条件

制度是旅行社运行方式的原则规定,管理制度是行使经营权、组织旅行社日常经营各种具体规则的总称。包括对材料、设备、人员及资金等各种要素的取得和使用的规定。外联部作为旅行社的主要业务部门,其经营管理制度必须与旅行社整体的管理制度相一致。根据旅行社经营管理的需要将旅行社整体的经营管理制度中与本部门业务有关的制度分离出来,按照系统观念和整体优化的要求,在管理人才、管理思想、管理组织、管理方法、管理手段等方面将计划、组织、指挥、协调、控制、激励等管理职能通过一些具体的操作指导表现出来。其管理制度有:

(1)反映企业经营思想和内外环境变化的部门基本管理制度。

(2)明确领导权的归属、划分及如何行使的部门决策管理制度。

(3)制定人才培养、使用、激励的具体条件要求和内容的部门人力资源管理制度。

(4)制定物料用品、资金使用纪律的部门财务管理制度。

(5)制定工作时间、劳动纪律和福利待遇的部门考勤管理制度。

(6)制定工作标准和行为要求的部门职业道德准则。

(7)其他与部门管理相关的制度规范等。

管理制度的制定必须与部门管理的实际相一致,既不能过高要求,又不能有章不循。同时,在制定管理制度时还要有一定的前瞻性,要充分考虑到企业和部门的发展空间,制度一旦制定,就要保证其严肃性、可操作性和延续性,不能朝令夕改,更不能因为制定过程的不严肃使制度本身存在缺陷,影响今后一定时期的使用效果。

(四)创造良好的工作环境

企业系统的正常运行,既要求具有符合企业及其环境特点的运行制度,又要求具有与之相应的运行载体,即合理的组织文化。从管理学的角度上看,人是社会人,员工工作的效率高低不仅受到管理制度的约束和指导,更重要的是受到工作环境的影响。组织文化是被组织成员共同接受的价值观念、思维方式、工作作风、行为准则等群体意识的总称。旅行社通过培养、塑造这种文化来影响员工的工作态度、引导实现经营目标,远远比单纯依靠管理制度来强制执行有效得多。因此,创造良好的工作环境对旅行社来讲是十分重要的,从某种意义上来讲,这也是我们经常谈到的营建良好组织文化的过程。

1. 选择合适的组织价值观标准

组织价值观是整个组织文化的核心,也是工作环境的基础。选择正确的组织价值观是塑造良好组织文化的首要战略问题。外联部选择组织价值观首先要立足于旅行社的具体特点,根据旅行社的目的、环境的要求和人员组成方式等特点选择适合每一个员工发展的组织文化模式。其次要把握住旅行社组织价值观与组织文化各要素之间的相互协调,因为各要素只有经过科学的组合与匹配才能实现系统整体优化。

2. 强化员工的认同感

在选择并确立了组织价值观和组织文化模式之后,就应把基本认可的方案通过一定的强化灌输方法使其深入人心。具体做法可以是:

(1)利用企业内部一切宣传媒体,宣传组织文化的内容和精要,使每一个员工都能够心领神会,以创造浓厚的环境氛围。

(2)培养和树立典型。榜样和英雄人物是组织精神和组织文化的人格化身与形象缩影,能够以其特有的感召力和影响力为组织成员提供可以仿效的具体榜样。旅行社通过树立职业道德典范、业务标兵等榜样,可以使员工进一步明白组织文化的内涵。

(3)加强相关培训教育。有目的的培训与教育,能够使旅行社员工系统地接受组织的价值观并强化员工的认同感。

3. 提炼定格

组织价值观的形成不是一蹴而就的,必须经过分析、归纳和提炼方能定格。

(1)精心分析。在经过全体员工的初步认同实践之后,应当将反馈回来的意见加以剖析和评价,详细分析和比较实践结果与规划方案的差距,必要时可吸收有关专家和员工的合理意见。

（2）全面归纳。在系统分析的基础上，进行综合化的整理、归纳、总结和反思，去除那些落后或不适宜的内容与形式，保留积极进步的内容与形式。

（3）精炼定格。把经过科学论证和实践检验的组织精神、组织价值观、组织伦理与行为，加以条理化、完善化、格式化，再经过必要的理论加工和文字处理，用精练的语言表述出来。

4. 在发展中不断丰富和完善

任何一种组织文化都是特定历史的产物，当组织的内外条件发生变化时，组织必须不失时机地丰富、完善和发展组织文化。这既是一个不断淘汰旧文化和不断生成新文化的过程，也是一个认识与实践不断深化的过程。组织文化由此经过不断循环往复以达到更高的层次。

5. 形成团队工作意识

旅行社工作本身是一项内容烦琐、富有挑战性的工作，外联部的工作更是任务重、变化多、工作时间长、容易产生疲劳和厌烦，同时，旅行社的工作又必须协同完成，任何一个人离开集体的帮助，都无法顺利完成工作，因此，创造良好的工作环境从另一个意义上讲也是要创造良好的团队合作工作模式，让每一个员工都明白自己是团队的一部分，在帮助团队其他人的同时实际上也是在帮助自己，从而能够自觉、自愿地将个人意识融入团队组织意识中，将个人价值观和组织价值观结合起来，形成独特的团队工作意识。

五、外联部与其他部门的关系与协调

外联部作为旅行社的组成部分，与其他部门必须有机组合、协调统一，才能够充分发挥作用。这就好像是一个人一样，四肢、大脑、心脏、血管和其他各个器官负责不同的工作，又相互密切联系与合作，一旦哪个部位失控，整个人体就会出现问题。旅行社各个不同的部门就是旅行社这个机体的四肢、大脑、心脏、血管和其他各个器官，在完成各自工作的过程中，部门之间必然要发生或多或少的联系，了解外联部与旅行社内外其他部门的关系，有助于更好地协调合作，使部门工作更加高效、通畅。

（一）与总经理办公室及计调、接待、财务部的关系

总经理办公室是旅行社处理日常经营管理事务的常务机构，也是各级各类管理指令的存放和传递机构。总经理办公室的日常工作主要是负责向各部门下达总经理的各项工作指令，安排和处理旅行社各种日常事务性工作，接收、登记、转发和保存一系列管理资料和内外往来文件。同时，各部门的工作情况也通过总经理办公室进行汇总整理后上报总经理。外联部与总经理办公室是业务上的

指导与被指导的关系。总经理办公室将旅行社的各项业务指令定期或不定期地下达给外联部，外联部则根据指令安排本部门的具体工作，并及时汇报工作情况，同时，也可以在总经理办公室查阅完成本部门工作需要的各项规章制度和管理文件。

计调部门既是旅行社经营管理的参谋，负责为旅行社业务决策进行信息提供、调查研究、统计分析、计划编制等工作，又是旅行社接待业务的主要协调机构，提供为旅游团安排各种旅游活动所需要的间接服务，包括安排吃、住、行、游、购、娱等事宜，选择旅游合作伙伴和导游员，编制和下发旅游接待计划、旅游预算单等，外联部和计调部的工作既互相补充又互相渗透，外联部获得的市场和产品信息为计调部门的工作提供了数据资料，计调部门则使产品内容更加丰富和完善。

接待工作是旅行社的直接生产工作，接待部门主要由前台、导游和客服中心组成。接待部的工作主要是与旅游者进行面对面的业务洽谈和提供导游服务等。包括：根据接待的团队或散客具体情况和要求编制接待计划、组织安排全陪或地陪导游员、协助进行旅行社其他委托业务的登记和办理、提供旅游咨询服务等工作内容。可以看出，外联部与接待部主要是在人员和信息沟通方面有着密切的联系。

财务部是旅行社资金的管理和调度部门，负责旅行社所有的固定资产、流动资金、收入、费用的管理、记录和审核工作，负责旅行社内外各项与资金流动有关的业务，负责与工商、税务等国家有关管理部门的业务往来工作。财务部是旅行社的重要管理部门，外联部与财务部的关系主要是资金使用方面的业务关系。外联部的各项业务基本上都涉及资金费用的使用，必须通过一定的程序到财务部登记、审核和申领使用，同时，外联部还负责协助财务部门进行本部门业务应收账款的催讨工作和应付账款的支付工作，所有业务资金都必须及时、准确地记录并与财务部门核对，对业务中未使用完的资金或收到的应收账款及时上交财务部统一管理，不能私自截流保管或违反国家和企业各项财经管理纪律。

当然，作为旅行社的组成部分，各部门之间只有业务的往来与协作关系，是分工的不同，而没有高低贵贱之分，在与各部门的合作过程中，外联部一方面要积极配合协调工作关系，另一方面也要做好各项工作记录和总结，及时发现和纠正协作中的问题。同时，在条件许可的情况下，安排专人负责与各部门的协调工作，既明确责任，又便于管理。

（二）与各地接待社、组团社的关系

完成旅游者的组织和接待服务工作不仅需要旅行社内部各部门的协作，更需要旅行社其他合作伙伴的共同努力，旅游产品由于其特殊的属性使得其出售的主要是使用价值,即在旅游活动中给旅游者带来的综合体验,产品质量的好坏取决于旅游者在旅游过程中对旅游的认识和判断以及合作伙伴之间的协作密切程度,与其他旅行社的业务联系是外联部的工作内容之一。

发团业务是外联部的基本业务,所谓发团,就是把通过各种招徕手段形成的旅游团队或散客输送到经过选择的国内外相关旅行社,并通过它们去完成合同中规定的每位游客在吃、住、行、游、购、娱等方面应得到的待遇,并完成旅游全过程。目前,在我国旅行社发团的实际情况中,存在着以下几种发团渠道:

(1)在国外销售成功后,在国内将一个长线团或几个地团发给国内各相关旅行社接待,如,北京某旅行社外联部组到一个德国旅游团,在中国观光15天,途经上海、杭州、苏州、北京、西安、桂林、广州等七个城市,按照我国惯例,其中除北京为组团社所在地,自行接待外,其他六个城市均要发团给各地相关旅行社接待。(如图9-4所示)

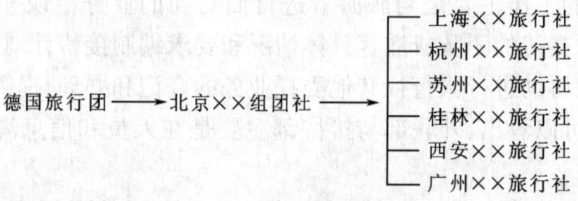

图9-4 入境游发团示意图

(2)组织中国公民出境游,将团发给国外某旅行社接待。例如,组成一个新、马、泰14日团,可以直接将团发给各地相关旅行社接待,也可以将团发给境外某家旅行社,通过这家旅行社再向其他各家旅行社发团。(如图9-5所示)

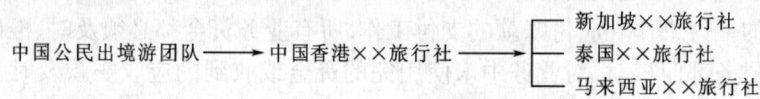

图9-5 中国公民出境游发团示意图

(3)国内旅行社通过门市或上门招徕组成团队跨省旅游,将团发给外地相关旅行社接待。

(4)中国旅行社设在国外的分公司或办事机构销售成功,组成团队发给国内总公司或直接发到各有关旅行社接待。(如图9-6所示)

通过以上说明,我们不难看到,外联部需要与相关地接旅行社或组团社相辅相成、密切配合才能够顺利完成组团和发团工作。与这些旅行社在业务来往过

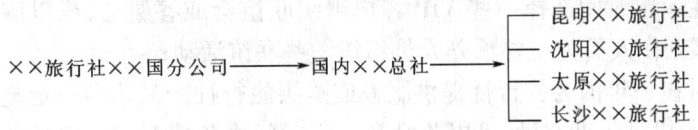

图9-6 境外分公司发团示意图

程中,要坚持长期合作、互利互惠、信息共享的原则,在行程与计划安排、单据递送、往来账款结算、人员安排等方面加强联系和沟通。同时,要注意选择管理规范、价格合理、信守合同、服务质量高、重视与本旅行社合作并积极创造合作条件的旅行社建立长期的战略合作伙伴关系。

(三)与其他合作行业和部门的关系

旅行社的业务涉及全社会各个行业的各个部门,其中对旅游活动有直接影响作用的部门或企事业单位就有:交通运输部门、出入境管理部门、园林与环境管理部门、国家各级旅游管理部门、旅游中介服务机构、宣传媒体与广告公司、旅游大专院校和人力资源市场、宾馆饭店和商业部门等,外联部在其业务活动中,也与这些部门存在一系列的业务联系,与这些部门关系的好坏也影响到旅行社业务的正常开展。在与这些部门或企事业单位进行业务交流的过程中,第一要熟悉国家有关政策法规和各部门或单位的机构设置、工作流程;第二要根据不同部门或企事业单位的工作特点,结合旅行社与该部门或企事业单位业务往来的类型进行分析,设计或选择工作方式和方法;第三要专人负责专项工作,在业务往来中加强职业修养和交际能力训练,以强化相互之间的信息交流与沟通的质量;第四要做好工作记录和资料的保存、整理、分析工作,力求对每个合作部门和单位都能够做到心中有数,使每项业务工作有条不紊。

[实操问答]

[问答1] 请结合实际谈谈巩固客户关系有哪些方法?

答:良好的客户关系是建立在真诚合作、及时沟通的基础上,通过程序化的客户关系巩固,不仅可以使客户档案保持不断更新的状态,而且可能使与客户之间的联系越来越紧密,甚至形成战略合作伙伴关系。在实践中,经常可以通过以下方法来巩固客户关系:

(1)及时采取电话、上门拜访、邀请座谈等形式回访客户;

(2)通过印刷新产品说明并在第一时间投递给客户,帮助客户了解产品情况;

（3）在一定时间选择一些 VIP 客户组织联谊会或答谢会,或以旅行社为龙头、外联部工作人员为主要承办人员组织一些联谊活动;

（4）对在一年内为旅行社提供服务或购买旅行社产品达到一定金额的供应商和旅游者提供年度奖励,可以奖励在一定时间内免费享用一定数量的特色旅游产品。

[问答2] 试结合你的体会谈谈外联部如何创造良好的工作环境?

答:良好的工作环境可以通过选择合适的组织价值观标准,强化员工的认同感,提炼定格,在发展中不断丰富和完善,形成团队工作意识等。在实际中,可以通过培训学习、组织集体活动、借助员工考核制度来强化集体观念等方法来创造良好的工作环境。

[问答3] 外联部对全程陪同导游员(简称全陪)的管理应注意哪几个方面?

答:在客观条件得以保证的情况下,一个旅游团队客人对整个旅游过程的满足程度往往取决于这个团队是否有了好全陪。全陪做好了工作,团队就成功了,全陪不称职,团队就不成功。因此,外联部对全陪的管理应注意以下几个方面:

（1）要挑选训练有素的全陪人员。称职的全陪应热情待客、服务主动,善于合作,处理事务能力强,专业工作精通。

（2）要针对不同市场、不同团队的不同要求;考虑语言、性别、年龄、性格等不同因素,选派不同的全陪。对重点团队,选派特殊全陪。

（3）全陪应事先了解组团社的基本情况和团队的构成情况,在时间允许的情况下,事先熟记部分成员的姓名。

（4）全陪应根据接待计划,对具体行程、参观节目、住宿和抵离航班、车船等事先进行核对、落实。

（5）全陪应了解各地接待情况,对各地需地陪准备配合的特殊项目应事先落实,并抄录各地有关电话号码。

（6）全陪应在团队入境前,事先用客方语言准备好详细的日程安排,人手一份。在接团后,及时与对方领队核对,如有不同之处,及时报告外联部。

（7）加强与领队(随员)和地陪的合作,满足客人的合理需要。

[问答4] 外联部如何选择接待社?

答:在选择接待社时,各地外联部一般都按以下几个方面要求和条件进行筛选:

（1）接待社实力,尤其是机票、车票等交通票的控制能力。中国目前航空与铁路交通业还不够发达。在旅游旺季时,常常出现机、车票(尤其是软座票)供不应求的情况,所以各地在筛选合作伙伴时,往往把组织机车票能力放在首位,以确保团队畅通无阻。

(2)导游语言、接待能力。在选择接待社时,每个外联部都必须清楚对方导游的语言语种能力。如果语种不对、语言不通,光有陪同满脸笑容、满腔热情,客人是无法满意的,这种不满意还将波及全程,甚至导致客人的投诉和客人回国后的索赔。

(3)良好的服务和信誉。外联部应把团队交给服务优良、信誉良好的旅行社负责接待,质量就可以获得保证。

[问答5] **旅游者一般会对旅游服务的哪些方面进行投诉?如何处理?**

答:旅游者容易对我们进行以下几方面的投诉并提出索赔要求:

(1)对外销售的产品和实际提供的产品不符,诺言不兑现;

(2)在旅游团运行中,因故取消和改变原定行程和服务项目;

(3)确认的饭店因故临时更改;

(4)陪同人员不负责,语种不对口或语言差,听不懂;

(5)航班、车次延误,影响旅游日程安排及国际间交通衔接。

索赔处理的基本方法和步骤:

(1)充分听取意见,尤其是要听取对方领队和客人的意见,了解事故的原因和真相;

(2)和全陪、地陪、经办人员分析事故的原因,并抓住问题的关键;

(3)研究解决措施,属于本部门权限范围解决的,由部门经理会同业务员拿出意见方案;超过部门解决范围的,向总经理室甚至向更上级提交事故原因报告,并提出解决问题的意见;

(4)直接或间接地向客人做耐心、细致的解释工作,提出解决意见,说明解决方法和具体赔偿数额;

(5)总结经验教训,对可防范的事故,防止同类问题的再度发生,并制定出有关规章制度;

(6)在客户同意解决方案后,应陆续做好事后跟踪工作,了解客人对事故处理后的反映意见;

(7)做好事故报告和处理记录,建立详细的事故档案。

[问答6] **如何处理好外联部与各地接待社的关系?**

答:外联部在处理好与各地接待社的关系时应做好以下几个方面的工作:

(1)签订接待协议。协议要明确规定双方职责、权利和义务及优惠条款,并规定违约的处罚条款。

(2)友好合作、平等互利、确保重点、优质服务,这是双方合作的基础。

(3)定期不定期地互通情况、交流信息。做到每个团有情况反馈,每个团都能得到优质服务。

(4)团队预报和确认必须有计划,适当提前。一切安排以计划为准。如需特殊情况不能落实时,应及时通报组团社,并提出替代方案。

(5)按规定认真仔细填写结算单,经核实后及时付款,加速双方企业资金周转,提高经营管理水平。

[问答7] 外联部与各地饭店联系时,应注意哪些事项?

答:外联部与饭店联系时,应注意下列事项:

(1)选择好各地主要合作饭店,满足不同顾客的需求。

(2)签订好房价合同或协议,互惠互利。

(3)及时做好预报和确认工作。外联部在成团后应将团队名称、人数、姓名、职业年龄等情况通报给饭店,饭店可根据每个团的特点安排住房。

(4)经常交流,加强沟通。如有特殊情况、特殊困难,双方应尽快协商解决。

[问答8] 外联部与景区、景点联系时,应注意哪些事项?

答:外联部与景区、景点联系时,应注意下列事项:

(1)签订好景区、景点票价合同或协议,互惠互利。

(2)及时了解旅游景区产品的改造情况。

(3)及时做好预报和确认工作。外联部在成团后应将团队名称、人数等情况通报给景区、景点,以便景区、景点做好接待安排。

(4)经常交流,加强沟通。如有特殊情况、特殊困难,双方应尽快协商解决。

[经典案例]

[案例1] 客户档案管理

案情:两个管理方法孰优孰劣

A旅行社是一家经营国内游业务的中型旅行社,经营历史为5年,其客户档案由总经理办公室统一管理,规定查阅必须由总经理批准。主要记录的是该旅行社曾经服务过的一些当地机关、企事业单位的基本情况和联系方式,旅行社外联人员经常根据里面的记录拜访这些单位,以求能够保持稳定的业务,但是有时因为某单位当初的联系人工作变动或记录不够详细无法与之进一步地沟通,也向这些单位递送过产品说明,但是收效不高,其中有两家单位都曾经暗示过他们需要什么样的产品,但是外联人员回来简单汇报之后就不了了之了,也没有记录到档案之中。

B旅行社也是一家经营国内游业务的中型旅行社,经营历史为8年,其客户档案按照客户类型分类登记,统一存放,由总经理办公室指定专人保管,由外联部、计调部和接待部提供信息资料。规定各部门工作人员可以凭工作卡查阅但每次查阅时要登记查阅人姓名、部门、查阅事由等内容。客户档案主要记录了该旅行社曾经服务过的一些当地机关、企事业单位的基本情况和联系方式,与该旅行社有业务合作关系的相关旅行社、交通运输公司、酒店和景区的基本情况以及合作情况评价资料,旅行社计划发展客户的基本情况也被记录在内。旅行社外联人员经常根据里面的记录调整旅游产品和拜访客户,但是有时因为某单位当初的联系人工作变动或记录不够详细无法联系后,就会向部门负责人汇报并通报档案管理人员,旅行社会采取一定的措施更新信息。每次了解到旅游者需要什么样的产品,外联人员回来汇报后都会利用客户档案中的历史服务资料进行分析,了解市场的变化,将该客户的要求和建议记录到里面。

点评:A差。理由有:

(1)客户档案内容过于简单,没有多少参考价值。

(2)档案使用过于简单,仅仅起到了一个通讯录的作用。

(3)工作人员工作不认真,没有及时修改档案,特别是客户的要求没有及时记录。

(4)档案管理过于死板,容易引起外联人员因为怕麻烦而放弃使用档案的情况出现。

改进办法有:

(1)放松对档案查阅的限制,只要是有关部门的相关人员凭部门经理的批示就可以查阅,但是要在每次查阅时登记。

(2)提高档案的使用价值,将每次提供的产品情况和反馈的信息也记录到档案中。

(3)保持档案的及时更新,每次发现有关信息有变化就进行更新并记录更新时间。

(4)增加档案的类型和内容,提供一些供应商和其他合作部门的信息。

B较好。理由有:

(1)档案内容详细,使用方便。

(2)使用和查阅既简便又管理规范,可以有效克服资料泄露可能带来的损失。

(3)档案保持更新,并能够提供基本分析资料。

(4)由多部门提供信息,避免了档案记录的误差。

(5)分类存放,统一保管,专人负责,使档案管理比较科学。

不足之处有：
(1) 假如能配套设计一个客户档案电子文件在内部网络上使用就更好。
(2) 还应注意 VIP 客户档案的记录与使用。

[案例 2] ××旅行社产品质量管理

案情：ISO 9002 认证和全面质量管理

××旅行社成立于 1997 年，长期以来一直经营国内旅游业务，以产品更新快、设计独特在当地旅游市场占有较高的市场份额，于 2003 年由国内旅行社升级为国际旅行社，随着业务量的增加和经营领域的扩大，旅行社管理层感觉到原来的管理模式不能够适应新形势的要求，通过市场调查和分析，决定进行 ISO 9002 质量体系认证，希望能够通过认证使管理标准化、科学化。在准备认证的过程中，旅行社从骨干人员中选拔了 5 名参加国家质量管理内审员培训并通过考试获得了内审员资格证书，还特别邀请北京某认证公司培训师对旅行社内部全体工作人员进行了质量管理知识培训，培训后在内部先开展了围绕认证进行的对照自查工作，将查到的问题罗列出来统一解决。旅行社坚持实实在在搞认证的思想，不是为了认证走过场，参考质量管理标准对日常管理工作进行达标，逐一修改，特别是对旅行社的强项——产品设计更是精益求精，利用标准化指标对产品设计的各个环节进行明确控制，经过历时 8 个月的努力，形成了旅行社质量管理手册，并根据旅行社实际，在其 20 个要素中的 4.3 条款规定了经营合同评审、4.4 条款规定了旅行社产品设计控制、4.14 条款规定了经营风险预防措施、4.17 条款规定了内部质量审核制度、4.18 条款规定了人员培训制度和标准，有效地保障了旅行社产品服务的质量。旅行社也于 2004 年年初顺利通过了 ISO 9002 质量体系认证，使旅行社经营管理水平更上了一个台阶，在 2004 年度的经营工作中，充分显示了旅行社的活力和实力，其产品设计也因为有标准化控制而更加科学规范、经济合理、凸显特色和质量，成为当地其他旅行社模仿的主要对象。

点评：优。该旅行社贯彻了产品质量管理思想的精华，大力推广标准化管理并落到实处，产品设计既有独创性又有经济性，对旅游者有很大吸引力，在落实质量管理中体现全面质量管理思想，即全员参与、全面贯彻、全过程控制，值得借鉴。

[案例 3] 创造良好的外联部工作环境

案情：两种管理风格的辨析

A 旅行社是当地经营历史最长的国际旅行社，在当地市场和业界都有比较大的影响力，2003 年年初，由于工作需要，该旅行社通过严格筛选聘用了一位具有2年行业工作经验和硕士学位的管理人员担任外联部经理(后面简称为A经理),A经理一到任,就对原有的管理制度进行一系列改革,完善了部门考核制度,细化了部门考核标准,特别是创造性地设计了一些考核用的表单,既简单实用又便于分析保存,在进行这些管理制度的制定和完善的过程中,A经理基本上都是自己独立进行,每天加班加点,多次得到了总经理的表扬。

  一个月后,所有制度基本完善,A经理开始对部门工作纪律进行了整顿和贯彻改革后的管理制度,并且定期要求部门员工进行严格的自查和互查,A经理也不定期地进行抽检,根据这些检查的结果进行奖罚,A经理在执行时非常认真,不徇私情,工作之余也与员工保持着一定的距离。一时间,部门原来比较松散的工作作风有了很大改观,员工工作时都非常认真和严肃,总经理经过几次视察后感觉比较满意。但是,半年以后,外联部陆续有员工提出辞职,到年底一下子竟有2/3的部门员工提出辞职或要求调换工作部门,其中甚至有一位在旅行社开业就在此工作的老员工,使部门工作十分被动;而大多数员工的辞职或请调报告都说到A经理的管理过于严格,工作压力太大,无奈之下,总经理调整了A经理的工作岗位,由一位已经在该旅行社工作4年的部队转业军官担任外联部经理(后面简称为B经理),B经理到任后马上分别与提出辞职和请调的员工进行了谈话,2天以后又召开了部门会议,恳请员工暂时放弃辞职和请调,在工作之余,B经理又和部门几个比较活跃的员工一起吃饭、谈心,了解了一些具体情况。实际上,部门员工对A经理的工作能力和他制定的管理制度和考核方法还是基本认同的,但是对A经理的工作方法和过于严肃的态度没有办法接受,特别是他进行的互查与抽检使部门原来的工作关系恶化。于是,B经理组织集体学习了A经理制定的制度,在基本保持不变的情况下,参考员工意见对一些细节问题进行了修改,对互查与抽检制度中的不太合理部分也进行了一些调整,一个月后,原来提出辞职和请调的员工都明确表示了愿意继续留在外联部工作,而且部门员工工作的责任心明显提高。后来,总经理视察多次发现外联部员工工作井然有序、团队意识也明显加强、工作考核实现了透明化、日常管理基本表现出了较高的自觉性。

  点评:较好。该旅行社的前后两个外联部经理各具特色,A经理具有一定的开拓意识和系统管理知识训练,能够制定比较完善的规章制度,但是在工作中过于严肃,简单依靠严格考核来进行管理,没有充分考虑到外联部的工作特点和员工特点,没有注意到营造良好的工作环境,这是他的失误之处;而B经理能够深入员工,并且善于发现问题的根源并采取有效的解决措施,继承了A经理的管理制度,发扬了自己的管理风格,既不失管理原则,又形成融洽的工作团队;而总经理能够及时发现问题,迅速作出合理调整,不仅化解了企业的危机,而且使外联部工作更上了一个台阶。

[案例4] ××旅行社巧妙利用客户档案开拓市场

案情：挖掘客户档案的用途

××省××市的××旅行社在学习海尔的创业精神后，提出了"海尔是海，××是路"的口号，仔细地将旅行社有关资料和每次组团出行的客户建立档案并分类存入笔记本电脑，由外联和销售人员随身携带"串东家，走西家"、"宁漏一村，不漏一户"的定期上门服务，向客户介绍旅游最新动态，询问出行意向，推荐旅游线路，或为其提供信息服务和设计旅游线路，来了个"现场办公"。这就从市场的"根部"抓住客源的源头，既开发了客源，又培育了自己的市场。同时，也在这种服务中更好地锻炼了员工队伍，及时了解了市场需求，该旅行社就通过这种巧妙利用客户档案的方法成功开辟了多条特色线路，获得了良好的社会效益和经济效益。

点评：优。该旅行社追本求源，以客户档案为突破口，在客户档案上下功夫，再辅之以"上门服务"的营销手段，可谓高人一筹，当然，如果能够再以此为基础进一步形成系统稳定的特色经营，更会锦上添花。

[案例5] ××旅行社利用互联网进行业务拓展

案情：网络经营起死回生

××旅行社是当地一家成立不久的经营国内旅游业务的中型旅行社，一开始，在外联和市场开拓方面按照传统模式运转一段时间后发现效果不佳，旅行社经营也面临越来越大的困难，该旅行社经理在一次与朋友的闲谈中了解到了网络营销的一些知识，突然想到利用互联网进行销售和宣传的点子，于是委托朋友协助建立了网站，并链接在知名网站下面，展开电子招徕，提出"足不出户、全天候报名旅游"的宣传口号，设计形象生动、别开生面，并且及时进行维护和内容更新，特别是游客利用 E-mail 报名可以获得一定的优惠，报名简便、一目了然，而且准确率高，同时，在互联网上组织了一些活动，将旅行社的其他业务也进行了一系列宣传，又积极联系了上海一家大型旅行社并成为上海这家旅行社在当地的营销网点。经过一段时间的应用，发现很多散客都利用这个方法报名参加了该旅行社的旅游活动，经营情况逐渐好转，同时，由于节省了大量的广告宣传费用，该旅行社的产品价格也相对较低，利润空间也比较大。目前，该旅行社不仅散客业务主要来自于网络报名，一部分组团业务也开始利用互联网进行。而旅行社与外界的其他业务活动大多也充分利用了互联网。

点评：较好。信息化、网络化是旅行社经营的发展趋势，该旅行社能够先走一步，大胆尝试并获得了一定的成功，可以说是掌握了知识经济时代经营的秘诀,但是,在网站建设上仅仅依托他人,没有自己的技术力量,使网络内容更新受到了一定的限制,而且,由于合作伙伴对旅行社业务并不一定十分熟悉,可能也会给经营带来一些问题,特别是网上经营、网下交易的情况还不能够真正实现全天候的服务,需要进一步的完善。

[案例6] **散客接待计划**

案情:散客接待计划单的规范填写

A 旅行社是一家经营国内旅游业务的中型旅行社,为了加强管理,设立了散客接待计划档案,制作了统一的散客接待计划单,一天,外联部经理在整理分析散客接待计划时发现散客接待计划单在填写上有很多问题,就其中一份进行了规范化修改,这里,我们通过两份散客接待计划单的对比看看规范填写有什么作用。

原散客接待计划单:

散客接待计划(编号××××)

我社组织的散客6人,于2004年6月18日到6月21日赴大连观光,请协助提供如下服务:

1. 接站:6月18日接成都/大连3U591航班,送富丽华酒店。
2. 游览:6月19日全天游览,派面包车1辆,导游1名,午晚餐自理。
3. 送站:6月21日送大连/深圳HU7412航班,代出6张机票。
4. 参观景点:老虎滩、旅顺203高地、星海广场等。
5. 团费确认:接送站费、劳务费、车费、导服费、门票、机票合计8640元。
6. 附客人名单和身份证号码(略)。

修改后的散客接待计划单:(有"_"的文字部分为修改增加的内容)

散客接待计划(编号××××)

我社组织的散客6人,于2004年6月18日到6月21日赴大连观光,请协助提供如下服务:

1. 接站:6月18日接成都/大连3U591航班(8:30/12:50),送富丽华酒店(客人自定)。
2. 游览:6月19日全天游览,派面包车1辆(金杯8座),优秀导游1名,午晚餐自理,提供特甲级海鲜料理餐馆3处供客人选择。6月20日客人自己活动,所有事项自理,仅告知客人旅行社联系人的联系电话即可(联系人:王先生;电话:136××××××××)。
3. 送站:6月21日送大连/深圳HU7412航班(13:57),代出6张机票。
4. 参观景点:老虎滩极地海洋动物馆、星海广场、会展中心、奥丽安娜号游轮、开车走滨海路、旅顺203高地、白玉山、黄渤海分界线。

5. 团费确认：接送站费 300 元、劳务费 100 元、一日游车费 500 元、导服费 30×6=180 元、门票 240×6=1440 元、机票 5 折 1020×6=6120 元。团款合计 8640 元。

6. 附客人名单和身份证号码(略)。

7. 其他事宜(略)。

点评：原散客接待计划单差。计划内容过于简单，缺少有些项目的重要内容如航班时间等，缺乏 6 月 20 日的活动内容，景点说明太少，没有费用明细，对费用的控制不利，仅仅是一个简单工作安排，没有多少参考价值。

修改后的散客接待计划单较好。

计划增加了一些重要的内容，对一些条件进行了简要说明，将景点和一些其他事宜都进行了说明，对费用明细进行说明便于了解和控制，增加了其他事宜项目可以方便随时补充材料内容，为今后作为市场分析和跟踪服务档案打好了基础。

[案例7] ××旅行社的日常工作签字表

案情：巧妙利用表格解决计划落实问题

××旅行社在日常业务管理中发现，由于工作烦琐杂乱，经常在人员交接和工作衔接等方面出现问题，有几次还影响到客人，带来了比较大的麻烦，经过反复考虑后，设计和推行了一个简便、快捷的日常工作签字表，分为内部工作签字表和地接活动签字表，如下：

内部工作签字表：

事　由	时　间	部　门	备　注	签　字

地接活动签字表：　　　　　　　　　　　　　　　　　　　　　　　　编号：

团名	国别	总人数	夫妇	单男	单女	儿童	其他(残疾人等)
全程陪同		电话		身份证号		地方陪同	
抵 离	月　日 	班机 火车　抵 轮船 汽车			月　日 	班机 火车　离 轮船 汽车	

续表

活动日程	月 日（ ）上午：		早餐（种别）	地点	其他
	中午：		午餐	地点	其他
	下午：		晚餐	地点	其他
	月 日（ ）上午：		早餐（种别）	地点	其他
	中午：		午餐	地点	其他
	下午：		晚餐	地点	其他
	月 日（ ）上午：		早餐（种别）	地点	其他
	中午：		午餐	地点	其他
	下午：		晚餐	地点	其他
	月 日（ ）上午：		早餐（种别）	地点	其他
	中午：		午餐	地点	其他
	下午：		晚餐	地点	其他
	月 日（ ）上午：		早餐（种别）	地点	其他
	中午：		午餐	地点	其他
	下午：		晚餐	地点	其他
住宿	宾馆名称：	星标：	双人间：	单人间：	加床： 其他：
接团部门		联系电话		团队标准	组团社
车辆		司机		车号	司机联系电话
订票员		行李员		行李车	其他
特殊要求					
备注					年 月 日

点评：较好。旅行社工作繁杂，很容易出现遗忘或其他问题，同时对旅游过程的控制也不太容易，往往是有投诉或其他反映了才采取补救办法，有了这些表格，随用随签，能够使工作有条不紊，为今后培训员工和提高工作水平也有一定的参考价值。

[实践练习]

1. 旅行社计划在今年开辟两条新线路并力争年内新线路实现组团 500 个，同时实现营业收入 3000 万元，比上年增加 15%，围绕这些目标，为旅行社外联部初步设计一个年度工作计划。

2. 接旅行社领导通知,2014年3月10日将组团20人进行华东双飞5日游,请按常规线路和标准等,设计一个接待计划书并发给地接旅行社(九州国际旅行社)。

3. 就你熟悉的旅行社,设计一份外联部员工能力评价考核表。

4. 结合工作实践,谈谈你对客户档案的认识?

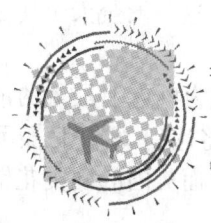

第十章 旅游电子商务

[培训重点]

本部分主要讲述旅游电子商务在当今市场经济中的竞争优势，发展态势。旅游电子商务的基础知识，旅游电子商务常见的经营模式，了解旅游电子商务的营销原理。

通过本部分的学习，您将了解到旅游电子商务的基本功能、特点、经营模式、旅行社常用的电子商务系统。了解旅游电子商务经营模式的基本用途和收益模式，旅游电子商务市场的含义、特点、网站的类型、了解常见的在线旅游网站。清楚大数据时代下新型的旅游形式。

通过本部分学习，您需要掌握旅游电子商务中客户关系管理的意义、思想和理念，掌握客户关系管理系统的构成、作用、操作流程、对旅游市场营销的意义。

全球分销系统与互联网的区别、全球分销系统的优势和特色，掌握旅游电子商务市场的构成、在线消费行为模式、常用的营销方法和手段。

[专题论述]

一、电子商务和旅游电子商务概述

（一）电子商务——具有竞争优势的商务模式

互联网给我们这个时代的社会带来的不仅仅是新的技术、新的产品，而且最重要的是改变了我们的思维方式、行为方式、生活方式，同时更改变了经济界的很多企业，甚至从根本上颠覆了传统市场的交易方式。

美国《纽约时报》2013年11月12日报道称,就像美国的"哥伦布日"(Columbus Day)促销一样,中国"光棍节"成为一个购物狂欢节,阿里巴巴已经通过其网上支付系统支付宝收到了238亿元人民币,超过2012年这一天全天190亿元人民币的销售额。

(Forrester Research)数据统计,中国2013将超过美国成为世界上最大的网上购物市场。中国消费者2013年在网上购物花的钱预计将达到2900亿美元(约合1.77万亿元人民币)(实际统计1.82万亿元人民币),而美国的同类花销预计是2600亿美元。

全球知名咨询公司贝恩发布2013年中国电子商务市场研究报告称,中国电子商务市场扩展,电子商务市场销售额2013年有望超过美国,跃居世界第一。

在当今,我国电子商务在包括采购、支付和送货等流程,已经发展到了零售商可以很快建立和发展他们自己的电子商务网站的地步。预计有四大因素将给电子商务行业带来进一步的推动:更安全的支付手段、更可靠的配送货服务、政府规范电子商务行业的法规和越来越享受在线购物乐趣的消费者数量的增加。

中国社会科学院新闻与传播研究院2014年6月26日发布《中国新媒体发展报告》指出,随着4G网络和智能移动终端的加快普及,中国互联网普及率将从2013年的45.8%,在今年提高到50%;中国网民规模达6.18亿人、手机网民规模将从5亿人发展到超过5.5亿。使用手机上网比例高达73.3%。

而这些移动智能设备终端的普及意味着每个人都一直在线。这是电子商务发展的重要推动力之一。

比尔·盖茨说过,"如果你面对全球信息化浪潮无动于衷,不做任何改革的话,你将成为21世纪一只行将灭绝的恐龙"。

马云也曾说过,"不做电子商务,五年后你会后悔。十年后,你要是再不做电子商务的话,那么你将无商可务"。

(二)电子商务与旅游电子商务

1. 电子商务与旅游电子商务的定义

很多定义视角不同,也各有其侧重点,有的是从应用范围、功效来进行定义的,有的是从主体特征、内涵、外延来进行定义的。

维基百科:电子商务或EC(英语:E – Commerce)是指在互联网(Internet)、企业内部网(Intranet)和增值网(VAN,Value Added Network)上以电子交易方式进行交易活动和相关服务活动,是传统商业活动各环节的电子化、网络化。

电子商务包括电子货币交换、供应链管理、电子交易市场、网络营销、在线事务处理、电子数据交换(EDI)、存货管理和自动数据收集系统。

在此过程中,利用到的信息技术包括:互联网、局域网、电子邮件、数据库、电子目录和移动电话。

狭义的电子商务是指利用 Internet 从事商务或活动。

而广义的电子商务是使用各种电子工具从事商务或活动。

这些工具包括从初级的电报、电话、广播、电视、传真到计算机、计算机网络,到 NII(国家信息基础结构-信息高速公路)、GII(全球信息基础结构)和 Internet 等现代系统。而商务活动是从泛商品(实物与非实物,商品与非商品化的生产要素,等等)的需求活动到泛商品的合理、合法的消费除去典型的生产过程后的所有活动。

对于企业来说,我们还是应该从应用的范围和功效的角度来进行定义:旅游电子商务是指通过先进的网络信息技术手段实现旅游商务活动各环节的电子化,包括通过网络发布、交流旅游基本信息和商务信息,以电子手段进行旅游宣传营销、开展旅游售前售后服务;通过网络查询、预订旅游产品并进行支付;也包括旅游企业内部流程的电子化及管理信息系统的应用等。

2. 电子商务与旅游电子商务的关系

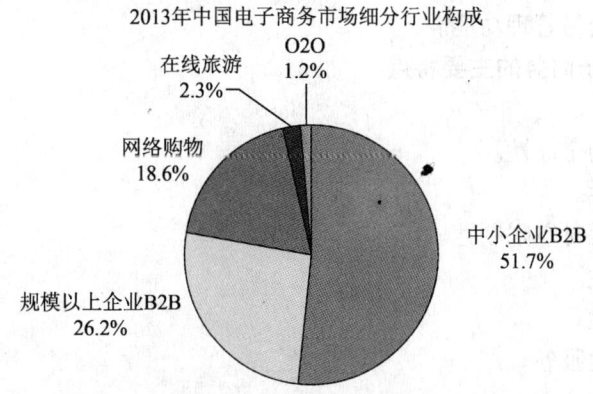

图 10-1 电子商务市场行业构成(资料来源:艾瑞咨询)
(资料来源:艾瑞咨询)

电子商务改变着旅游企业的经营方式,特别是对传统旅游媒介——旅行社产生了较大的冲击。电子商务以其特有的跨越时空的便捷性、低廉的成本和广泛的传播性参与到旅游业中,催生了电子商务大家庭中的新成员——旅游电子商务,旅游电子商务的异军突起标志着一种新兴商务模式的产生。

旅游业是信息密集型和信息依托型产业，它与电子商务的天然适应性使得旅游电子商务走在产业电子商务应用的前沿。随着人们生活水平的日趋提高和旅游经历的增多，旅游者开始由过去的粗放型旅游方式转向质量精细型旅游方式，旅游者对旅游信息的准确性、旅游服务的明确性和旅游体验过程都有了更高的要求。

旅游电子商务，无论是在旅游景点开发、规划、设计，还是客源目标市场的确定，旅游产品的策划设计、组合、市场推广、信息发布、产品销售，市场竞争战略制定和进行旅游数据统计，以及迅速、准确获取市场信息，挖掘、加工、利用市场信息都有了施展的大舞台和更广阔的前景。

3. 旅游电子商务的主要功能

（1）宣传、促销功能。

（2）旅游咨询功能。

（3）产品订购功能。

（4）消费支付功能。

（5）建立电子账户功能。

（6）服务传递功能。

（7）服务意见征询功能。

（8）产品交易管理功能。

4. 旅游电子商务的主要特点

（1）虚拟性。

（2）市场的全球性。

（3）有形性。

（4）交易无时空限制性。

（5）可比性。

（6）公透性。

（7）定制化服务。

（8）便捷性。

二、常见的旅游电子商务经营模式

旅游电子商务的经营模式，一般是按照经营的性质或者交易参与方之间的关系进行划分的，旅游电子商务模式是旅游网络企业生存和发展的核心。从最基本的层面来看，一个商务模式就是一个公司经营、运行的方法，通过该模式的良好运作，一个公司才能维持自己的生存和发展。

(一)主要的经营模式及典型网站

1. 服务、交易参与方有很多,一般可分为:

B(business)企业

C(consumer)顾客

E(employee)员工

G(government)政府

2. 主要的经营模式

(1) C2C(consumer to consumer)

消费者—消费者:在这一模式下,消费者直接与其他消费者进行交易,一般是消费者利用互联网上的分类广告、个人服务广告进行买卖品信息发布。此外,C2C还包括通过网上论坛和网上的新闻群组进行信息交流,来吸引特定的有某种特殊兴趣的群体。这些交流活动可以出于商业的目的,也可以出于非商业目的。

典型网站:淘宝网、拍拍网、易趣网

(2) C2B(consumer to business)

消费者—企业:消费者发现互联网使得他们与公司之间的沟通变得更加容易,这种模式既包括个人消费者向企业销售产品或服务,又包括个人消费者寻求卖主,消费者甚至可以利用网络推动与商家的交易进程,而不是由商家占据主动地位。

C2B模式的核心,是通过聚合分散分布但数量庞大的用户形成一个强大的采购集团—团购,以此来改变B2C模式中用户一对一议价的弱势地位,使之享受到以大批发商的价格购买单件商品的利益。

注意——C2B只是一种临时性的营销手段——团购,不是网商。

(3) B2B(business to business)

企业—企业:是电子商务历史最长,发展最完善的商业模式,能迅速带来利润和回报。B2B网站,为众多的买方和卖方提供一个交易平台,描述的是企业买什么和企业怎么购买,网站的拥有者对所交易的产品和服务一般不享有所有权。

旅行社及旅游公司利用交易网络、拍卖网站、实物交易网站和其他的在线资源来接近新顾客,为现有顾客提供更高效的服务,同时提高采购效率、获得更优惠的价格。管理人员为降低旅游产品的成本也越来越多地有赖于互联网(或是内部网)、全球分销系统GDS。对于旅游行业来说在这一模式的基础上延伸出了B2B2C模式,即:

旅游服务供应商(房、餐、车、同行)—旅行社—旅游消费者

或者:GDS—旅行社—消费者

典型网站:阿里巴巴,托马斯环球。

阿里巴巴是全球领先的B2B电子商务网上贸易平台,拥有超过一千万注册用户,是一个深受信任的会员社区,常被用来开会、聊天、搜索产品和在线交易,专注于为来自全世界的中小企业买家和卖家提供高效、可信赖的贸易平台。

(4) B2C (business to consumer)

企业—消费者:是一种企业面向个体消费者提供产品或服务的零售商业模式,这种类型的旅游电子商务也称为电子零售。利用网络向最终消费者出售商品和服务,这也是我们现在经常看到的众多的旅行社网站的经营模式。

典型网站:携程网、去哪儿网、同程网

(5) B2E (business to employee)

企业—员工:该模式是企业内部电子商务的一个组成部分,在这种模式下,企业向其员工传递服务、产品或信息,包括向内部员工销售产品、协作设计产品等。即针对在外流动的工作人员而开展的一种经营行为模式(属于内部营销、关系营销的范畴)。适用于旅行社的区域代理、外联人员。

(6) G2B (government to business)

政府—企业:在政府电子政务系统中,政府可以通过网络向企业或个人(G2C)购买商品、服务或信息。

(7) O2O (online to offline)

线上—线下:此种模式特别适合旅游行业,该模式的核心很简单,就是把线上的消费者带到现实的商店中去——在线购买、支付线下的商品和服务,再到线下体验、享受服务或产品。这种模式强调的是在线购买的多为服务类产品,而不是可以装箱通过物流配送的实物商品。

这种模式符合旅游产品的特点,使得旅行社通过互联网降低经营成本,但却扩大了销售,提高了经济效益。对于旅游服务行业的企业经营衡量效果也更直观、准确,因为旅游消费者是已经在线付了钱之后再去实地消费的,所以商家很容易了解一天、一周、一个月的接待、销售量。

现在众多的各大网站,如携程旅行网等都是O2O模式的实践者。

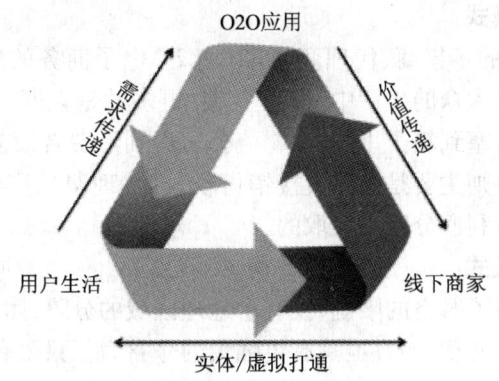

图 10-2　O2O 模式原理

（资料来源：网络）

（8）P2P（Peer to Peer）

端点—端点：也称之为点对点的数据、文件、信息在线共享。端点到端点的技术可以应用于 C2C、B2B、B2C 之中。这一技术使互联网上的各端点计算机之间可以进行数据、文件、信息的直接共享。如在 C2C 模式中，人们可以通过在线的方式交换音乐、视频文件以及其他可通过互联网传递的数字化产品。

（二）主要经营模式的赢利特征

1. C2C 的收益模式

我们可以通俗地称之为"网络上的跳蚤市场"，人们可以把自己用过、没用过的多余物品在互联网上特定的 C2C 网站上进行交换或拍卖。当然你也可以在这些特定的 C2C 网站上去贩卖各种廉价商品，但前提是要获得消费者的信任。C2C 网站上的交易者主要是没有品牌或信誉，在交易中也没有可以拨打的客服电话和对交易过程起到保障的监管机构。

2. B2B 收益模式

此模式属于"网络上的批发市场"，可能的主要收益来源于：

（1）交易费："按效果付费"，主要是指由销售商为每笔交易所支付的佣金。

（2）服务费：销售商或者采购商为增值服务所支付的费用。

（3）会员：参加 B2B 网站成为会员的固定年费，交纳会员费可以使会员享受到免费的服务。

（4）广告费：网站可以通过信息门户上的广告费中获取收益。

（5）其他收益来源：业务代理费（销售分成）、联机售货、优先名单列表、拍卖费、信息软件的使用费。

3. B2C 收益模式

俗称"网络上的零售商、代理商",B2C、C2C 电子商务的出现已经改变了大众的生活方式。在大众的生活中,作为 C 端,更多的是在网上购买商品,然后 B 端或者店主把商品塞到箱子里,通过物流公司送到消费者面前。而作为 B2C 在线旅游服务的收益则主要是依靠直接销售收入(代理费)、广告收入、咨询费、会员费和合作销售的利润分享来获取的。

4. C2B 收益模式

网络世界突破了时空的限制,没有了地理区域的分隔,团购的消费模式在网络世界也就更容易实现,而且也具有更强大的号召力。只要有人有需求,上网一呼,从者甚众。C2B 的收益模式主要有以下几点:

(1)要约模式

由用户发布自己需求的产品和大致价格,然后由商家决定是否接受用户要约。倘若商家接受要约,则交易成功,若不接受,则交易失败。

(2)聚合需求模式

用户群体通过聚合数量庞大的分散需求形成强大的购买能力,享受到以大厂商、批发商的价格获得购买产品的资格和权力。

(3)服务认领模式

是由企业通过互联网发布所需服务,具体服务包括任务内容、任务指标、任务时长、将要支付的报酬金额等,企业发出的每项任务由个人来认领。

(4)商家认购模式

个人在互联网上提供的原创数码产品,如视频、摄影、图像、动画、设计等,企业根据用户的标价来认购这些原创数码产品。

三、旅行社与旅游电子商务

旅行社是一个开放型系统行业,该行业天生就具有市场经济的特质,对信息的管理和传播是旅行社赖以生存的根本。在传统的旅游市场中由于旅游产品的特性和旅游信息的不对称总是在影响着旅游行业的健康发展。而旅游电子商务的介入从根本上无缝弥补了传统旅行社在市场中的先天缺陷。

根据相关数据显示,中国旅游电子商务产业规模呈现出强势增长,2009 年的 275 亿元、2010 年的 390 亿元、2011 年的 1037.4 亿元,艾瑞统计数据显示 2012 年中国旅游在线预订市场交易规模达 1729.7 亿元,2013 年中国在线旅游市场交易规模 2204.6 亿元,同比增长 29.0%。在线旅游 OTA(在线旅游服务代理商)市场格局方面,携程、艺龙、同程位居 OTA 市场前三。

旅游电子商务可能是最成功的电子商务实践,但传统旅行社在资源的整合、产品的研发、服务的针对性上仍旧存在规模优势,充分挖掘自身优势,跟上时代步伐。同时,加强线上目标群体分类以及一对一营销,充分利用好旅游电子商务的功能和优势以满足高端群体的需要,通过线上线下的相互融合,在线旅行社和实体旅行社的共存共荣是合理而必需的。

(一)旅行社常用的旅游电子商务系统

1. 客户关系管理系统——CRM

CRM(Customer Relationship Management):是企业对外为提高核心竞争力,达到竞争制胜、快速成长的目的,树立"以客户为中心"的发展战略。对内整合部门业务流程,实施员工绩效管理并在此基础上开展包括判断、选择、争取、发展和保持客户所实施的全部商务活动过程。

CRM 既是一种国际领先的以"客户价值"为中心的企业管理理论、商业策略和企业运作实践,也是一种以信息技术为手段、有效提高企业收益、客户满意度、员工绩效的管理软件。

(1) CRM 作为一套应用软件系统,通常由五大模块组成:

①呼叫中心

②客户数据管理库

③电子商务智能模块

④营销/销售模块

⑤服务模块

(2) CRM 作为一种管理思想

是一种以客户为中心、以满足顾客个性化需求、赢取客户忠诚度、整合部门服务流程、实施员工绩效管理为目标的管理理念。客户信息数据是 CRM 的催化剂,客户信息数据越多,企业就越能准确、及时地判断客户的现实需求和潜在需求,更容易及时、快捷地向客户提供产品的相关信息和服务。

2. 呼叫中心

呼叫中心(Call Center):是集电话、传真机、计算机等通信、办公设备于一体的交互式增值业务系统。

呼叫中心借助计算机、网络、现代通信、多媒体等丰富的信息技术手段,使呼叫中心不仅成为与客户有效联络的统一的服务窗口,还能使旅行社内部业务系统能够进行高效的整合集成。

呼叫中心技术已发展到第四阶段,IP 技术、DW(数据仓库)技术、Web(2.0)技术、WAP(无线应用协议)技术、ASR(自动语音识别)等技术的引入使呼叫中心在性能、结构和应用等方面发生了质的飞跃。

例如:天津365假日旅行社呼叫中心

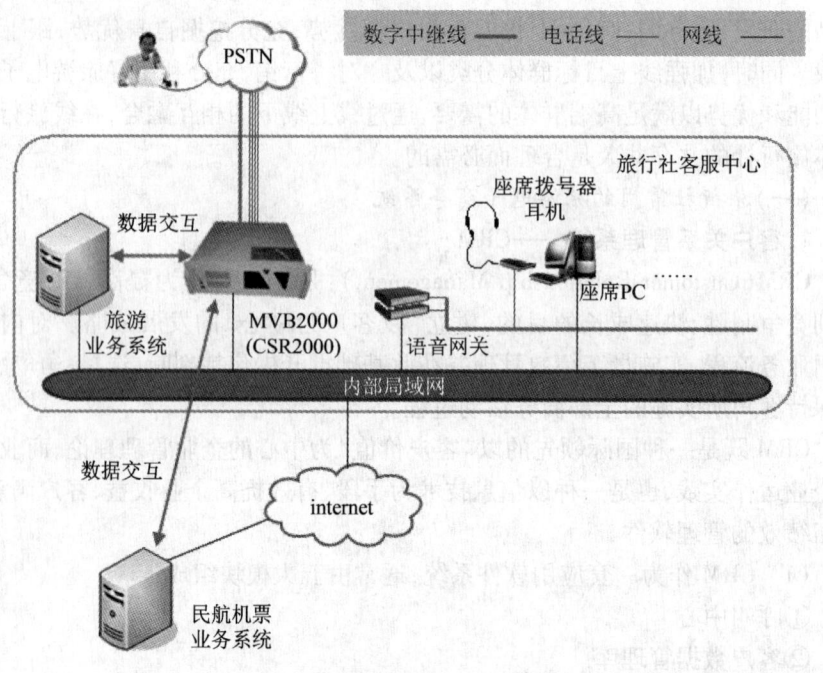

图 10-3 呼叫中心系统构成
（资料来源：畅信达通信）

(1) 系统规模

天津 365 假日旅行社客服热线系统,采用 1 条数字中继线(并预留 1 个 E1 接口)和 4 条模拟中继线接入,人工座席共 26 个,其中普通座席 15 个,管理座席 9 个(普通座席与管理座席可以根据实际使用情况灵活调配)。系统目前中继线接入支持 34 中继,可保证 34 个人同时拨打 365 客服热线,并且系统可以根据话务量的需要合理地扩展座席和中继线,以确保接通率达到 95% 以上,平均人工座席服务水平达到 80%。

(2) 系统功能

①旅游业务咨询与受理:包含境内游、出境游、自驾游等;

②机票预订:机票预订已覆盖国内外各大航空公司的航线和航班,实现国内 52 个城市上门送票,实现异地机票,本地预订,异地取送等;

③酒店预订:提供国内酒店预订,宾馆预订,旅游度假预订,旅游景点查询等;

④租车服务:旅游车出租,为企业或个人提供带司机机场接送包车及其他用车服务;

⑤商务贵宾服务：订座购票、买机场建设费和保险费、办理登机手续、行李托运等全方面商旅服务。

(3)旅游消费者网上看到的界面

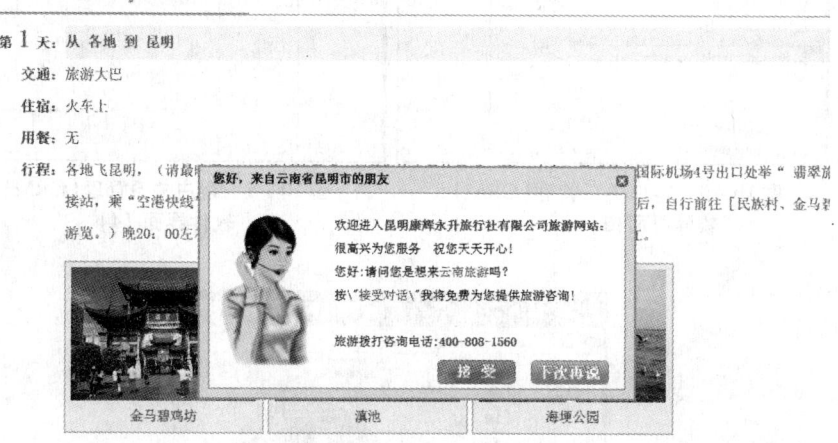

图10-4 网络呼叫中心界面

(4)呼叫中心的主要职能

①整合不同业务部门的业务流程。

②实现旅游产品咨询、订单受理、确认、订单查询，应收账款管理，客户关怀的闭环业务处理平台。

③以呼叫中心为业务处理核心的旅行社客户服务中心。

3.客户关系管理

(1)用户界面

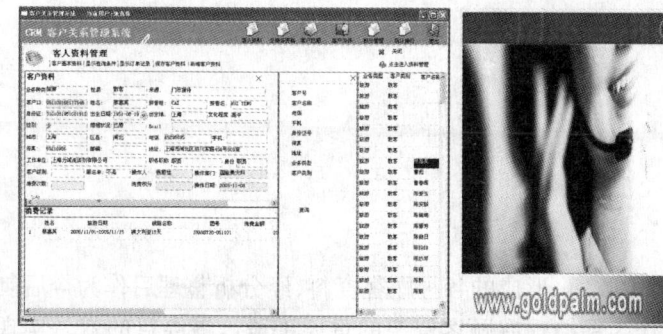

图10-5 客户关系管理(CRM)软件界面(1)

图10-5 客户关系管理(CRM)软件界面(2)

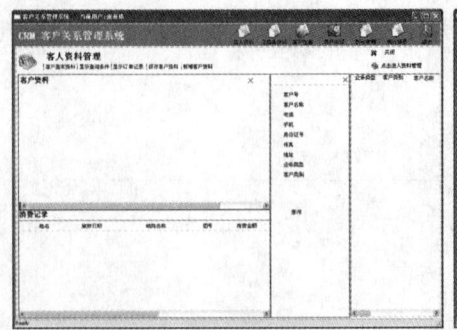
图10-5 客户关系管理(CRM)软件界面(3)

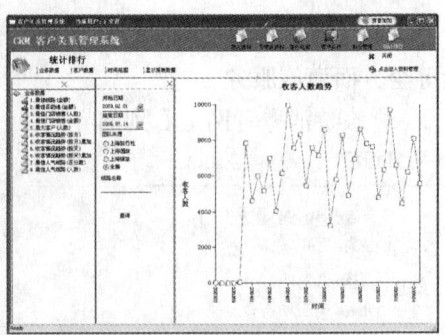
图10-5 客户关系管理(CRM)软件界面(4)

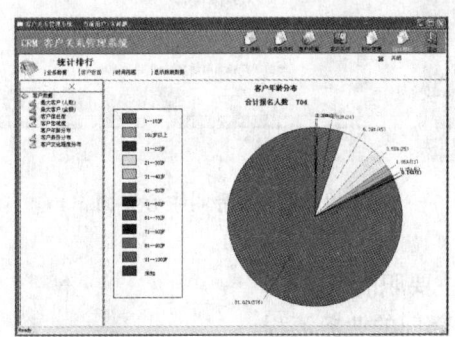
图10-5 客户关系管理(CRM)软件界面(5)

(目前网络上的很多网站有免费的 CRM 软件可供下载使用)
(2)旅行社客户关系管理系统功能
①客人资料管理
②公商务资料
③客户挖掘
④客户关怀
⑤积分管理
⑥统计排行
(3)CRM 的作用

利用企业经营过程中收集、形成的各种顾客资料,经分析整理后作为今后制定营销策略的依据,并作为保持现有顾客资源的重要手段。最终目的就是实现一对一营销或定制营销,满足那些对品质旅游有需求的商务游客。

①充分了解顾客的需要

②为顾客提供更好的服务
③对顾客的价值进行评估
④了解顾客的价值
⑤分析顾客需求行为
⑥市场调查和预测

(4)旅行社客户关系管理的流程
①确定战略目标
②整理客户信息
③客户信息分析
④制订实施营销计划
⑤计划的评价和反馈

4. 全球分销系统——GDS

GDS(Global Distribution System),即"全球分销系统",是应用于民用航空运输及整个旅游业的大型计算机信息服务系统。通过 GDS,全球的旅游销售机构可以及时地从航空公司、旅馆、租车公司、旅游公司获取大量的与旅游相关的信息,从而为顾客提供快捷、便利、可靠的服务。

全球分销系统供货商主要是提供一个网络平台,由旅游产品供应者透过后台设定产品销售,让全球的旅游代理商或散客(旅游网站等)可以直接利用此平台进行交易。

GDS 使用专用的增值网络,是"会员制体系",同时是一个封闭系统,是独立于互联网外的一大系统。加入 GDS 系统需要交纳一定金额的会员费,目前国内的很多旅行社都开始重视和积极加入该系统,其模式则为——B2B2C。

GDS 营销的特色主要是:提供全球超过 2000 个旅游网站销售房间服务,全世界超过 60 万旅游同业帮助其客人预订房间。全球四大航空订位系统互连销售,全球每年超过 50 亿美元的交易平台。

而互联网旅游电子商务基于开放的互联网,二者有很大的区别。基于互联网应用的电子商务拥有明显的发展优势,而 GDS 作为专用系统虽然接入成本高,服务功能有限,但已经具有了一定的市场和服务经验。

长期以来,我国境内的旅行社、旅游批发商、票务代理所使用的 GDS 系统都是由中航信提供,其覆盖范围可达到 300 多个国内城市、连接 27 家航空公司和 6500 多家机票销售代理人。2014 年 1 月 7 日,两大全球航空旅游分销系统(GDS)服务商阿巴克斯(Abacus)和艾玛迪斯(Amadeus)同日宣布,中国民用航空局已向使用两家系统的旅行社和销售代理颁发了销售许可证,并指定了首批可使用其系统的航空公司,这意味着两大 GDS 针对中国分销市场的业务终于正式获批。

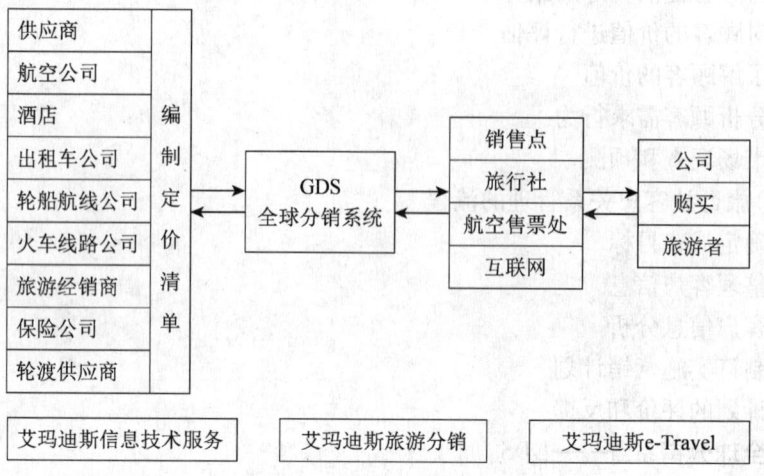

图10-6 全球分析系统示意图

四、旅行社网络营销

(一)旅游电子商务市场

1. 旅游电子商务市场的含义

在实体经济市场中,通常认为进行交易的场所就是——市场,而从营销的角度出发:卖方的集合构成了行业,买方的集合构成了市场。

而旅游电子商务市场,我们也可以认为是进行旅游电子商务活动的场所。但是,它是一种虚拟市场。换句话说:旅游电子商务市场就是交易双方以网络[互联网(Internet)、局域网(LANs)、增值网(VAN)]为媒介和平台,通过电子数据交换(EDI),从而达到对商品、服务、信息、资金或支付等各种交易的完成。

2. 旅游电子商务市场的构成要素

旅游电子商务市场是一种虚拟市场,虚拟市场和传统市场不同,虚拟市场不仅可以销售实物产品,也可以销售被数字化了的产品和服务。因此,我们必须要知道和了解虚拟市场的构成要素,这样才能有阶段性、目的性、针对性地进行网络营销。虚拟市场的构成要素:

(1)消费者。所有的网民都是网络所提供的产品、服务、信息、广告等的潜在消费者。

(2)商家。在网络上有数以百万计的虚拟商铺,这些商铺通过虚拟市场进行商品的销售。

（3）产品和服务。有实物产品、数字产品、数字化服务。数字产品、服务的变动成本较低,利润会随着销量的增加而激增。

（4）基础设施。虚拟市场的基础设施包括:网络、终端设备、硬件、软件等。

（5）前端。消费者与虚拟市场进行互动的界面部分,包括商家门户、电子目录、购物车、搜索引擎以及支付网关。

（6）后端。与购物订单有关的业务活动,如订单的汇集、履行、库存管理、会计与财务、付款处理、包装、产品的配送等。

（7）中介。在线中介创建并管理在线市场,协调买卖双方、提供基础设施和服务、帮助消费者和商家完成交易。其实就是各个网站。

（8）其他业务伙伴。如运输公司、物流公司等。

（9）支持性服务。如认证、第三方担保、内容提供商、应用软件APP等。

3. 旅游电子商务市场的特点

基于网络的旅游电子商务市场,颠覆了传统市场的交易过程和方式。在互联网和通信技术的驱动下有了和传统市场不同的特点:

（1）丰富的交易信息和相关环境的信息。

（2）对旅游消费者而言,更低的信息搜索成本。

（3）对在线旅行社而言,降低了信息的传播成本。

（4）消除了旅游消费者和旅行社之间的信息不对等。

（5）有更多的产品、信息、服务、价格的可比性。

（6）超越时空的限制,提高了交易量和交易的能力。

4. 网站的类型

不同的网站服务于不同的目的,每个网站为营销人员提供独特的机会。网站的类型取决于网站的目标、想要进入的市场和网站能否支撑现有的业务和职能。

（1）门户网站（Web portal）

早期是作为一种手段,通过搜索引擎（search engine）帮助用户查找分散在整个网络上的信息,是呈现和组织有关其他网站的入口。搜索引擎是一种程序软件,让用户在文本框中输入关键词来找到文件。现在的门户网站更多的是作为一种关于工具、信息和链接的一站式资源。

很多旅行社、服务型公司也都会将其网店称为——门户,进入电子商务市场的关口。

①分布式门户网站。基于一个中心主题而从其他网站和门户网站上收集信息的门户网站。如百度、360、谷歌等。

②利基门户网站。专注于特定主题的门户网站,大部分利基门户网站提供

自己的内容,并让客户在线上、线下搜索相关信息。如携程网、同程网、去哪儿网等旅游网站。

(2) 社交网络

社交网络是网络上各个群体与不同地理位置的人之间的互动,其核心是通过博客、网站反馈、评论、论坛、留言板、RSS(咨询聚合订阅)、QQ群、微信朋友圈、UGC(用户生成内容)等其他工具,把网络变成一个大型的、全天候的互动交流平台。

所有的社交网络工具(包括各种有助于网络交谈的工具)都被归入"社交媒体"。如微信、QQ、Facebook、MySpace等。对营销人员来说,具备利用社交网络接触客户的能力能给自己创造独特的机会,善于利用社交网络可以提升消费者的品牌意识,增强消费者的品牌认可。

(3) 咨询网站

咨询网站的目的是给用户提供信息内容,咨询网站的类型很多,有营利性的,有非营利性的,营利性的商业网站的主要收入就是依靠广告。产生更高广告收入的关键就是粘贴尽可能多的广告。而这就需要咨询网站提供的信息是目标受众感兴趣的。因此就必须在内容、内容的表现形式、信息的更新、网站的自我营销等来吸引目标受众。如:

图 10-7　咨询网站界面图(1)　　　　图 10-7　咨询网站界面图(2)

(4) 娱乐网站

对于娱乐网站,保持内容的更新是其首要任务,对于营销人员来说娱乐网站重要的价值在于用户访问网站的滞留时间。由于有较长的访问滞留时间和逐渐增长的流量,娱乐网站成为营销人员聚焦大量潜在客户的理想平台。

(二) 旅游电子商务网络营销

1. 网络营销(e-marketing)的定义

网络营销是指基于网络平台,利用网络信息技术去创造、宣传、传递客户价值,并且对客户关系进行管理,目的是为企业和各种利益相关者创造收益。

简单地说:网络营销就是将网络技术、工具、手段和方法应用到传统市场营销活动中。

网络营销对传统营销主要有两个方面的影响

(1) 提高了传统营销工作的效率。

(2) 网络营销技术改变了传统营销战略,使得企业和组织开发出全新的经营模式,增加了客户价值,提高了企业的盈利能力。

2. 网络营销的特点

(1) 生产和管理成本的降低。

(2) 销售量的增加。

(3) 全球化的市场机会。只要没有语言障碍,网络的触角就可以延伸到全球每一个有网络的区域。

(4) 更有效的定位细分市场。

(5) 更有针对性的传递信息、服务,改善客户服务体验。

(6) 提高供应链的效率。

(7) 提高工作的灵活性、积极性。

(8) 全天候为消费者提供产品和服务。

3. 在线消费行为模式

(1) 在线交换模式

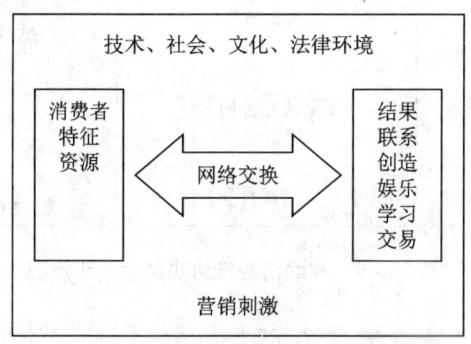

图10-8　在线交换模式示意图

个体消费者将自己的特性以及个人资源带入交换过程,同时在交换过程中得到需要的结果。这个过程是在技术、社会、文化、法律的大背景以及营销刺激影响下进行的。

个体特征和资源:网络个体的需求差异很大,还包含着对网络技术的认知、使用态度。资源是指消费者为交易付出的货币成本、时间成本、精力成本和心理成本。

据艾瑞咨询2013年中国在线旅游用户基本属性分析指出：在线旅游用户中，以大学本科学历为主，占比50.2%，大学专科及以上学历合计占比84.2%。男性所占比例为57.0%，女性占比43.0%，男性占比明显大于女性。年龄分布方面，19~30岁是在线预订旅游产品的主流人群，合计占比53%；31~35岁占比15.7%，紧随其后。40岁以上用户占比12.7%，超过36~40岁人群1.2个百分点。

在线旅游用户群体仍呈现年轻化的特点，随着成熟网民的年龄增长，带来付费能力的提升及出行需求的增长，或将推动整体在线旅游行业的发展。

(2) 在线消费行为决策模式

决策过程和步骤	CDSS（决策支持系统）支持工具	互联网和网站支持工具
确认需求	代理和事件通告	广告上的网址
信息搜集	虚拟目录 组织交流和问答会议 外部资源链接（导航）	新闻组讨论 网站目录和分类 网站内部检索 外部搜索引擎
评估、洽谈、选择	常见问题解答和其他摘要 消费者行为评估模型 客户信息	中心目录和信息代理 新闻组讨论 站点交叉比较 通用模型
购买、付款、送货	商品或服务的预订 送货安排	电子货币和虚拟银行 后勤供应和商品跟踪
售后服务和评价	客户支持邮件和新闻组	新闻组讨论

图10-9 在线消费行为决策模式示意图

据艾瑞(2013)分析，在线旅游用户行为：

① 在线旅游预订用户与非预订用户了解旅游产品首选网上渠道差别大。

2013年中国在线旅游预订用户主要通过旅游垂直途径了解旅游产品，其中首选旅游预订类网站，如携程、艺龙，占比52.6%；而非预订用户则首选综合搜索引擎来了解旅游信息，占比41.9%，与在线旅游预订用户差别较大。

② 价格更低与产品丰富是在线旅游用户使用旅游垂直搜索引擎的主要原因。

两者占比分别为66.6%及65.0%。

③国内游依然是用户最常选择的度假产品种类,出境游热度逐渐提升。

2013年中国在线旅游用户最常选择国内游产品,占比60.3%,周边游其次,出境游第三。近三年,国内游和周边游产品占比均有小幅下降,出境游份额较2011年上升4个百分点。

4. 常用的网络营销媒介

(1)三微营销。(微信,微博,微电影)

①微信。腾讯公司开发的一款在线互动交流软件。在微信上注册一个公众账号做市场推广,几乎已成为商家们的必要动作。和Facebook类似,微信公众账号不仅让商家推介新品、做电子优惠券,还能吸引壮大粉丝群,为品牌在消费者心中留下烙印、做系列活动积攒人气。对于较大的网络文件,微信还提供链接。

"扫一扫"微信,也成为中国各地消费者到店前或到店时,几秒钟互动体验的一种方式。一来可以欣赏各店家的数字营销套路,二来可以观察商家如何运营和维护这类数字营销平台。

②微博。(microblog)博客是一个维持在线日志的方法。微博则是由非常简短的记录组成的博客,方便社交圈的人在快速浏览后了解博主在做什么或思考什么。对于企业来说,博客是一种营销战略,提供了一个以独特方式接触更多新受众的机会。博客的重要性和它对社会化网络成长的贡献是不能被忽视的。

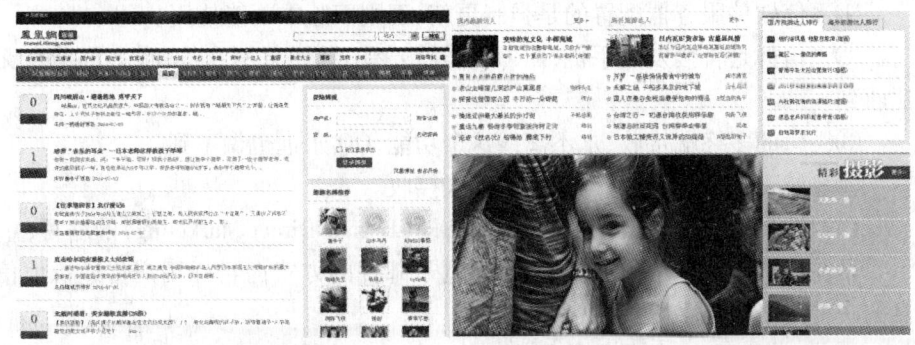

图10-10 社交网络:微博界面(1)　　图10-10 社交网络:微博界面(2)

③微电影。微电影是特指由专业团队制作、用电影的叙事手法表达内容,然后利用微博进行收视和分享传播的短片。是一种新的信息传播媒介,微电影更多的是用来满足企业的商业诉求。根据2011年12月的中国微电影分析报告显示,19~39岁的人群占微电影受众的73%,可以覆盖传统的媒体平台难以覆盖

的高端人群、中坚人群、意见领袖人群;他们对新媒体有着天生的敏锐感,所以以他们为主要目标开展品牌传播有着天然的优势。

图 10-11 微电影营销实例

(2)QQ。所谓 QQ 营销是指通过 QQ 的各个公开平台,如 QQ 群、QQ 空间、QQ 邮件等,向现实和潜在的意向性客户或客户群进行营销推广和销售的一种营销方式。

常用的方法:群发消息、邮件群发推广、空间日志(带上企业的网址)、发图片、发布线下活动招募、行业交流、AA 制聚会、沙龙、免费培训信息,等等。

(3)飞信。飞信在信息传播上有一些特点:

①飞信软件服务器配置的是强制更新,否则旧版本不能使用。

②飞信群是直接发到手机,而 QQ 群需要登录,如果不在线,很多群消息无法收到。

③飞信的多终端接收,永不离线这个功能,QQ 永远也做不到。

④登录飞信,发送消息以短信的形式接收。

(4)电子邮件。电子邮件营销 EDM,即(E-mail Direct Marketing)的缩写,是在用户事先许可的前提下,通过电子邮件的方式向目标用户传递价值信息的一种网络营销手段。

E-mail 营销有三个基本因素:用户许可、电子邮件传递信息、信息对用户有价值。三个因素缺少一个,都不能称之为有效的 E-mail 营销。电子邮件营销是利用电子邮件与受众客户进行商业交流的一种直销方式。同时也广泛地应用于网络营销领域。是网络营销中很老的方法,但也是一种很有效的方法。

5. 旅游电子商务的第三方支付平台

在虚拟的无形市场,交易双方互不认识,不知根底,故此,支付问题成为电子商务发展的瓶颈之一。第三方是买卖双方在缺乏信用保障或法律支持的情况下的资金支付"中间平台",买方将货款付给买卖双方之外的第三方,第三方提供安全交易服务。

常用的第三方支付平台:易宝支付、支付宝、财付通、快钱、宝贝一样,是一个独立的第三方电子支付平台。其中宝贝是一种国际通用的支付工具,很多跨国际的网购交易都是依靠宝贝支付平台。

五、旅游电子商务的法律规范与安全性

网络的法律规范和安全是网络世界的一个大问题,它涉及:隐私—言论自由、个人权利—财产保护、知识—产权、交易—安全等。

2014年07月1日国家旅游局日前发布公告,《旅行社产品第三方网络交易平台经营和服务要求》《旅行社服务网点服务要求》等5项旅游业行业标准将于7月1日起实施。

施行的新规则对旅行社产品、第三方网络交易平台的分类、交易流程、经营的基本要求、服务的基本要求、对旅行社的要求等都做出了明确说明。

新规对在线旅游企业的信息和数据服务有相应要求。"平台交易双方数据的保存时间自其最后一次登录之日起不少于3年。可查询的交易数据保存时间自交易发生之日起不少于3年。"这样,游客消费过后若产生纠纷,维权就有了依据。

六、大数据时代的旅游电子商务——在线旅游、虚拟旅游、智慧旅游

2012年12月,英国人维克托·迈尔·舍恩伯格所著的《大数据时代》在我国出版,他在书中指出,大数据带来的信息风暴正在变革我们的生活、工作和思维,大数据开启了一次重大的时代转型。而哈佛大学社会学教授加里·金说:"这是一场革命,庞大的数据资源使得各个领域开始了量化进程,无论学术界、商界还是政府,所有领域都将开始这种进程。"

"大数据"成为全球热门的互联网热词,被用来描述和定义信息爆炸时代产生的海量数据。它到底有多大?一组来自互联网的数据显示:一天之中,互联网产生的全部内容可以刻满1.68亿张DVD;发出的邮件有2940亿封之多;发出的社区帖子达200万个。

大数据功能就是:挖掘、预测和关联。大数据推动了云计算和云储存,带动了互联网、物联网甚至是车联网应用的发展。

外媒:(2014年6月11日参考消息网)中国推动物联网发展处于世界领先水平,中国政府计划在2020年前投入6000多亿美元发展物联网产业。

(如根据穿着者对于社交网络的依赖程度来决定衣服的透明程度,最终可变成透明)。

图 10 - 12 物联网实例(1)

图 10 - 12 物联网实例(2)

(一)在线旅游

在线旅游指的是通过网络的方式查阅和预订旅游产品,并可以通过网络分享旅游或旅行经验、旅游攻略、旅游图片等,而非通过在线(网络)的方式旅游或旅行。如旅游攻略社区(UGC)穷游网等。

在线旅行社负责信息的供给,由旅客自行安排旅游行程,比传统旅行社更具弹性,也省了联络的时间。在线旅行社提供在线应用与工具,帮助使用者直接进入中央订位系统在第一时间内获得所需信息。

图 10 - 13 在线旅游示意图

(二)虚拟旅游

身未动,心已远。虚拟旅游是一种建立在现实旅游景观的基础上,通过三维实景与电子地图结合,在网络上构建出一个虚拟的旅游环境。用户可以在虚拟的线路上自由行走,随时驻足观赏风景、攀山过河,也可与在线同游的网友互相交流并相约同游。茶楼、饭馆、旅馆、商城等场景都是开放式的。用户可以在其中点菜、购物。足不出户,点点鼠标,就可以在网络上游山玩水、周游世界。

虚拟旅游定会增强实地旅游的出行可能性,对虚拟旅游的点击极有可能会体现在现实中,转化为实地旅游的动因。

虚拟旅游替代不了现实体验,其实虚拟旅游只是使旅游消费者能够提前感知将要去旅游地区的一些内容、知识和大致的游览路线。其实质是一种景区营销手段,弥补了旅游产品无形性的缺点,让游客提前对旅游目的地有所了解,为真正的旅游探路。

图 10-14　虚拟旅游(1)虚拟瑞典

(2 虚拟紫禁城

(三)智慧旅游

图 10-15　智慧旅游会议

图 10-16　智慧旅游网站

2014 年 6 月 6 日丽江"智慧旅游"亮相南博会以"美丽中国,智慧旅游"作为国家旅游局 2014 年宣传主题为契机,成为此次南博会的展销重点。智能手机等先进手段为主打的智慧旅游不断吸引买家及民众的目光,有不少人还得到了制作精美的智慧旅游产品"邂逅丽江"。的确"智能"时代的来临已悄然影响、改变着我们传统的自助游方式,同时"智慧旅游"也以其便捷的操作、更高效及时的为我们的出行提供了优质可靠的服务。

杭州建设了基于互联网、移动通信、地理信息系统、数字电视、电子商务等高新技术的一个旅游综合信息服务的实时在线平台，推出了杭州"智慧旅游"手机APP应用项目，建立了基于新媒体的智慧营销体系。

1."智慧旅游"的内涵

智慧旅游是一种将物联网、云计算、移动互联网、大数据处理挖掘等技术应用于游客感知、旅游行业管理、旅游产业发展等方面，推动旅游资源与信息资源的深度融合与开发，并服务于游客、市民、旅游企业、政府管理部门等面向未来的新型旅游形态。"智慧旅游"，实质上是全面提升旅游业的信息化水平。

2."智慧旅游"的功能

（1）导航

将位置服务（LBS）加入旅游信息中，让旅游者随时知道自己的位置。确定位置有许多种方法，如GPS导航、基站定位、WiFi定位、地标定位等。

智慧旅游将导航和互联网整合在一个界面上，地图来源于互联网，而不是存储在终端上，无须经常对地图进行更新。当GPS确定位置后，最新信息将通过互联网主动地弹出，如交通拥堵状况、交通管制、交通事故、限行、停车场及车位状况等。随着位置的变化，各种信息也及时更新，体现了直接、主动、及时和方便的特征。

（2）导游

在确定了位置的同时，在网页上和地图上会主动显示周边的旅游信息，包括景点、酒店、餐馆、娱乐、车站、活动（地点）、朋友、旅游团友等的位置和大概信息，如景点的级别、主要描述等，酒店的星级、价格范围、剩余房间数等，活动（演唱会、体育运动、电影）的地点、时间、价格范围等，餐馆的口味、人均消费水平、优惠。

智慧旅游还支持在非导航状态下查找任意位置的周边信息，拖动地图即可在地图上看到这些信息。周边的范围大小可以随地图窗口的大小自动调节，也可以根据自己的兴趣点（如景点、某个朋友的位置）规划行走路线。

（3）导购

经过全面而深入的在线了解和分析，已经知道自己需要什么了，那么可以直接在线预订客房/票务、餐、娱乐项目。只需在网页上自己感兴趣的对象旁点击"预订"按钮，即可进入预订模块，预订不同档次和数量的该对象。

由于是利用移动互联网，游客可以随时随地进行预订。加上安全的网上支付平台，就可以随时随地改变和制定下一步的旅游行程，而不浪费时间和精力，也不会错过一些精彩的景点与活动，甚至能够在某地邂逅特别的人。

（4）导览

点击（触摸）感兴趣的对象（景点、酒店、餐馆、娱乐、车站、活动等），可以获得关于兴趣点的位置、文字、图片、视频、使用者的评价等信息,深入了解兴趣点的详细情况,供旅游者决定是否需要它。

导览功能还将建设一个虚拟旅行模块,只要提交起点和终点的位置,即可获得最佳路线建议(也可以自己选择路线),推荐景点和酒店,提供沿途主要的景点、酒店、餐馆、娱乐、车站、活动等资料。如果认可某条线路,则可以将资料打印出来,或储存在系统里随时调用。

3."智慧旅游"的意义

智慧旅游的"智慧"体现在"旅游服务的智慧"、"旅游管理的智慧"和"旅游营销的智慧"这三大方面。

(1)旅游服务的智慧

智慧旅游从游客出发,通过信息技术提升旅游体验和旅游品质。游客在旅游信息获取、旅游计划决策、旅游产品预订支付、享受旅游和回顾评价旅游的整个过程中都能感受到智慧旅游带来的全新服务体验。让游客的旅游过程更顺畅,提升旅游的舒适度和满意度,为游客带来更好的旅游安全保障和旅游品质保障。

智慧旅游还将推动传统的旅游消费方式向现代的旅游消费方式转变,并引导游客产生新的旅游习惯,创造新的旅游文化。

(2)旅游管理的智慧

智慧旅游将实现传统旅游管理方式向现代管理方式转变。通过信息技术,可以及时、准确地掌握游客的旅游活动信息和旅游企业的经营信息,实现旅游行业监管从传统的被动处理、事后管理向过程管理和实时管理转变。

智慧旅游依托信息技术,主动获取游客信息,形成游客数据积累和分析体系,全面了解游客的需求变化、意见建议以及旅游企业的相关信息,实现科学决策和科学管理。

(3)旅游营销的智慧

智慧旅游通过旅游舆情监控和数据分析,挖掘旅游热点和游客兴趣点,引导旅游企业策划对应的旅游产品,制定对应的营销主题,同时通过量化分析和判断营销渠道,筛选效果明显,可以长期合作的营销渠道。从而推动旅游行业的产品创新和营销创新。

智慧旅游还充分利用新媒体传播特性,吸引游客主动参与旅游的传播和营销,并通过积累游客数据和旅游产品消费数据,逐步形成自媒体营销平台。

智慧旅游得以实现的核心基础是大数据、云计算的应用,互联网、物联网的发展、移动终端的智能化。

图 10-17　智慧旅游网站界面
(2013-03-16 日,内蒙东联旅行社建成了国内第一家智慧旅游网站)

[实操问答]

[问答1] 在线可以得到的什么旅游服务是离线不能得到的?

答:可以获得大量的免费信息,可以在任何时间、任何地点访问这些信息。有时间和耐心的人可以在网站上找到真正的低价商品。

[问答2] 在线旅游服务有哪些局限性?

答:(1)有很多人不使用网络。

(2)虚拟旅游代理系统耗费时间,特别是对于旅游线路复杂而又没有上网经验的人来说。

(3)虚拟旅游服务在提供复杂旅游线路服务时,会有困难,复杂旅游线路的安排需要专业知识,而由专业人士面对面安排困难更好。

[问答3] 一个具有成熟网站的"鼠标+水泥"(线上网店+线下实体店)型传统在线旅游商,应该有什么样的营销策略?

答:(1)用统一的语言、一个声音讲话,无论客户如何使用公司界面,都应该得到相同的信息和一致性的服务。

(2)每个销售渠道要平衡,具有创新意识的企业会从所有的销售渠道中提供有利于客户的每一个销售渠道。无论是在实体店还是在网店,客户都应该享受到两个渠道的便利性。

(3)尊重客户权利。销售商需要创建全天候的服务和信息传播渠道。

[问答4] 携程首家旅游体验店在京开业,覆盖 200 家旅行社的目的和意义是什么?

答:(1)核心功能是对旅游者面对面的客户服务,让携程的优质服务覆盖更多大众消费者,特别是不方便上网不熟悉网络的群体,提升用户体验。

(2)携程旅游体验店的一大创新是首次实现一家店集中北京各家旅行社的优质产品,游客在此可以体验携程网上的各类国内游、出境游、周边游产品,北京出发的产品总数达到 12000 多条,包括携程自己研发服务的跟团与自由行产品,也有凯撒、众信、国旅、中旅总社等超过 200 家北京旅行社的精选线路。

(3)目的是在线休闲度假市场爆发式增长,并进入线上、线下、无线融合发展的新阶段。而携程旅游业务经过多年快速发展,已经具备规模优势,并进入与线下旅行社互惠互利的平台化发展阶段。尝试开设线下体验店,可以进一步提升用户体验、覆盖更多用户,提升携程旅游品牌的美誉度和市场份额。

(4)继续扩大"拇指+水泥"(移动客户端+实体店)的市场份额,作为国内领先的在线旅游服务商,携程在 APP(移动客户端应用软件)和 PC(台式电脑)端发展良好,市场份额不断扩大。携程注册用户超过 1.4 亿,移动 APP 下载量合计达到 1.2 亿次,日交易额峰值突破 1.5 亿元。第三方的统计数据显示,2014第一季度,携程以 51.9% 的份额稳居在线旅游 OTA(在线旅游商)市场第一。

(5)携程旅游继续实践旅游电子商务的 O2O 模式。

[经典案例]

[案例1] 昆明市旅发委"微电影"营销取得良好效果

案情: 2014 年 1 月 19 日,由昆明市旅游发展委员会制作推广的城市旅游形象宣传片《下一站,昆明》微电影在国内 5 个知名视频网站、7 家网络媒体和 3 家平面媒体进行了线上发布传播,引发了广泛的关注和热议,好评如潮,取得了良好的宣传营销效果。截至 1 月 23 日,5 天时间内这部时长 13 分钟的微电影,创造了 32 万次的点击量,网络曝光量达 4081 万次。

微电影营销是昆明市旅发委 2013 年度城市旅游形象网络营销工作的重头戏,作为昆明首部城市微电影,这部名为《下一站,昆明》的影片从策划、筹拍阶段就备受关注,昆明市旅发委在整个微电影的制作过程中也下足了功夫。影片讲述了一个在昆明发生的清新而动人的爱情故事,并巧妙地把昆明的滇池、石林、柏联 SPA、官渡古镇、大观楼、翠湖海鸥等代表性美景串联到了一起,让观众在绝美的视觉体验中感受昆明旅游的魅力,很好地传递了这座城市的"阳光价值观"和浓郁的人文气息。

昆明市旅发委在旅游营销理念和模式方面历来走在国内城市前面。早在十几年前,昆明市旅发委就曾在央视率先投放城市形象广告片。昆明市旅发委希望通过这部微电影,把昆明美丽而时尚的"春城"形象展现给国内外游客,同时也是投石问路、积累经验,以期在新媒体营销方面做更多积极而有新意的尝试。

除了备受关注的微电影之外,2013年度昆明市旅发委还着力打造了昆明旅游"昆明范儿"微博、微信两个新媒体平台,依托目前发展势头正健的两大主流手机应用,用新颖、活泼的方式向广大用户传播昆明的自然风光、人文历史、美食娱乐及各种实用信息;同时设置专业团队与微信、微博用户展开互动,提供咨询,大大方便了广大市民和昆明游客,真正实现了互动、移动、生动的新媒体营销模式,吸引了一大批忠实的粉丝用户,不断扩大着昆明旅游的吸引力和影响力。

点评:不论是在传统的市场营销还是在网络营销活动过程中,市场的形态可以不同,但市场营销的理念和指导思想是一致的:那就是以市场营销为导向,以满足消费者的需要为目标。市场形态的不同,可以体现在营销的方法和手段上的不同。昆明市旅发委充分利用了目前移动智能终端普及的大势,在市场营销和社会营销思想和理念的指导下,与时俱进。应用社会大众喜闻乐见的方法和手段开展营销创造了城市旅游营销新理念、新模式、新收获——三微营销。充分运用新媒体对昆明城市旅游品牌进行推广,从多角度打造昆明"国际知名旅游城市"的品牌形象,取得了非常好的营销效果。

[案例2] 旅行社是否应该有一个统一的旅游电子商务部门?

B旅行社集团是一个规模、实力强大的旅行社集团,市场份额排名居前,旗下有国内游、出境游、入境游、会议展览等多个事业部,每个事业部在业务和财务上独立运作,就如同一个个小的旅行社。在信息化的浪潮中,各事业部敏锐地把握了电子商务的机遇,纷纷建立了自己的网上门户。于是,B旅行社集团旗下出现了多个网站,品牌错杂,影响了企业形象的统一。在此情形下,B旅行社集团希望建立一个统一的电子商务部,管理网站和呼叫中心,由此对集团的电子商务进行整合和提升,乃至最终成为一个独立的盈利部门。

点评:旅行社集团的电子商务部能否建制为一个独立的盈利部门,涉及不少问题。

其一,电子商务部门和其他业务部门的关系,就是电子商务部门连同呼叫中心能否独立完成大部分旅游线路的咨询与销售。事实上,旅游线路产品涉及的环节比较复杂,销售过程常常需要具体业务部门的配合。

其二,旅行社经营电子商务的核心竞争力问题。与携程、E龙等更"纯粹"的电子商务网站相比,旅行社电子商务的优势,就在于能依托旅行社实体,提供更准确的产品和更好的咨询服务。电子商务部门的运作机制必须有利于这种优势的发挥。

第三,对于传统旅行社开展电子商务,许多人关心的是,互联网确实带来了新市场?还是传统客源由线下转移到了线上?电子商务部门整合独立后,传统业务部门认为与之争利,从而产生怀疑和对峙。

由此看来,集团电子商务部适合定位为服务于顾客的咨询中心,同时也是服务于业务部门的销售平台。其意义也是明显的:首先是统一了集团的网络品牌形象,其次是通过建立统一的呼叫中心,延长了服务时段,提高了应答率。

[实践练习]

1. 旅游电子商务给旅游消费者带来哪些益处?
2. 什么是社交网络?社交网络的特质有哪些?
3. 访问携程网、同程网、艺龙网,对比同一条旅游线路的销售竞争,不同的网站提供的服务有哪些不同?
4. 在线旅行社是如何进行运营的?
5. 客户关系管理(CRM)在旅游电子商务中有何意义?如何在市场营销中应用?
6. 中国在线旅游商(OTA)的网络经营存在哪些风险?所提供的产品和服务是否能够在国际市场取得成功?

主要参考书目和资料来源

1. 郑双庆.香港旅行社管理与运作.北京:旅游教育出版社,2001
2. 孙涛.新旅行社管理条例实施手册.北京:中国环境科学出版社,2002
3. 冯若梅,黄文波.旅游业营销.北京:企业管理出版社,1999
4. 韦明体,杨晨晖.旅行社市场营销.北京:旅游教育出版社,2004
5. 陈小春.旅行社管理学.北京:中国旅游出版社,2002
6. 郝树人,朱艳.旅游企业人力资源管理.大连:东北财经大学出版社,2004
7. 周三多.管理学.北京:高等教育出版社,2002
8. 楼嘉军.旅行社经营管理.上海:立信会计出版社,2003
9. 杜江.旅行社管理.天津:南开大学出版社,2001
10. 杜江.旅行社经营管理.北京:旅游教育出版社,2002
11. 张文建,王晖.旅游服务管理.广州:广东旅游出版社,2001
12. 崔卫华.现代旅行社实务.沈阳:辽宁科学技术出版社,2000
13. 国家旅游局人事劳动教育司.旅行社经营管理.北京:旅游教育出版社,2000
14. 贺学良.现代旅行社经营管理.上海:复旦大学出版社,2003
15. 陈骏,刘金声,易成,洪声钜.质量体系和认证实施指南.北京:中国计量出版社,1993
16. 严建援,等译.(美)特班.电子商务:管理视角.北京:机械工业出版社,2013.8
17. 李红心译.(法)塔菲克-杰拉希.电子商务战略.大连:东北财经大学出版社,2012.5
18. 李东贤,等译.贾森-米列茨基.网络营销实务:工具与方法.北京:中国人民大学出版社,2011.1

19. 时启亮,等译.朱迪－斯特劳斯.网络营销(第五版).北京:中国人民大学出版社,2011.5
20. 杨路明,巫宁.旅游电子商务理论与实务.北京:中国旅游出版社,2003.
21. 金棕榈企业机构
22. 艾瑞咨询
23. CIO 时代网
24. 参考消息在线
25. 环球网
26. 旅行社条例,2009
27. 杨宏伟,孔繁嵩.旅行社经营管理.广州:广东旅游出版社,2013
28. 孔辉,曹景洲.旅游计调概论.北京:中国旅游出版社,2013
29. 中华人民共和国旅游法,2013

后 记

本书从旅行社外联部的市场分析与营销组合、外联销售的计价和报价、线路设计和行程制定、外联促销策略和计划、旅游招徕和外联诀窍、客户计划操作与销售渠道、国际旅游市场与外联营销、外联部的管理和中国旅游电子商务等方面进行了全面的论述,在编写过程中坚持理论与实践相结合的原则,侧重于理论上的研究,并能结合实例分析理论知识。我们编写此书的目的,是为旅行社从业人员提供一本实用的参考和培训用书,同时也为旅游院校的师生们提供一本实用的教材。

本书由云南旅游职业学院杨晨晖担任主编,云南旅游职业学院韦明体和云南社科院蒋文中担任副主编,参编人员有山西大学杨宏伟和云南旅游职业学院康振琨。具体分工是:杨晨晖(第二章、第三章、第七章"专题论述"第一部分和第八章)、韦明体(第一章)、蒋文中(第四章、第五章、第六章、第七章其余内容)、杨宏伟(第九章)、康振琨(第十章)。

本书第3版由杨晨晖根据《旅游法》的规定和旅游行业的最新动态作了修订,特别是增加了旅游电子商务的内容。在编写过程中借鉴了一些国内外研究成果,但由于作者编写水平的局限,书中若有不当之处,恳请读者批评指正。

编 者

2014 年 7 月

丛书策划：丁海秀　李荣强
责任编辑：李荣强

图书在版编目(CIP)数据

外联部操作实务/杨晨晖主编．—北京：旅游教育出版社，2005.10(2014.8)
(现代旅行社岗位培训丛书)
ISBN 978-7-5637-1275-5

Ⅰ．外… Ⅱ．杨… Ⅲ．旅行社—企业管理　Ⅳ．F590.63

中国版本图书馆 CIP 数据核字(2005)第 112089 号

现代旅行社岗位培训丛书

外联部操作实务
（第 3 版）

主　编　杨晨晖
副主编　韦明体　蒋文中

出版单位	旅游教育出版社
地　　址	北京市朝阳区定福庄南里 1 号
邮　　编	100024
发行电话	(010)65778403 65728372 65767462(传真)
本社网址	www.tepcb.com
E – mail	tepfx@163.com
印刷单位	北京嘉业印刷厂
经销单位	新华书店
开　　本	710 毫米×1000 毫米　1/16
印　　张	17
字　　数	251 千字
版　　次	2014 年 8 月第 3 版
印　　次	2014 年 8 月第 1 次印刷
定　　价	35.00 元

（图书如有装订差错请与发行部联系）